JN312252

検証 訪問リハと訪問看護

リハビリテーションの現場をたずねて歩いた！

河本のぞみ 著

三輪書店

検証
訪問リハと訪問看護

リハビリテーションの現場をたずねて歩いた!

目次

序　「リハビリ」の呪縛　7

第一章　衝撃の通達　17

第二章　リハと看護　35

第三章　訪問看護７（訪問看護ステーションからの訪問リハ）　89

装幀　関原直子

序　「リハビリ」の呪縛

訪問リハビリテーションといわれるもの（そういうものがあるとして）は、いったい社会的にどのくらい認知され、必要とされているのだろうか。あるいは、携わる人間（私もその一人だが）は、どのくらいその有効性、必要性を社会にアピールしてきたのだろうか。

高齢化社会になり、介護を要する人々が増え、家族の介護機能は低下し、入院期間の短縮と在宅生活が推奨されるとなると、訪問看護や訪問介護の必要性は、当事者でなくとも容易に想像がつく。だが、リハはどうだろう。

「リハビリ？　ああ、機能訓練しに来てくれるわけね」

―あー、まあ、機能訓練も入りますけど、生活全体ですね。具体的に自分でできることを増やすと。ご自分でこれがやれたらいいなということを考えていただいて、まあ、そのためには何をするか、環境調整も含めてご一緒にやっていこうということですね……。

「来てくれるったって、やって治るってもんじゃないんでしょ。おばあさん、ベッドの上でオムツ替えて、ご飯食べて、そんなに困っていないんだわ。あ、褥瘡は看護師にやってもらうし」

—やっぱり、起きて座って食事がとれるようにね。少しリハビリして車椅子に座れるようにして、クッションも合ったものをいれてね、その方が褥瘡にもいいですけれど……。

「ああ、リハビリってマッサージもしてくれるわけ？　私しゃマッサージを頼みたいんだけどね」

—まあ、緊張しているところを動かしやすくするということでは、マッサージも入りますけど、それが専門ってわけじゃないんで……。

「おたくは言語もやってくれるの？　おじいさん、このごろ何言ってるかわかんなくて」

—ああ、うちは言語聴覚士はいないんですよ。でもできる範囲で発話の練習もいれましょう。口腔機能もねえ。嚥下も関係ありますしねえ……。

これではまったくしょうがない。いったいどんなメリットがあるのか、伝わってこない。だが悲しいかな、こんなやりとりは現実にある。

「リハビリテーション」は行為をさす言葉ではなく、その人が望むより積極的な、活動的な生活を獲得するためのアプローチの総体をさす言葉なのだが、一般的には運動や反復練習を意味して使われる。「リハビリする」という言い方は、それなりに通用しているのだ。

私はリハの専門職といわれる作業療法士だ。いっそ、「リハビリ」という言葉を使わないで、訪問作業療法と言ってしまったほうがすっきりしないだろうか。

「え？　作業療法士さん？　それであんたは、リハビリしてくれるの？　私がしてほしいのは、そんな作業なんとかじゃなくて、リハビリなんだよ」……、この呪縛は容易にとけそうにない。それなら、もうこう言ってしまおうか。「もちろんリハビリもいたします。その上、作業療法もしますからお得ですよお」。

出発地点

在宅という場で、訪問のリハサービスを受けて、トイレへ行けるようになったり外出できるようになったりする人々、長い時間をかけてこもっていた家から出るようになる人々を、われわれは知っているのだが、急上昇し続ける高齢化率と介護予防の大合唱の中で、訪問リハの声はかき消されそうで、しかも一向に基盤整備は進まない。

それでも、少しずつ地道に訪問の仕事をしている作業療法士・理学療法士・言語聴覚士（セラピスト）が増え、また在宅の仕事がしたいと目を輝かせる若いセラピストが出てきた。だが、この仕事は利用者の家で展開されるため、人の目に触れない。やりたいと思っても飛び込むには少々勇気が必要かもしれない。何といっても、訪問してしまえば一人ぼっちで、自分が言ったことやしたことがよかったのか、週末中悩んでしまったりもする。

私自身、作業療法士の免許を手にしてからは長いのだが、訪問看護ステーションに所属しての仕事は十年ちょっとだ。そこで、日本の各地で展開されている、訪問リハの現場を見て、仕事をしているセラピストの話を聞きたいと思った。また、利用者の話を聞きたいと思った。訪問リハの豊かな発展を願って。

訪問リハの仕事は、現実の生活の場が舞台だ。寝室だったり、居間だったり、浴室だったり、庭だったり。そこで利用者はどう動き何をしたいと思っているのか、セラピストはどう関わり、どういう支援をし、どういう技術を提供するのか。リハの最前線は、ＩＣＵ（集中治療室）や回復期リハ病棟でなく、在宅にこそあるのではないか、そんな気がしていた。少なくとも、在宅という場からリハを眺めることで、リハという捉えどころのないものをつかまえることができるのではないか、そう思った。

いろいろな現場へ行きレポートをすることで、まずは事が足りるはずだった。訪問リハといっても、現実には訪問看護ステーションに所属し、セラピストによる訪問看護（医療保険）、訪問看護７（介護保険）という形をとっている所が圧倒的に多く、したがってまずは関東と関西の訪問看護ステーションの取材をした。二〇〇五年七月〜二〇〇六年三月まで、五カ所だ。

足場がくずれた

その後、事態は急変した。二〇〇六年四月の医療保険と介護保険同時改定だ。表向きは、訪問看護にも訪問リハにも追い風ということになっている。限りある財源を効果的に分配するため、職種、事業体、医療と介護を機能分化したといわれている。

だが、訪問リハの仕事をする私の実感をいえば、これは二つの分断をもたらしたということになる。一つは看護師とセラピストの分断、もう一つは起業していたセラピストと医療法人等に所属していたセラピストの分断だ。制度上機能分化をすすめておいて、運営は個々に厳しい。すなわち包括的に運営しなければ成り立たない設定になっているから、この分断は非常に残念なことになる。

まず、看護師とセラピストの分断について説明しよう。訪問看護ステーションは、看護師が立ち上げた事業体だが、リハの役割をもっている。現実にリハのニーズは高い。看護師本来がもつ、リハへの役割があり、セラピストがもつ役割がある。だが、一緒に仕事をしているとリハという言葉を使わなくとも、生活支援という文脈でここはちょっとセラピストが行って介助法を考えようとか、セラピストが行く予定だったが体調がおかしいと言っているから看護師が行って状態を見てこようとか、互いに混ざり合いながら役割分担をする。

ところが、厚生労働省の通達で訪問リハは医療機関から期間限定でと方向づけられ、訪問看護はハイテクケアとターミナルケア、それが看護の専門性と位置づけられた。このことにより、現実に訪問看護ステーションからセラピストは引き上げ始めている。そして、この方向づけは現在訪問看護ステーションで一緒に仕事をしている看護師とセラピストが将来の展開を共に描けない状況をもたらしている（訪問看護ステーションにセラピストが展望をもつということではなく、看護師と共に訪問していくというスタイルに）。

もう一つの分断は張り切って起業し、訪問看護ステーションやデイサービスを運営し始めていたセラピストと法人運営の訪問看護ステーションで仕事をしていたセラピストの間にある。同じ訪問看護ステーションに所属といっても、前者と後者では立場が微妙に違う。訪問リハを充実させたいという願いを共に思っていても、結束ができないのだ。前者が後者を脅かす要素をもっていたから。

いずれにせよチームワーク、協業、多職種連携と、事あるごとに旗印を掲げてきたリハであり、在宅ケアだ。分断を放置しておいてはいけないし、多職種チームは掛け声やカンファレンスだけでは出来上がるものではない。そして高齢化率が急上昇しているわが国の現状をみると、モデルはどこにもなく自分たちで手探りでも作り上げなければいけないこともわかる。

当初取材した訪問リハ、すなわち訪問看護ステーションからのセラピストの訪問活動は、現在形を変えつつある。だが訪問看護ステーションにセラピストがいられなくなるわけではないし、訪問看護が担うリハの役割がなくなるわけでもない。ただし、今まで棚上げされていたこと、リハと看護の関係を整理しておかないと、ただの機能分化だけでは、有効で効率的なサービスは提供できないだろうと思う。

戦略の建て直し

そこで、本書の目的を最初に考えていた訪問リハの現場のレポートだけにとどめず、看護とリハの関係を整理するという作業をいれ、厚生労働省がすすめようとしている病院・診療所・老人保健施設からの訪問がどういうものか取材したうえで、どういう形が望ましいのかを考える材料を提供することとした。

誰でもそうだが、自分の立っているところからしかものが見えない。厚生労働省とて例外ではない。だから見えた景色をいうときは、自分の立ち位置を明らかにしないと無意味だろう。そういうわけで、私の立ち位置をいうと、複合的に病院や施設を運営する大きな法人を母体とする訪問看護ステーションで、週に半分だけ非常勤で仕事をする作業療法士だ。つまり、ステーションの運営には関わっておらず、末端でまったくコマとして訪問の仕事をしている。ステーションで仕事をする前は、行政で行う通所機能訓練事業と訪問指導、その前は特別養護老人ホームに関わっていた。作業療法士としての経験は主に地域といわれる分野だが、常に傍流にいた。セラピストとしては、治療というより生活支援という文脈に身を置き、その人らしい自己表現ができているかというところに関心が向かう。作業に関しては、場と姿勢がまず大事だと考える傾向がある。専門職というのは、その専門にしている対象への役割だけでなく、社会的な役割を自ずともっていると考えている。そういう訳で、傍流で半分しか仕事しないなりに、いやその立ち位置から見える眺めを声にしていくことにそれなりの意義があると思う。そう考える癖があって、レポーターを買って出た。

現場はただいま、過渡期・混乱期だからレポートした時点と読者の目に届く時点とで、システムが変わってしまうことが多々ありえる。だが、プロセスの記録は今後を考えるうえでも重要だろう。より良い今後を作り出すために。

訪問リハの基盤

本文に入る前にリハビリテーションのために訪問するという活動としてどんなものがあるのか、整理しておこう。

「病気やけがや老化などにより、心身になんらかの障害を持った人々のうち、外出が困難な者や居宅生活上何らかの問題がある者に対して、作業療法士や、理学療法士・言語聴覚士などが居宅に訪問し、障害の評価・機能訓練・ＡＤＬ訓練・住環境整備・専門的助言指導・精神的サポート等を実施することで、日常生活の自立や主体性のあるその人らしい生活の再建及び質の向上をうながす活動の総称である」。

以上は、訪問リハビリテーション研究会（全国訪問リハビリテーション研究会の前身）が定義している訪問リハである[1)]。理念としては職種はさまざまであり、訪問して行う活動内容は「障害の評価・機能訓練・ＡＤＬ訓練・住環境整備・専門的助言指導・精神的サポート」であるが、「主体性のあるその人らしい生活の再建及び質の向上をうながす活動」を総称しているから、かなり内容は幅広くなる。

保険制度上訪問リハというときは、理学療法士・作業療法士・言語聴覚士（セラピスト）この三職種の訪問をさす。ただし、医療保険でも介護保険でも病院・診療所・老人保険施設からセラピストが訪問する場合しか訪問リハとはいわず、訪問看護ステーション所属のセラピストの訪問は、訪問看護（介護保険では訪問看護71、72）という。一方、看護師が訪問して行う看護ケアの中に「看護師によるリハビリテーション」というのがあり、これが結構高い比率を占めている。

さらに訪問リハビリテーション研究会の定義に入っていない職種、あん摩マッサージ指圧師による訪問マッサージがあるが、医療保険の適用を受け、訪問リハの代替となっている所もある。マッサージ師と理学療法士の関係は微妙なものがあり、さまざまな力関係が働いていると思うが、長い伝統をもち、国家資格で、開業権をもっているマッサージ師は訪問リハ・マッサージと看板を掲げていたりもする。マッサージ師は多職種チームになじまない職種なのかチームメンバーに数えられることは少ない（だが運動器リハのスタッフに組み込まれたことを考えると、リハにおけるポジションを明らかにしておいた方がよいだろう）。

文献

（1）伊藤隆夫、他『訪問リハビリ入門─脱寝たきり宣言！』二一七頁、日本看護出版協会、二〇〇一年

第一章　衝撃の通達

二〇〇六年四月、医療保険と介護保険の制度が同時に改定された。四月の改定に先立って、二月にはその内容が明らかにされ、あちこちの研修会で解説されていた。訪問リハに関しては、介護保険で短期集中リハ加算とリハマネジメント加算がついたため、退院後三カ月に限っては、それなりに評価が上がったと見なされた。訪問リハそのものはそれまでの五五〇単位から五〇〇単位に切り下げられたが、リハマネジメント加算が二〇単位、退院後一カ月以内は短期集中加算三三〇単位、一カ月以上三カ月以内は二〇〇単位ついたので、一カ月以内は計八五〇単位、一カ月から三カ月は七二〇単位、そしてそれ以降は五二〇単位となる。入院リハを受けて、退院すぐは在宅生活に適応するために集中した訪問リハを受け、その後は通所サービスで活動性を維持しなさいよ、というわけだ。

私自身は、訪問看護ステーションに所属している。訪問看護ステーションからリハ目的で訪問に出る作業療法士、理学療法士、言語聴覚士（セラピスト）は介護保険では訪問リハとはいわず、訪問看護7という。訪問看護7に関しての改定内容は、三十分未満の訪問看護71（四二五単位）、三十分以上の訪問看護72（八三〇単位）という区分ができただけだったので、実際にはほとんど今までと変わりないと思われた。訪問看護7には退院後の短期集中加算もないが、期間限定もない。三カ月以降も八三〇単位で訪問する。だから、退院後三カ月以上訪問するとなると報酬としては訪問リハより訪問看護72の方が断然いい。逆に支払う側にとっては、訪問リハの方が良心的というわけだ。さて、呑気にかまえていられたのは、そこまでだった。

正式には、三月十三日に厚生労働省が出した「介護報酬算定・指定基準の解釈通知」が、訪問看護7に大きな縛りをかけた。その内容は、以下の通りである。

「理学療法士等の訪問について

理学療法士・作業療法士又は言語聴覚士（以下この項において「理学療法士等」という。）による訪問看護は、その訪問が看護業務の一環としてのリハビリテーションを中心としたものである場合に、保健師又は看護師の代わりに訪問させるという位置付けのものであり、したがって、訪問看護計画において、理学療法士等の訪問が保健師又は看護師による訪問の回数を上回るような設定がなされることは適切ではない。（以下略）」

つまり、訪問看護ステーションでは、セラピストは看護師より回数を多く訪問するのはよくない、とされたのだ。なんと言ったって訪問**看護**なんだからね、そこを忘れちゃ困るよ、と。

これは、介護保険法改正の中身に書かれたものではなく、解釈通知という形で通達が出されたため、まさに青天の霹靂となった。正式な通達前、三月一日付で厚生労働省老健局老人保健課から都道府県介護保険担当への事務連絡資料として流れたものを、三月四日には京都のケアマネジャーがキャッチしている（インターネットの時代だ）。週末をはさみ三月六日から七日にかけて、この情報は全国の訪問に出ているセラピストに流れてゆき、まさに列島を震撼させたのだ。

私は日常の業務では末端にいるから、この情報を聞いたのは三月十日、京都の「訪問看護ステーションすざく」の取材でだった。朝、取材予定の作業療法士宇田菫氏に会うと、挨拶もそこそこに「今、大変なことになってるんですわ。聞いてはりますか？　作業療法士、理学療法士は看護師より多く行けへんようになるんです」と言われた。

「はぁ？」という感じだ。私は言葉が出なかった。そうなると、今まで取材した「初台」も「メディケア」も「ボバース」もだめになる。

三月中の二人の常勤作業療法士（理学療法士はいない）が訪問する予定の一三七件のうち、看護師の訪問が入っているのは一〇件だけという。「すざく」も、リハ目的の訪問は、セラピストが看護師より回数を上回っている。宇田氏が暗い表情になるのも、無理はなかった。

私は自分の職場に、瞬間思いを巡らせた。所属する「訪問看護ステーション広沢」は、セラピストが二人（常勤換算、理学療法士、〇・八人、作業療法士、〇・五人）、看護師が六人（常勤換算五・六人）、セラピストの数は少ないから、看護師を上回って訪問することは稀だ。だから、現実にこの縛りはあまり影響しない。だが、セラピストの集中した訪問が必要な利用者には、看護師より回数を上回って訪問したかった。そのために、もう少しセラピストが欲しかったし、現実にどう体制をとったらよいのかを、法人内の七つの訪問看護ステーションに所属する十人のセラピストで、模索している最中だった。だから、この通達は、一瞬にしてあれこれ考えていたことを無に帰し、将来の展望を一気に砕いた。

次の日、三月十一日の朝、私は情報を求めてホテルから何本かの電話をかけた。

まずは、自分の所属法人の訪問看護ステーションのセラピストを束ねている理学療法士、柴本千晶（「訪問看護ステーション住吉」）。彼女は、何日か前に関西の福祉機器の業者から送られてきたメールで、すでにこのことを知っていた。とりあえず、なす術はない。われわれのところで、セラピストが看護師より多く訪問している利用者は何人くらいいるのか、把握しておこうという話になった。

次に、初台リハビリテーション病院のリハ部長、伊藤隆夫氏（理学療法士）に電話した（彼は全国訪問リハ研究会前会長だ）。「今日、理学療法士は協会の介護保険部会で集まって訪問リハ関連の協議をする予定で、宮田昌司さん（「在宅リハセンター成城」、理学療法士、全国訪問リハ研究会会長）が行って説明することになってるよ。理学療法士協会、作業療法士協会、言語聴覚士協会、日本リハ病院・施設協会、日本リハ医学会の五団体で申し入れをすると思う。だけど、バックに病院があるステーションは、病院からの訪問にシフトできるけど、大変なのは独立起業してるところだよなぁ。地域によっては訪問看護からのリハしか資源がないところもあるから、そこに急にダメを出すことはないだろうって厚労省の人は言ってたよ」宇田氏とは対照的に伊藤氏の声は割とのんびりしていた。

それから、デイサービス起業したりコンサルティングをしている、日本健康機構株式会社の森本榮氏（理学療法士）。

「いやあ、うちもデイだけじゃなくて今度訪問看護ステーションを開設するんで、四月に向けてセラピストを採用したところ。まいっちゃいますよ。まずは、署名活動をって理学療法士協会の方にも言ったんですがね。でもまあ、粛粛とね。感情的になっても、何もいいことありませんからね」私の声は感情的だったのだろう。森本氏は諭すように言った。

その後の動き

三月十二日には、理学療法士協会、作業療法士協会、言語聴覚士協会が集まって協議し、厚生労働省に提出する要望書を作成した。当初、五団体、つまり先の三協会と日本リハ医学会、日本リハビリテーション病院・施設協会の要望書といわれていたが、日本リハ医学会と日本リハビリテーション病院・施設協会は、加わらなかった。ここで、医師とセラピストの立ち位置の違いがくっきりとわかる。

三月十三日に三協会の代表者は厚生労働省に行き次の三点を盛りこんだ要望書を提出した。

①（4）「理学療法士等の訪問について」（この（4）は通知文の（4）で、18ページの「　」の内容を指す）は、地域における在宅リハビリテーションのサービス提供体制が整備されるまでの間は、改正前のままとする。

②訪問看護ステーションからの理学療法士／作業療法士／言語聴覚士によるリハビリテーションは、あくまでも指定訪問看護ステーション事業所管理下での提供であることを踏まえ、リハビリテーションを中心としたものである場合でも原則保健師又は看護師が月一回訪問看護を提供し、その訪問看護計画の下に理学療法士／作業療法士／言語聴覚士によるリハビリテーションが提供されること。

③理学療法士／作業療法士／言語聴覚士によるリハビリテーションを提供する場合は、訪問看護計画書（別紙扱いでも可能）に「訪問看護リハビリテーション実施計画書（仮称）」を作成し、原則三カ月に一度の評価・見直をし、具体的な目標に沿ったサービスを提供すること。

三月二十二日付で、厚労省介護制度改革本部からQ&Aという形で、回答があった。問と答を以下に書く。

（問）訪問看護について、「訪問看護計画において、理学療法士等の訪問が保健師又は看護師による訪問の数を上回るような設定がなされることは適当ではない」との解釈が示されたが、これは、理学療法士等の訪問回数が、当該事業所が行う訪問全体の回数の半数を超える利用者については、報酬を算定できないという趣旨か。

（答）訪問看護に期待されるものは、第一義的には看護師又は保健師によって提供されるものである。一方、退院・退所後等に必要となるリハビリテーションのニーズについては、医療機関等による訪問リハビリテーションにおいて提供されることを期待しており、このため、今回の報酬改定においては、より効率的・効果的なリハビリテーションを実施する観点からリハビリテーションマネジメントを導入し、退院・退所後等の短期集中的なリハビリテーションの実施を推進するための加算を設定したところである。

したがって、各自治体におかれては、この趣旨に則り、必要に応じて、各事業所に対し、看護師を新規に確保する等のサービス提供体制の見直し等について指導方願いたい。なお、介護報酬の算定との関係では、こうした見直し等の期間を考慮した一定期間（例えば六カ月間程度など）を設けるなど、ただちに報酬を算定できない取扱いとすることによって利用者の生活に支障をきたすことのないよう配慮されたい。

また、仮に半数を超える場合であっても、リハビリテーションのニーズを有する利用者に対し、病院、老人保健施設等が地域に存在しないこと等により訪問リハビリテーションを適切に提供できず、その代替としての訪問看護ステーションからの理学療法士等の訪問が過半を占める場合や、月の途中で入院等によりサービスの提供が中止となり、結果的に理学療法士等による訪問が上回る場合など、適切なケアマネジメントを踏まえた上で、利用者個々の状況を勘案して、一定期間経過後であってもなお、やむを得ないと認められる場合については、各自治体の判断により、算定できる取扱いとして差し支えない。

この答により、とりあえず半年は今まで通りやれるが、この半年の間に次の対策、身の振り方などを考えねば、というのが大方の素朴な感じ方のようだった。また、半年で今までの訪問看護7に取って代わるだけの訪問リハの基盤整備ができるだろうか、いやできるはずがないからもうしばらくは大丈夫だろう、という感じもする。つまり、この回答にある「……一定期間経過後であってもなお、やむを得ないと認められる場合については、各自治体の判断により、算定できる取扱いとして差し支えない」という一文は、他に資源がなければ訪問看護7で行くしかないでしょう、と言っている。

この回答を得て、作業療法士協会は一応の成果とはしつつも、今後の方針も含め次のようにまとめている。

①急激な変更は利用者の生活に支障をきたすこともあるかもしれないので、そのようなことのないよう一定（例えば六カ月間程度など）の移行期間を設けるよう配慮した点は評価できる。

②医療機関による訪問リハビリテーション等の提供体制が未整備な地域においては、一定期間後も各自治体の判断で行えると読み取れる。

③一方で起業家にとっては死活問題である。

④各士会は、訪問リハビリテーションを必要としている利用者に対し不利益のないよう配慮（例：各都道府県担当者との協議等）を働きかける必要がある。

⑤従来からの基本方針である「指定訪問リハビリテーション・ステーション（仮称）」の新設の要望。

⑥現行の「指定訪問リハビリテーション事業所」の医療機関以外での開設要望等を理学療法士／言語聴覚士協会とも協議しながら進める。

作業療法士協会は二〇〇六年六月六日付で、協会の今後の対応を「指定訪問リハビリテーション・ステーション（仮称）」創設へ向けて、いや正確には、「創設に向けた検討等を含む関連事項に対する対応を、理学療法士協会、言語聴覚士協会その他関連団体と協議して進める」ことを各県の作業療法士会に通達した。一応前向きな姿勢ながら、前途多難さに腰が引けているような、通達文だった。

訪問リハの基盤整備は、介護保険施行後にできたサービス資源の中で、一番貧弱だ。訪問看護利用者二七万九〇〇〇人（二〇〇五年）に対し、訪問リハ利用者二万人（二〇〇六年）だ[1)]（一カ月の実利用者）。もちろん、この二七万九〇〇〇人の訪問看護の中に訪問看護7（実際の訪問リハ）も入っている。現実には、セラピストの訪問の六八％は訪問看護7といわれているから、訪問看護7の利用者は、ざっと四万二五〇〇人[*]ということになる[2)]。

いくら厚労省が、訪問リハは病院・診療所・老健からと言っても、四万二五〇〇人の訪問看護7の利用者を受け入れられるだけの基盤がおいそれと半年で、できるはずはない。

この通達後、いくつかの医療法人ではセラピストの所属を訪問看護ステーションから病院や診療所に変えつつある。

例えば、二〇〇五年八月に取材した「訪問看護ステーション初台」では、セラピスト八人、看護師四人で、リハ目的の利用者が多かった。二〇〇六年七月の時点で、看護師は四人のままでセラピストは十一人だが、この十一人はステーション専属ではなく病院とステーションの兼務となっている。「ステーション初台」のある東京都渋谷区は、猶予期間を一年としているというが、リハ（訪問看護7）のみの利用者は、順次病院からの訪問（訪問リハ）に移行し、その変更作業のまっ

＊全国訪問リハ研究会のアンケート調査では、セラピストの訪問の七四％は、訪問看護ステーションからである。

最中であった。具体的に変わる点は、主治医の指示が訪問看護指示書から、診療情報提供書になる。訪問看護指示書が有効期間一～六カ月であったのに比べ、診療情報提供書は毎月必要となる。さらにケアマネジャーのケアマネジメント情報提供書（ケアマネ連絡票）も必要とされる。これらはリハ計画書作成とともにリハマネジメントの一環とされている。

「ステーション初台」では、看護師とセラピストの両方の訪問が入っている利用者は、そのまま訪問看護7が続くから、ステーションからセラピストが全員撤退するわけではないし、現在（二〇〇六年七月）のところは、訪問に出ているセラピスト十一人は訪問リハ（病院所属）だろうが訪問看護（訪問看護ステーション所属）だろうが、訪問看護ステーションを住処としているとのことだった。

ボバース記念病院は病院からの訪問リハにシフトすることなく、あくまでも訪問看護7でいく、という体制をとろうとしている。二〇〇五年八月から九月に取材した時点で、リハ希望の利用者にはセラピストが十五回を一クールとして週一回訪問するというスタイルをとっていた。全身状態の管理のために、リハ中心の利用者でも月一回は看護師の訪問をいれていたが、セラピストの訪問が看護師を上回っている利用者は、何人もいた。ここでは、訪問看護7でセラピストが訪問することを続けるために、看護師の訪問を同数いれるという。つまり、週一回セラピスト訪問を一五回続けるとすれば、三～四カ月かかるわけだが、間に看護師訪問をいれることでセラピストの訪問が隔週になる。十五回の一クールは、倍の六～八カ月かかることになる。セラピストが隔週になる分、看護師にきっちりとリハ技術を伝達してゆくという方針だ。単価の切り下げをあくまでも回避する、大阪らしいやり方だと思った。

「訪問看護ステーションすざく」も、リハ目的の訪問は病院からにシフトし、二〇〇六年三月取材時にステーションに所属していた作業療法士はその後間もなく病院所属に変わった。同時に、ステーション全体の統合が行われ、同じ法人で四つあったステーションにセラピスト八人だったのが、二ステーションになり、所属セラピスト二人になるという。つまり、訪問看護7自体は残るが、セラピストが集中して訪問する必要がない利用者のみということになり、リハ目的の利用者が減る分縮小していた。

さて、問題は独立し背後に医療機関のない訪問看護ステーションだ。すなわち、二〇〇五年八月に取材した、「メディケア・リハビリ訪問看護ステーション」のようなところだ。彼らは存亡がかかっているから、その後の対策にかけずり回っているが、これといった手だてがないまま時が過ぎてゆく。

二〇〇六年四月十五日、起業しているセラピストが大阪に集まった。株式会社「夢のみずうみ社」藤原茂氏（作業療法士）、株式会社「創心會」二神雅一氏（作業療法士）、「メディケアリハビリ」谷隆博氏（作業療法士）株式会社「アールケア」山根一人氏（理学療法士）らが発起人となり「全国PT・OT・ST民間事業者連絡協議会」が設立された。こちらの面々はリハを中心とした訪問看護ステーションを運営していたためまさに二神氏が書いているように、訪問看護7の縛り（セラピストが看護師の訪問を上回れない）は「死の宣告」となっている[3)]。集まったセラピストは百人を超え、事業所数は四十七ということだった。会長となった藤原氏は「望んで会長をやらせていただきます」と挨拶に立ちリハ中心の訪問看護ステーションが、現実に訪問リハを担い実績を上げていたこと、厚労省に認めてもらうためには、エビデンス、効果をきっちり出していく必要があること、今回の動きで訪問リハステーション設立へつながる可能性の灯が消えてしまうと感じたこと、訪問リハが医療機関に集約される動きになっているが、短期集中だけではない、地域でリハを継続できる組織作りが必要なことを、全身を前にのり出すようにして語った。

熱心な意見交換がなされたが、この会が何を目指していくのか絞りきれないまま、とりあえず組織作りと効果データを集めることを確認し、その場で二カ月後の東京での会合日程が決められた。

「全国ＰＴ・ＯＴ・ＳＴ民間事業者連絡協議会」は有限責任中間法人をとり六月二十五日、東京で二回目の会合が開かれた。この二カ月の間、厚労省に足を運び、国会議員や元厚生官僚のもとに打開策を求めて通い弁護士の顧問をつけた。この二カ月に痛感させられた事実は、理学療法士協会、作業療法士協会がいかに力が弱いかということだったようだ。本来、どんな小さな決まりでも委員会を通って通達までには職能団体の耳にふれるはずなのに、まったく唐突に経違も不明なまま、その職種（理学療法士、作業療法士、言語聴覚士）が関わる職務が制度上不利な状況になること自体、異例のことだと言われたという。

顧問の小林弁護士は、この通達の合理性を追求していっていいのではないか（つまり合理性はない）と言っている。

この通達後、現実に訪問看護7が上回ったケアプランを作らないよう指導があった自治体が、いくつか出ていることが参加者からの情報で明らかになった。早いところは四月二十一日に、通知で六月一杯で訪問看護7が上回ったプランは算定できないと言ってきたという。逆に、そういう解釈通知が出されたことも感知していない自治体があることもわかった。

Q&Aにはあくまでも利用者が不利益をこうむらないよう、資源がなければ一定期間経過後でも（訪問看護7が上回ることを）やむをえない、としている。だが、各自治体の担当者がそこまで読み込んでいない場合も多く、訪問リハの資源が訪問看護ステーションしかないにもかかわらず、通達通り訪問看護7が上回らないよう、ケアマネジャーに指導している例があちこちにあり、混乱をきたしているようだ。

医学ジャーナリストの秦洋一氏は、社会保障審議会介護保険部会委員として厚労省に意見を述べてきた人だが、「政策は国から県・市町村に降りてゆくにつれて〝杓子定規〟な運用をされがちなことです。現場で身近な自治体と闘ってゆくことも大切でしょう」と、書いている[4)]。確かに末端でそういう現象が起きている。

さて、二〇〇六年七月現在「訪問看護7」問題に、何とか手を打とうと具体的な動きをしているのは、この「全国PT・OT・ST・民間事業者連絡協議会」だけである。この会の働らきかけで、理学療法士協会、作業療法士協会、言語聴覚士協会も重い腰を上げようとしているようだが、いずれも温度差がある。「訪問看護7」の縛りが不本意なことは、民間事業者だろうが医療法人のステーション（例えば私が所属する所）だろうが、同じはずだ。だが団結ができない。訪問看護ステーションが現実にリハを担っていたとしても、看護師自身がリハを専門にしている職種ではないから、この問題で看護師とセラピストが共闘できない。

　また、例えばこういう問題がある。私が所属する「訪問看護ステーション広沢」の地域に、セラピストを数多く抱えリハを売りにした、民間企業のステーションができてから、「ステーション広沢」の利用者が減っていた。つまり私たちにとっては、利用者をもっていかれた形、商売敵となっていた。彼らはかなりの勢いで、右肩上りに利用者を伸ばしていた。だから訪問看護7の縛りにより、この商売敵のステーションが立ちゆかなくなることは、次元の低いレベルでの反応としては「そーらごらん」ということになる。私のいるステーションとしては、むこうがつぶれることはリハ希望の利用者がこちらにまわってくるという意味で有利となる。看護師はあからさまにそれを表明する。私もあからさまにそれを表明する。が、内心はもう少し複雑だ。はりきって起業し、同じようにリハの仕事をしているセラピストが苦境に立たされていることが、うれしいはずがない。

　そもそも、訪問看護とリハはどういう関係にあったのだろう。そろそろ、それを考える作業に入ろう。訪問看護ステーションというところに大勢のセラピストが入り、訪問リハサービス事業所と化していたことが、「訪問看護7」問題となったことは、否めないだろう。看護にしてみれば〝ひさしを貸して母屋をとられた〟形となった。

二〇〇六年の介護保険法改正で義務づけられた、介護サービス情報公表で、訪問看護ステーションの情報公表項目の中の訪問看護サービスの提供の中には、リハビリテーションという項目があるのだから。その項目の確認事項は、(一)日常生活動作の維持・拡大のために機能訓練を行っている、(二)(理学療法士、作業療法士が職員にいる場合)理学療法士、作業療法士を含めたカンファレンスを行っている。(三)(理学療法士、作業療法士がともに職員にいない場合)他機関の理学療法士、作業療法士と連携している、という三点になっている[5)]。

看護におけるリハビリテーション、リハビリテーションにおける看護師の役割。今、訪問看護の方向が、ハイテクケアとターミナルケアへ向かっていくのならば、なおさら、ここはきちんとしておかなくてはならない。

文献

(1) 厚生労働省「平成十七年介護サービス施設・事業所調査結果速報」
(2) 石川　誠〔講演資料〕「今・訪問リハビリに求められていること」平成十五年度全国訪問リハビリテーション研究会研修会 in 新潟
(3) 二神雅一「有限責任中間法人『全国PT・OT・ST民間事業者連絡協議会』設立」地域リハビ

リテーション、一巻三号、二六〇頁、二〇〇六年

（4）秦　洋一「現場からお役人をつき動かそう」訪問看護と介護、一〇巻一〇号、八二五～八三〇頁、二〇〇五年

（5）川越博美「訪問看護ステーションの情報公表項目─優れたサービスであることをアピールするチャンスに」訪問看護と介護、一〇巻一〇号、八一一～八一六頁、二〇〇五年

第二章　リハと看護

私が訪問看護ステーションで仕事を始めたのは、一九九六年、介護保険が開始される四年前だ。それ以前にも、老人保健法による訪問指導という形で、月に一回程度だが在宅訪問をしていたので、訪問という仕事の形には特に抵抗も不安ももっていなかった。

だが、実際に仕事を始めて頭の中をめまぐるしく疑問符が飛び交いだした。訪問看護ステーションという場所、看護師が訪問してケアをしてくるという文脈に並行して、作業療法士が出掛けて行ってリハをしてくるということ、リハプログラムあるいはメニューというもの、看護師とセラピストが焦点とするものの違い、看護計画とリハ計画、計画書に書かれる問題点と目標、他の社会資源との接点……。

それらのひとつひとつが、自分にとっては解明できていないことで、周りの人と議論したい事柄だったが、何だかすでに自明の理のように日々の業務はこなされていた。というより、訪問看護ステーションの中で暮らすにあたって、あまりものごとをややこしくしたくなかったのかもしれない。

介護保険施行の前後で、一日の訪問件数や内容に大きな違いはない。だが、取り巻く状況は大きく変わった。

まずは、ケアマネジャーの存在と訪問看護・リハがマネジメントされたケアプランに基づくサービスとなったことだ。何だかんだ言っても、マネジメントを専門にする人がいるということは、画期的なことだといえる。ときに、ケアマネジャーはリハのことがわかっていないと叫びたくなることもあるが、それとて彼らに罪はない。リハそのものが、全く未整理の状況だからだ。いや、さまざまな人が整理を試みているが、どこまでいってもわかりにくい。だから、担い手も増えない。訪問リハの基盤整備が一番たち遅れているのも、このわかりにくさにあると思う。

そういうわけで、まず訪問看護ステーションというものをスケッチしてみよう。

訪問看護ステーションという所

そもそも、訪問看護ステーションは、平成四年（一九九二年）四月にできた「老人訪問看護制度（老人保健法）」により、在宅の寝たきり老人を何とかせねばということで、生まれた。これは「医師のいない医療機関に医療費財源から支払われる」という点で画期的であり、看護師が勝ち取った独立事業体である[1)]。平成六年（一九九四年）十月には「訪問看護制度（健康保険法）」により、老人だけでなく全年齢層が対象となった。平成十一年（一九九九年）からは、民間事業者も参入できることになったが、それは当然、平成十二年（二〇〇〇年）四月の介護保険を睨んでのことで、規制緩和によるサービス資源の増加と、市場競争原理で質が保証される（かもしれない）ことを、ねらったものと思われる。

1．増えない事業所、厳しい経営

平成十一年（一九九九年）十二月に厚生省より出されたゴールドプラン21では、平成十六年（二〇〇四年）までに、訪問看護ステーション九九〇〇カ所という目標値が掲げられた。だが、現実は介護保険施行後、平成十三年（二〇〇一年）に四八二五カ所だったのが、平成十七年（二〇〇五年）五三一〇カ所になっただけだ[2)]。九九〇〇カ所には遠く及ばないだけではなく、毎年百カ所以上増えていたのが、平成十六年から十七年は、百カ所を切り、八十六カ所開設されたにとどまった。

訪問看護ステーションの経営は、厳しいといわれている。毎年開設される数は、上にあげた増加数より多いのだろうが、休止また閉じるところも少なからずあるのだ。二〇〇五年九月に厚生労働省が公表したコスト調査では、調査に回答した五六九事業所の半数が赤字で、規模が小さいほど採算が合わない傾向という。「訪問看護ステーションが赤字ではいけない」という論文を書いた山崎京子氏（「能代山本訪問看護ステーション」所長）は、その中で次のように書いている[3)]。

「あくまで私の予想であるが、赤字傾向にあるのは、医療法人の比較的大きい病院の訪問看護ステーションではないだろうか。その理由は、訪問看護師が土日祭日休みの週休二日制をとり、休日に勤務した場合は代休をとるなど、病院勤務職員と同様の勤務体制をとっているからである。現在の訪問看護診療報酬体系は、休日代休および二十四時間連絡体制の人件費などを賄える体系にはなっていない。そのため、規模が大きくなるまではそれなりの努力が必要なのである」。

私の所属する訪問看護ステーションは、まさに指摘された通り、小規模であり大きな医療法人を運営母体としており、しばらく赤字が続いた所だ。二十四時間体制をとり、カンファレンスの時間をとり、週休二日を保証している。一時期利用者が伸びず、スタッフの適正配置のために、同じ法人内の他のステーションへスタッフが移動した。その後、急に利用者が増え黒字となったが、今度はスタッフ不足で全員が駆けずり回っている。まさに、水ものである。

これでは、独立事業体として運営に乗り出そうという所が増えないのも、無理ないであろう。法人の理念として、赤字でも必要なサービスだからと包括的に考えている所か、スタッフ数をおさえて経営センスを身につけて、熱き想いで走るかして新規に事業所が開設するにしても、年間一〇〇カ所しか増えないとなると、九九〇〇カ所になるには今後四十年かかる。また、休止、廃止している訪問看護ステーションの調査（アンケート調査二四九カ所）によると、休止・廃止の理由上位三つは、①開設当初から利用者が少なく経営継続が困難になった三六・八％、②訪問看護ステーション従事者確保困難三五・二％、③利用者減少し経営継続困難二六・九％、となっている[4)]。市場調査が不十分とか経営努力やＰＲが足らないと言われているが、最初にあげた数字、九九〇〇カ所は妥当な数字だったのか、訪問看護ステーションはどんな役割をとろうとしたのか、そこにどれだけのニーズがあるのか、今となってはよく見えない。はっきりとしているのは、入院期間を短くし、入院病床を減らし医療費を抑制したい国の方針だけだ。

一方、訪問介護事業所はぐんと伸びている。平成十三年（二〇〇一年）、一万六四四カ所だったのが、平成十七年（二〇〇五年）二万五八八カ所、四年間に訪問看護ステーションが四八五カ所しか増えないのに比べ、訪問看護事業所は八九四四カ所の伸びだ。これに関して、厚生労働省の在宅看護専門官、山田雅子氏は次のように書いている。「それまで訪問看護が実施していた清潔ケアや日常的な身の回りの世話の一部については、訪問介護が担うようになったと考えることができる。訪問看護に期待されるサービス内容が変化してきていることをつかんでおく必要があるようだ」[5)]。

2．訪問看護ステーションが担うリハ

きちんと数はつかんでいないが、リハビリテーションをサービスの中心にすえた訪問看護ステーションは、少しずつ出てきていた。そして、訪問リハの実施機関が少ないこともあって、リハ主体の訪問看護ステーションは経営的には成り立っていた。

だが山田氏が述べている「訪問看護に期待されるサービス内容の変化」に、リハニーズは入っていない。ここで言われているのは「ＡＬＳや末期がん患者に代表される高い医療ニーズ」であり「多機能化」だ。そしてこの多機能にも、なぜかリハは入らず、特別養護老人ホームやグルー

プホームへの訪問看護、そして療養通所介護いわゆる通所看護が、今もっぱらの話題だ。訪問看護ステーションは、管理者は専従の保健師または看護師、人員は看護師が常勤換算2・5人以上と定められている。セラピストに関しては、実情に応じて適当数というだけで、別にいなきゃいないでいい。提供するサービス内容だが、

・療養上の世話（病状の観察、清潔の援助、食事の援助、排泄の援助、体位変換、介護指導等）
・リハビリテーション（歩行訓練、関節可動域訓練、ＡＤＬ訓練等）
・ターミナルケアや診療の補助（褥瘡処置、経管栄養、留置カテーテル、膀胱洗浄、浣腸、摘便、吸引、在宅酸素、人工呼吸器、中心静脈栄養等々の管理、指導、実施）を中心とした看護

となっている[6)]。

これは、三月十三日付の通達内容、「(セラピストによる訪問看護は) 看護業務の一環としてのリハビリテーションを中心としたものである場合に、保健師又は看護師の代わりに訪問させるという位置付けのもの」と、何ら齟齬をきたしていないように見える。

だが、ここで注意したいのは、リハビリテーションと看護の扱いだ。そもそも、看護業務は、療養上の世話と診療の補助となっている（保健師助産師看護師法第五条）。訪問看護で提供するサービスの中のリハビリテーションは、看護業務のどちらにも入っていない宙ぶらりんの状態だ。

それなら、通達内容の「看護業務の一環としてのリハビリテーション」とは、一体何を指しているのか。そして、看護業務の一環だから本来保健師または看護師が行くところを、その代わりに訪問するというリハ専門職といわれるセラピストは、一体何をすればよいのか。そして、それとは別に制度化されている「訪問リハ」で訪問するセラピストと、担う役割は違うのだろうか。

疑問は後を絶たないが、ここではひとまず訪問看護ステーションがセラピストがいようがいまいが現実としてリハを担ってきたということに、着目しておきたい。

介護保険導入前、平成十一年（一九九九年）の厚生省（当時）の統計で、訪問看護の内容を見ると、十六万一九一〇名の利用者のうち五〇％が看護師によるリハを受けている（当時、理学療法士、作業療法士によるリハを受けているのは七・四％だけだ）[7]。同じ頃、平成十年（一九九八年）横浜市南区メディカルセンター訪問看護ステーション（看護師が常勤換算十五・七人でセラピストはいない）の報告では、訪問看護活動の六割でリハを実施しているという[8]。ここでのリハの内容は「寝たきりの方の拘縮による疼痛・苦痛を予防・軽減するための四肢の関節可動域訓練や筋肉トレーニング、リハビリテーション機関の理学療法士のプログラムによるホームエクササイズに基づく訓練、歩行訓練（散歩）など」となっている。

介護保険導入後、訪問看護の利用者は飛躍的に伸びたわけではない（訪問看護ステーションの数が伸びていないから、当然であろう）。提供するサービス内容も、介護保険導入前後でそんなに変わってはいない（私が所属する法人の訪問看護ステーションは、介護保険前も現在もリハ対象は全体の五〇〜六〇%だ)。診療所や病院、老人保健施設からの訪問リハが飛躍的に伸びない限り、また訪問看護ステーションにセラピストが増えない限り、看護師がリハを担う状況は変わらないだろう。横浜市訪問看護ステーション連絡会の二〇〇四年の調査でも、セラピストのいる訪問看護ステーションがわずかに六・七%であることから「リハビリテーションサービスを訪問看護師が担っていることがわかる」と、後藤則子氏は書いている[9)]。

看護師がリハを担うという現実、それは看護本来の仕事なのだろうか。それとも、セラピストがいないからせざるをえないのだろうか。看護の文脈でいうと、どこにリハはピタッとおさまるのだろうか。

看護とリハというテーマは、看護師でない私に少し手に余る。だが、看護師たちにリハにおいての看護師の役割は何?　と聞いても、すっきりした返事は返ってこない。そして、これは、私の同僚の看護師たちがわかっていないということでは全然なくて、看護とリハというものが、別の枠組をもった、あるいは別の構造のものだからだろうと思う。

3．セラピストから見た看護

訪問看護ステーションというところは、事業体の規模が小さい。そこで一緒に暮らす―共に仕事をする―というのは、お互いを理解する最適の場所といえる。朝昼夕と顔を合わせ、飛びかう言語を聞きながら、やっと看護師の文法がわかってくる。そこでやっと、お互いが違うのだということと、互いを知らなかったということを知る。恐らく、そこで初めて多職種がチームを組む意味と有効性が出るのだと思う。とりあえず、訪問看護ステーションというところに身をおいたセラピストの私の目に写ったあるいは解釈した、看護師、セラピスト、看護とリハというものを、思いつくままに未整理だが書いてみる。

看護師は、そもそも同職種のチームで仕事をしてきた経違がある。また、生命を支える最前線で職種として鍛えられているから、結束が固いしフットワークが軽い。チームでみるという習慣をもっているから、利用者個々の状態を申し送っていき、全員が全員を把握するよう努めるのは彼女たちの常識だ。一方セラピストは、担当制に慣れてきた。「自分の患者」という感覚だ。看護師もプライマリーというのがあり、セラピストも病棟経験をし始めたから、少しずつ変わっているかもしれないが、この違いは飛びかう情報量の違いとなって現われる。看護師が発信する情報量は多い。また、それは状態に関するものが大部分を占める。一方セラピストが言いたくなるのは、行為と成果（なかった場合も含めて）だ。

看護師は医療職の中では、患者の一番身近に長くいて日常生活を知っているということを、強みとしてきた。だが訪問看護となると、利用者と接する時間としては三十分～一時間三十分、一週間に一～二回、関わるスタイルはセラピストも介護職も変わらない。

これはどういうことかといえば、どの職種が行っても訪問した三十分なり一時間だけが勝負だということになる。看護師だけが特に利用者の日常生活の近くにいるわけではない。だが、物理的に利用者の近くにいるわけではなくとも、キャッチしてくる情報や利用者との関係のつけ方が、たしかにセラピストと看護師では違っている。一週間に一回、一時間の訪問をするとして、その一時間が排便の援助であるか、ベッドから車椅子に移る練習に使うのかでは、利用者との関係が違って当然だろう。やはり、看護師は決定的に、人が生きるということの近くにいる。

訪問した一時間が勝負と言っても、訪問時間内に完結することとしないことがある。例えば、入浴介助や食事介助などの援助は、訪問時間内に完結する仕事だ。だが、離床をすすめようとしてセラピストが訪問し、週に一回、ベッドから車椅子に移る練習をしても他の時間すべてベッドに寝て過ごしていたら、離床はすすまない。つまり、訪問時に提供するサービスなり技術は、日常生活に汎化する形をとらなければ有効ではない。訪問時にやることだけでは完結しないといえる（リハマネジメントが必要な所以だ）。

理学療法士の宮田昌司氏（在宅リハビリテーションセンター成城、全国訪問リハビリテーション研究会会長）は、直接利用者に技術を提供することを直接セラピー、自主トレ指導やヘルパーとの活動指導、環境調整や訪問日以外の日の活動へ反映させる働きかけを、間接セラピーと呼んでいるが[10)]、訪問リハはこの間接セラピーが結構重要なポイントになるように思う。つまり、勝負は訪問時間だけにとどまらない。逆に言うと、長時間滞在すればよいというものではないともいえる（とはいえ、一時間三十分の滞在が必要なこともあり、それが算定できない訪問看護7は、悲しい）。

例えば、生活習慣病にアプローチする看護師も、生活不活発病（廃用症候群）にアプローチするセラピスト同様、訪問時間内で完結するケアにとどまらない、指導という要素が入っている。だが、何と言っても看護の要諦は直接ケアだろうと思う。さらに言えば、ケアという行為をしなくてもいるだけで安心という、そういう性質を看護はもっている。

伝統的には、看護は療養上の世話という、いわば手を貸す仕事だ。そしてセラピストは、基本的には手を引くことを前提に出発している。

看護師は、悪い状態を起こさないこと（予防）も含めて、良い状態をもたらすことを身上としている。安寧（well being）がキーワードとなる。セラピストは、利用者が自分自身でできるようになること（doing）がキーワードになる。

4．看護計画とリハ

訪問看護では、訪問看護計画というものを立てる。訪問看護ステーションでセラピストが訪問する場合、訪問リハ計画書ではなく訪問看護計画にリハを反映させる形で書く。私にとって、これが非常にやっかいなことのひとつだった。例えば、看護目標が、「合併症を起こさず、安定した療養生活を維持する」というのだったりする。リハとしては「公共交通機関を使って、外出できるようになる」という目標を立てたいとする。この二つの目標を一枚の計画書にそのまま並列に掲げるのは、やはりおかしい。軸が違う。文脈が違う。

あるいは、看護計画の中でリハが「理学療法士作成のメニューに沿って機能訓練を行う」という納まり方がされてしまう。その機能訓練は何のために行われているのかが、見えない。

そして、看護計画では目標は掲げられているが、まずは問題点が列挙される。問題が解決されれば、自ずと目標が達成される、という形だ。さてセラピストが作った看護計画でその問題点のところに「四肢麻痺」とか「失語症」とか書かれていることがあった。これ自体は解決不能のことだから、問題点として挙げても困るよなあと思いながら、それではリハでは問題点というものを、一体どのように捉えるのか、共通理解されていない、いや共通了解されていないと思った。少なくとも、看護とは問題点の立て方が違う。

この点に関しては、上田敏氏（リハ医師）が以前から指摘している。すなわち、リハビリテーション医学は、「障害」（問題）を「治療する」（解決する）ことでは納まらず、障害が残ってしまっても能力を開発することでマイナスをゼロにするのではなく、プラスに転換させるアプローチということ、したがって、アプローチが「問題指向」から「目標指向」になるということと連関している[11)]。

看護計画とリハ計画を一枚にすっきり納めたい、という野心（?）を、一時私は抱いていた。ＩＣＦ（国際生活機能分類）が出たとき、これで一枚に納まると思った。だが、現在のところ、それはうまくいっていない。リハ実施計画書とケアプランが、ＩＣＦの概念で作られるようになったが、看護計画は別の構造をもっている。このことはまた、後でもう少し丁寧に考えてみたい。

訪問看護とリハ看護

1．訪問看護が担ってきた役割

訪問看護の歴史は古い。佐藤によると、それはさかのぼれば一八八〇年代後半に京都看病婦学校（同志社の看護婦学校）で訪問看護婦の養成が始まり、看護婦と婦人伝道師が貧困病家を訪問する巡回看護婦事業が一八九二年にあったという。また、一八九一年に鈴木まさが創設した「慈善看護婦会」が看護婦独自の活動として派出看護を行っていた[12)]。

高い乳幼児の死亡率や貧困家庭、結核などの伝染病が多かったという背景があるが、病院や医療機関が十分になかった時代に、訪問して看病や指導するという分野を先駆けていたのである。だが何と言っても一九八二年の老人保健法で訪問指導、訪問看護が制度化されてから、着々と足場を築いていったと言えるだろう。それらの制度は、社会問題になってきた寝たきり老人への切り札として準備され、一九九一年の老人訪問看護制度へと展開したわけだ。

訪問看護制度の整備が、寝たきり老人への切り札としてなされたからには、寝たきり老人を起こすための技術としてリハは不可欠になる。先駆的に在宅訪問に出ていた理学療法士や作業療法士がわずかにいたとしても、大多数の看護師はセラピストとの接点をもたないまま、寝たきり老人へ褥瘡処置をし、関節可動域運動をし、排泄介助や清拭をし、起こしたり歩行介助をしてきた。こうした、看護の文脈の中で行われる運動やＡＤＬ支援や歩行介助などが、看護師の行うリハとして定着していった。

寝たきり老人への対応を主眼に制度化された訪問看護は、それ故に起こすこと、リハ、自立支援を、大きな役割としてきた。そして今や寝たきり老人ということばは、あまり聞かれなくなった。要支援、要介護と七段階に分けられた介護保険利用者は、寝たきりゼロ作戦の成果と言えるのだろうか。

恐らく言えるだろう。長く寝ついて、布団から出ないまま、ひどい褥瘡や拘縮を作って、という人は、もはや少ない。われわれは、かなり障害が重い人でも、車椅子に座って外へ出られるように方策を立てる。だが、それは介護が大変ではなくなったということではないと同時に、起きて過ごす生活を上手に築きあげたとも言いきれない場合が、しばしばある。

二〇〇六年四月の介護保険改正以来、少しずつセラピストが訪問看護ステーションから撤退し始めているのと軌をひとつにして、訪問看護サービスの中のリハのポジションも、微妙にフェードアウトし始めたように感じる。二〇〇六年六月に新しく出た、全国訪問看護事業協会のパンフレットには、提供サービスとして挙げられた十項目の中に、在宅でのリハビリテーションという一項目があることはあるが、訪問看護の特色は、まずは、二十四時間三六五日の緊急対応、医療処置、そしてターミナルケアだ。訪問看護のニーズが変化し、期待される役割も変わってきた。同時に、リハのニーズと役割も変わってきたことを、われわれはどれだけ自覚しているだろうか。

2．リハ看護

訪問看護の役割が、ハイテクケアとターミナルケアにシフトしつつある、あるいはそのように誘導されているとはいえ、看護師の提供するケア内容の五〇〜六〇%が、リハというものであるという現実がある。だが、どうも看護というものとリハというものは、しっくりいっていない気がする。

例えば、リハ看護という分野がある。訪問看護師の多くは、あまりこの分野に興味を示さない（私が同僚に聞いてみた印象だが）。看護業界では、リハ看護はマイナーな世界のようだ。

訪問看護が少しずつ普及していった一九八七年の、雑誌「現代とリハビリテーション」の特集は「リハビリテーション看護とは」というものだが、その扉にリハ看護学会を立ち上げていた落合芙美子氏の次のような文がある。「リハビリテーションはチームアプローチによるとされ、多くの専門職種により成り立っている。しかしリハビリテーション看護に関しては、明確な概念もチームの中の位置づけも不透明のままスタートしてしまっている。（中略）チーム医療や専門分化の流れの中で看護機能の独自性を厳しく問われながら、看護の未来像は実に曖昧模糊としたものである」[13)]。

同じ特集の中で、リハ医大田仁史氏は「リハビリテーション看護についての理念、概念、総論、そして各論については今まですでに多く語られてきた。しかし、それを実践する立場のナースに、今ひとつ燃える気概が感じられないのは筆者だけではあるまい」と書き、さらに続けて、「しかし一つ誤解していることに気がついた。それはナースに理学療法、作業療法あるいは言語治療についての理解が十分でないということに問題があるのではなく、理学療法士や作業療法士、言語治療士、ソーシャルワーカーらに看護についての理解や知識が足りず、ましてその具体的な体験がないということである。（中略）他の職種が看護の理念と知識、そしてその技術の一端を学び、ともに実践しようとする姿勢が重要であり、ナースに対し、理学療法、作業療法、言語治療の知識が不十分だと責めるのは偏見であると断言してよい。彼女らの意欲を失わしめている一因はこんなところにもあるのではないか」と書いている[14]。

これらの文章が書かれた二十年近く前と現在と、看護師がリハというものに対してもっとまどい感は、あまり変わっていないように私には見える。

それでも訪問看護にリハビリテーションは不可欠だから、訪問看護研修テキストには『リハビリテーション看護』という一冊がある（石鍋圭子責任編集、日本看護協会出版会、二〇〇五）。それによれば、看護界全体にリハビリテーション看護の専門性・独自性が認識されだしたのはここ五年とのことだ。石鍋氏はこの中で「（前略）マンパワー不足のため、訪問看護師が運動機能訓練を行っている例も多い。しかし、自立のための健康管理やＡＤＬ支援は、看護活動の焦点でもあり、単に理学療法士の代理ということではなく、リハビリテーション看護として自律的にかかわりたいものである」と書いている[15]。

同書の中で、野々村典子氏（国際リハビリテーション看護研究会を立ち上げた）は、在宅リハビリテーションにおける看護の役割は「地域住民の健康づくりに始まり、地域で生活している障害者、高齢者、慢性疾患などで医療依存度の高い療養者に必要としているリハビリテーションサービスを提供することにあると考える」と述べており、石鍋氏とともに、次のようにリハビリテーション看護を定義している。

「リハビリテーション看護とは、リハビリテーション過程の促進を目指した多職種チームによるアプローチのなかで、身体的または精神的障害、慢性疾患、老化に伴う生活の再構築に直面した人々を対象に、可能な限りの自立と健康の回復・維持・増進によって生活の質を向上させるために、看護師の専門的な知識と技術をもって行うケアである」[16)]。

また、石鍋氏はリハ領域で働く看護師と他専門職への調査から、他専門職が看護師に求める役割は、（一）病態生理に基づいた患者の健康管理、（二）生活支援を通して患者のセルフケア能力を高めること、を明らかにし、また多職種が関わるリハチームにおいて、「患者の代弁者として求めているニーズを適時に適切な専門職に伝えることが可能」、「患者が少ない情報のなかで不利益を被らないように専門的な知識や技術にかかわる情報の所在を示したり、説明することが可能」な職種として、看護師が多職種の調整をする役割があることを、述べている[17)]。

特にこの「専門スタッフ間の連絡調整」は、看護師自身が自分たちの役割と認識しているのに対し、他専門職はそれを看護師の役割とあまり思っていない、役割認識が大きくずれている項目として、野々村氏らの研究で指摘されている[18)]。

私自身の認識を言えば、訪問看護でリハをすすめるにあたって、全身状態に目を光らせている職種としての看護師の役割は大きいが、専門職種間の調整という役割を担っているとは思っていなかった。指適通りである。

セラピストのいない訪問看護ステーションは、どうしているか

1．さいわい訪問看護ステーション鹿島田

現実に看護師のケアの中に「リハビリテーション」というのがあり、在宅でのリハを大きく担っている以上、作業療法士、理学療法士が入っていない訪問看護ステーションを見ておきたいと思った。「さいわい訪問看護ステーション鹿島田（以下ステーション鹿島田）」は、川崎市幸区の鹿島田駅前を開発してできた新しいビルの中にある。設置主体の石心会は、地域医療、在宅医療ということを早くから提唱して実践してきた川崎幸病院（一九七三年開設）を始め、クリニック、訪問看護ステーション、在宅支援事業、福祉施設等を主に川崎市と狭山市で展開している。

石心会の目指す地域医療を、設立趣意書は次のように述べている。

「石心会が目指す医療は、単に医療技術を細分化することをもって、高度化するのではなく、人間を治療するという観点に立ち、診療各科の連携・病院各部門の連携を密にして、有機的・総合的に患者を診ることを計り、さらに患者を有機的・総合的に診るために、病気の地域的特殊性、生活環境等を識り、地域に密着した病院として運営しようとするものである」。

宮本祥代氏（左）と清崎由美子氏（右）

その理念のもとに次々と開設した石心会の訪問看護ステーションは、川崎市幸区の中に三つある。一九九三年に、「さいわい訪問看護ステーション」、一九九六年に「さいわい訪問看護ステーション夢見ヶ崎」、一九九七年、「さいわい訪問看護ステーション鹿島田」。一九九三年開設というのは、訪問看護制度発足と同時ということで、それまでに下地ができていたということだ（ちなみに、私の所属する聖隷福祉事業団も一九九三年に第一号を発足させている）。

石心会の訪問看護ステーションが気になっていたのは、在宅サービス部門の統括所長、清崎由美子氏が、理学療法士がいない場合に看護師によるリハをどうすすめるかという視点で書いたものを、以前に目にしていたからだ[19]。それは在宅の現場でリハの需要は大きく、そして理学療法士はおらず、看護師が何とかせねばならず、だが看護師はリハに関する知識と経験が不足しているという切実さに裏打ちされている。

一九九九年に書かれたものを読むと[20]、石心会では非常勤の理学療法士と勉強会をもちながら、ひとつひとつの動作ができるようになるためのアプローチを整理し、プロトコールとフローチャートを作っている。例えば、フローチャートで寝返り可能で訓練できるレベルと出てくると、それにあてはまるプロトコールで訓練方法を参照する、という具合だ。

さて、それから随分時間がたった。フローチャートは生きているのか。理学療法士は相変らずいないのか。

(1)ステーション鹿島田のリハ体制

ステーション鹿島田は、常勤看護師五名、非常勤看護師二名で、二十四時間体制である（携帯当番は、常勤看護師が一週間交代で務める）。リハスタッフは非常勤でもおらず、石心会川崎幸クリニックの理学療法士が必要に応じて入るという体制だ（二〇〇五年七月現在）。

川崎幸クリニックのリハ体制は、理学療法士三名、作業療法士はおらず、言語聴覚士は川崎幸病院と兼務で一名。ステーションに豊富に出せる資源ではない。三人のうち二人の理学療法士が週に半日だけ、訪問の枠をもっているが、介護保険でいうとクリニックからの訪問リハであり、訪問看護ステーションへの出向ではない。

訪問に同行させていただいた川崎幸クリニックの亀井望氏は、理学療法士になって五年。三カ月前に今の職場に来たが、それ以前に勤めていた病院でも二年間訪問の経験をした。現在、彼女

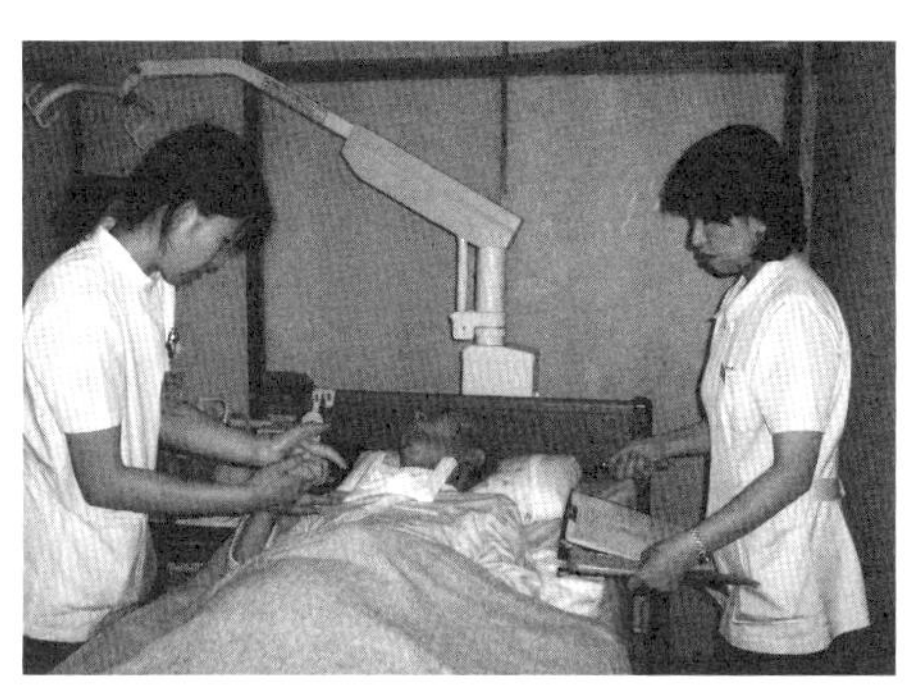

理学療法士（左）から看護師（右）への技術伝達

が訪問に出るのは木曜の午後、川崎幸病院か幸クリニックから指示が出る人で、月に五〜八人、外に出られない人が中心だ。

この体制をステーション鹿島田からみると、九十五人の利用者（二〇〇五年六月）のうちリハの指示が出ている人が三十一人、その中で理学療法士が入っているのが二人だ。えっ、たった二人？　そう、それが現実だ。

所長の宮本祥代氏に話を聞いた。

「川崎は訪問リハの体制は弱いと思います。資源がない。うちでも理学療法士の募集をかけていますが、来てくれる人がいないんです。苦肉の策として、訪問マッサージの人に入ってもらっています。三十一人のうち十三人は訪問マッサージの利用ですね。

私たちも慣れてきて、フローチャートはあまり使ってないですね。でも看護師によってはやはりリハに自信がない。年に一回は理学療法士を交えて、事例を中心にした学習会をひらいています」。

(2) Aさん宅へ

ステーション鹿島田の利用者Aさんの訪問を見学させていただいた。週三回の訪問看護のうち、二回が排便コントロールを主に看護ケア、一回がリハ。このリハの部分は隔週で理学療法士と看護師が入っている。

Aさんは七十九歳の男性。公務員を退職後は仏教の研究を生きがいとしておられ、講座に通い関係する本の読書三昧、また謡曲を趣味とする風雅な生活をしていた。十年位前、妻が何か変と気づいたが、アルツハイマーになっていた。それでも数年は歩いてデイサービスに行けていたのだが、一年前、重症肺炎で入院、気管切開、胃瘻造設し、寝たきりとなって退院、訪問看護が始まった。要介護5だ。マンション住いで妻と二人暮らし、介護量は多いが近所に住む長男の嫁が、しばしば手伝いに来てくれる。

宮本看護師が先に訪問し、バイタルサインチェックと口腔ケア、胃瘻ケアをしているうちに、クリニックから亀井理学療法士が到着、四肢のストレッチをしながら、やり方のポイントを宮本氏に伝えている。頸部、肩甲帯、胸隔とストレッチしてほぐし、いよいよ端座位。全身が固くなっているから、全介助である。妻が椅子を持ってきて、本人が背もたれを持てるように置き、自分が背もたれに向かってまたがるよう座って椅子を固定する。もう何も話さないA氏に、妻は一生懸命話しかけている。

訪問してまず私の目に入ったのは、ベッドの所に設置されたリフトと、コンフォートの車椅子、ロホクッションだ。A氏は端座位全介助、とても抱えて移乗できるレベルではない。リフトは必需品だ。また、これだけ姿勢保持が難しければ、コンフォートタイプのモジュラー車椅子も絶対必要だろう。介護保険でこれらはレンタルできるようになったが、一般には意外と使われていない。

A氏宅のこれらの福祉用具は、リハスタッフやケアマネジャーが導入をすすめたのではなかった。A氏の家族が福祉用具の展示場へ足を運び、情報を集め、かわるがわる車椅子に座ったり、リフトを試して決めてきたという。これらの機器を使って、A氏は日常三〜四時間は離床しているとのことだった。私はつい癖が出て、ロホクッションの空気圧を確かめてしまった。車椅子にも触らないではいられない。家族の知恵でよい福祉用具が入ったが、適合は特に誰かがしているわけではない。私は心の中で「私を雇って」と叫んでいた。

A氏は、訪問看護、訪問リハの他に、週二回の訪問入浴、土日以外連日三十分の訪問介護、川崎幸クリニックから月二回の往診、そして週一回の訪問マッサージを受けている。夜中の吸引もあるから、妻はぐっすり眠れないだろうが、石心会のサポート体制で安定して介護しているように見える。

(3)亀井理学療法士の思い

「訪問はまだ三カ月なので、今のところは前任の人からの引き継ぎで、そのまま同じペースで訪問してます。Aさんのような人を今後ずっと続けていくのか、三カ月とか決めた方がいいのか悩みますね。Aさんは拘縮予防と呼吸リハが主でしたが、私は端座位もやってみています。やっぱり表情も変わるし、少しずつですが座る力もついてきます。

訪問は、家での動きが見れてとてもいいのですが、時間がとれないのが残念。外来に来てる人も家での生活が見られると、外来のリハに生かせるのにと思うんですけど」。

亀井氏は少し緊張した面持ちで真摯に話すと、自転車でクリニックに帰って行った。木曜は午後訪問をした後、五時半から七時半まで夕方診療での外来リハがあるのだ。

2．看護師の思い

清崎由美子氏に話を聞いた。清崎氏は、石心会川崎幸病院地域保健部で、一九八八年に始まった訪問看護が、在宅関連の仕事の始まりだ。その後、次々にできた訪問看護ステーションの管理者となり、今ではヘルパーステーションや居宅介護支援事業所など八つの事業所を統括している。たおやかな笑顔の持ち主で、在宅看護のエキスパートだ。

「幸区の中だけに三つも訪問看護ステーションを作ったのは、やはり連携をとっていくための一つの戦略です。三つのステーションあわせた利用者は二八〇人ですが、六割は石心会以外からの指示書です。ですが、地域の人と一緒に作りあげていく医療というのが理念ですから、地元が大事、幸区が拠点です。

訪問看護ステーションは、開業医の患者さんもどんどん受けていくことで病診連携の潤滑油になっていると思います。

リハ体制がなかなか作れないのは、川崎幸病院が急性期病院で、急性期リハには視点が向くんですが、まあ、維持期リハということになるとちょっと上が熱心じゃないということもあるかな。ステーション三つとも理学療法士がいません。

私たちは理学療法士に入ってほしいと思っています。まず、機能評価をきっちりしてほしいし、その人に合ったリハメニューを作ってほしい。関節痛なんかある人だと、動かす範囲や訓練方法も理学療法士がいると安心します。ただ、在宅に慣れていない理学療法士に評価してもらうと、訓練だけに終ってしまったり、生活の中でもっとできそうなことも制限されてしまうことがあります。

目標設定は難しいですね。家族はよくなってほしいと思うから、具体的目標が立ちにくい。目標はすぐに見つからなくても、ゆっくりと待ちながら、本人のちょっとした変化、変わろうという瞬間を見逃さないで、具体的な生活行為に結びつけていくことはできます。リハでの看護師の役割は、そういうところにあるんじゃないかな。理学療法士が専門的に機能をきちっと評価する、看護師はそれを生活の幅を広げることにつなげていく。生活の中に視点を移すことです。できるだけ、元の生活に戻していくための援助ですね。

作業療法士の必要性ですか？　家の中で役割をとっていくときの、手段や方法の相談にのってもらえるといいですよね。そしてやっぱり、自助具や福祉用具の適合かな」。

所長の宮本氏に、今ここに就職希望の理学療法士がいたら、受けいれはどうか聞いてみた。

「ステーション鹿島田としては、受けいれ体制があります。まず、理学療法士がほしいかどうかですか？　作業療法士でもOKですよ。うーん、作業療法士の方が、生活全体に関われるかもしれませんね。今まで看護師だけのチームに他職が入ってくることへの抵抗は、別にありません。ただ……、仕事の分担のバランスは、考える必要がありますね。今まで看護師が担ってきたリハの部分を、全部常勤の理学療法士がやるとなると……」。

ちょっとここに、微妙なニュアンスが入ってくる。つまり、看護師が担っているリハというのが、けっこう比重が大きいのだ。ステーション鹿島田の利用者は、要介護4・5の割合が五〇%、つまり介護量の多い人が多い。

介護度が高く、医療処置や排便コントロールなど看護ケアの必要性が高い利用者が多い場合、看護師の守備範囲が大きいことは確かだ。看護ケアの一環として行われてきたリハと、理学療法士が行うこととどう折り合いをつけていくのか。平たく言ってしまえば、看護の守備範囲を一部理学療法士にあけ渡すことになるが、それは看護師が楽になると感じることなのか、それとも脅かされると感じる部分もあるのだろうか。

3．多職種チーム

石心会もそうだが地域医療を先駆的にやっているところは、「家で安心して療養する」「家で安心して死ねる」ということをスローガンにして、熱い思いの医師と看護師たちがそれを支えてきた。それは、命を支える前線だ（前線にいるからか、看護師たちはテンションが高い感じがする）。

リハビリテーションは、命の前線ではない（だから、セラピストは携帯当番はできない）。この、ちょっとした路線の違いが、先駆的な地域医療を展開してきたところに意外とリハスタッフが入っていけない理由があるのかもしれない。

看護師だけでがっちりスクラムを組んで守備してきたチームは、自分たちのチームのちょっと守備の弱いポジションに、理学療法士を配置しようとする。あるいは作業療法士でもよい。いずれにせよその頼んだポジションだけを守ってくれればよいと思っている。他のポジションは、すべて守備できていたからだ。だが実際そこに理学療法士なり作業療法士が入って来て、一緒に動き出すと、守備方法自体が変わってくることになるのだ。それは一見、今まで看護師が守備していたポジションまで他職にとられる感じがするかもしれない。だが、互いの動き方が見えるようになってくると、自由にポジションを入れ替わりながら、よりダイナミックな守備、いや攻撃が、できるようになるのではないか。

さて、訪問看護ステーション鹿島田を取材したのは、二〇〇五年七月。ここに書かれたのはその時点の様子だ。訪問看護7のない（セラピストのいない）ステーションだから、二〇〇六年四月の介護保険改定後も大きな変化はなく、地域ケアの担い手として、変わらぬサービスを提供している。

少しだがセラピストのいる訪問看護ステーション

1．聖隷福祉事業団

私が所属している「訪問看護ステーション広沢」は、聖隷福祉事業団というかなり大きな組織が運営母体だ。病院を始めとする医療施設、福祉施設、在宅支援の事業体などさまざまなサービスを、浜松市を中心に関東・関西にも展開している。浜松市には、七つの訪問看護ステーションを運営しているが、一番目の「ステーション住吉」を一九九三年一月に開設したときから、セラピストを常勤雇用している。とはいえ、七つのステーションに対して理学療法士七人（常勤）作業療法士三人（常勤換算二・五人）であるから、リハを売りにしていた訪問看護ステーションに比べると、数は少ない（二〇〇六年七月現在）。

十人のセラピストは、ステーションの規模に応じて配置されており、小さなところでは〇・六人、大きなところで二人、ちなみにステーション広沢は一・三人（理学療法士〇・八人、作業療法士〇・五人）だ。それぞれのステーションは独立しているが、セラピストは少人数なため、また作業療法士、理学療法士両職種がなるべく関われるように、二つのステーションを兼務したり移動することがある。私は、この十年の間に、「ステーション広沢」を含めて六つのステーションに関わった。

各ステーションのセラピストは月に一回集まり、業務時間内に合同リハカンファレンスをもっている。ここで情報交換、各ステーションでのリハ実施率とスタッフ配置のこと、訪問頻度やリハ計画の立て方、症例検討、その他もろもろの問題討議や勉強をしている。各ステーションに散らばってしまえば、貧弱なリハ体制だが、この月一回の集まりは強力なバックアップになっているように思う。

リハの指示は、「ステーション広沢」では全利用者の六〇％に出ている（二〇〇六年七月）。看護師六人（常勤換算五・六人）、セラピスト二人（常勤換算一・三人）のチームであるから、どの職種がどういう人の所へどんな頻度で行くのが有効か、よく考える必要がある。つまりここでは、看護師の担うリハというものとセラピストのリハというものが、混ざっているのだ。

利用者のニードと訪問の目的に合わせて、セラピストが主に行く場合、看護師と半々くらいで行く場合、看護師が主に行く場合など、だいたいの目安を作っている。これは、合同リハカンファレンスでまとめたもので、七つのステーションではだいたいこの目安で、セラピストの訪問頻度を決めている（**表1**）。

聖隷福祉事業団の訪問看護ステーションは、セラピストがいるがリハに特化したものではない。ハイテクケア、ターミナルケア、小規模多機能へと、まさに厚労省のモデルに沿っているようだ。看護師は交代で携帯電話を自宅に持ち帰り、二十四時間緊急にそなえる（携帯当番と呼んでいる）。

表 1　リハスタッフ訪問パターンの大まかな基準

状態	頻度	例
1．OT・PT による運動・練習・助言により身体機能・ADL 能力の改善が見込め，プログラムの変更が随時必要な場合	リハスタッフ中心の訪問 看護師は定期的に評価 月 8 回程度（リハスタッフ）	脳卒中片麻痺，骨折後遺症など
2．穏やかではあるが，身体機能 ADL 能力の改善が可能な場合	リハスタッフ週 1 回訪問 看護師も同程度の訪問 月 4 回程度（リハスタッフ）	脳卒中片麻痺、骨折後遺症、廃用症候群など
3．慢性進行性疾患により，障害像が特殊で，かつ身体機能・ADL 能力が低下していく場合		パーキンソン病、リウマチ，脊髄小脳変性症、ALS，筋ジストロフィーなど
4．身体機能、ADL 能力は固定されており，介護機器や環境設備により ADL・IADL・役割活動の能力改善が期待できる場合	必要な期間（物品デモ・使用動作獲得練習）はリハスタッフが中心に訪問	
5．身体機能、ADL 能力が固定されており，生活範囲の拡大など参加に対してのアプローチが中心となる場合	リハスタッフ，看護師が同数で訪問 月 1〜2 回程度（リハスタッフ）	
6．看護ケアが中心で，身体機能・ADL 能力が固定されており，本人のコンディショニングのために OT・PT の助言が必要な場合	主に看護師が訪問 必要に応じてリハスタッフが訪問	長期臥床で離床が進まないケースなど
7．健康管理が中心で，運動や活動がそのなかに組み込まれている場合	看護師中心の訪問 3〜6 カ月に 1 度の評価（リハスタッフ）	訪問が生活パターンの一部になっているケースなど

夜間や休日の緊急訪問や電話相談は、平均月十二回くらいはある。であるから、携帯当番をしないセラピストは、おいそれとは増やせない。

ステーション広沢は、前に書いたように、近くにリハに特化した訪問看護ステーションができてから、リハ希望の利用者が減った（二〇〇三年十月のリハは全利用者の六九％だが二〇〇六年七月六〇％）。リハのニードの高い脳血管障害も、二〇〇三年十月五二％が二〇〇五年九月は三四％だ。一方、ＡＬＳなどの神経難病は一四％から一八％、もちろん、ここにもセラピストのニードはあるし、ターミナルケアにもセラピストのニードはある。

こんな風だからステーション広沢としては訪問看護7の縛りというものは、ほとんど影響を受けない。ステーションとしてはこたえていないのだが、私自身はなんだかこたえた。現実に仕事が減ったわけでも看護師との関係が悪くなったわけでもない。事と次第によっては、リハニードはまた上がるかもしれない。だが、訪問看護ステーションという船はセラピストの席がないわけではないが、力一杯オールをこぎたいんだったら、あっちの船に乗り換えなさいよ、と言われているようで、尻が落ちつかなくなったのだ。

少ないとはいえ、最初からセラピストを常勤雇用し、ステーションを新設するたびに少しずつセラピストを増やしていき、だが少ないままで維持させながら運営している聖隷福祉事業団のやり方は、バランス感覚が良いと言えるかもしれない。これは、その舵取りをしてきた人の話を聞くのが一番だろう。

2. 上野桂子氏に聞く

私が一九九六年に「訪問看護ステーション住吉」に就職したときの所長上野桂子氏は、現在（二〇〇六年四月）、聖隷福祉事業団理事、在宅サービス部顧問、全国訪問看護事業協会常務理事という肩書きで、今は第一線を退いているが、精力的に訪問看護を推進してきた功労者だ。

上野氏の訪問看護との関わりは、昭和五十一年頃（一九七六年）にさかのぼる。当時聖隷浜松病院の病棟勤務の看護師有志たちが、退院した患者のインシュリン注射指導などを必要に応じて訪問してやり始めた。ボランティアであった。内科と外来の管理婦長だった上野氏もボランティアで訪問していたが、昭和五十四年（一九七九年）、訪問活動を外来の活動として組織づけ、訪問看護室を立ち上げた。業務の中に組み入れられたが、制度はなかったため病院としては持ち出しの事業だった。

昭和五十八年（一九八三年）、老人保健法による老人診療報酬の中で、「退院患者継続看護・指導料」として一〇〇点（一〇〇〇円）が新設され、病院からの訪問看護が制度化された[21]。だが、上野氏自身も病棟の管理婦長を兼ねながらの訪問看護であったし、有志が心意気でやっていた活動であり、あえて一〇〇点の請求はしていなかったという。

昭和六十三年（一九八八年）、在宅患者の訪問看護が制度化した。平成二年（一九九〇年）、聖隷福祉事業団は、コミュニティケアセンターという訪問介護事業を始めた。その時点では、訪問介護は、介護職と事務職がいればできると思われたが、ふたをあけてみてすぐ看護師の必要性がわかり、平成三年（一九九一年）、上野氏にコミュニティケアセンターから白羽の矢が立った。

上野氏は、仕事の場を病院から地域に完全に移すことにとまどいがないわけではなかったが、看護師の力を発揮できる場として、よい機会と促えた。訪問看護ステーションの制度が、平成四年（一九九二年）にできることも視野に入れてコミュニティケアセンターでの活動を始め、地元医師会との関係作りなどに走り回り、平成五年（一九九三年）一月、「訪問看護ステーション住吉」を開設した。

開設時から、セラピストを常勤雇用している。このあたりのことから、話を聞いてみよう。

「うちは、最初から作業療法士をいれてたのね。訪問看護ステーションは制度にちゃんと、理学療法士・作業療法士は位置づけられてるし、始めから一緒にやろうと思ってましたね。ステーションが増えるたびに、少しずつリハスタッフも増えたわけだけど、看護とリハが一緒に仕事をするというところでやっていますから、うちはリハに特化しているわけではないんですね。

看護師もリハができないわけじゃない。でも、例えばＲＯＭ（関節可動域運動）なんかも、リハスタッフは専門的に勉強してますから、緊張を見ながらていねいにやりますね。看護師は訪問してケアしてですから。

それから、リハと看護では視点が違います。看護師も導き出す仕事だけれど、やっぱり発想が違う。違う所をみている。

リハの人に言われたことがあるけど、看護婦は悪いところばかり見る、リハは悪い所は捨ててしまって残された部分に着眼するのよってね。だから、一緒に働くメリットがあるのよね。

理学療法士・作業療法士は病状のアセスメントができないから、看護師が一緒にいると安心でしょう。それが、利用者にとってのメリットですね。

今回の制度改定については、訪問リハは急性期にワーッとやろうという制度よね。急性期・回復期の人はそちらを利用すればいい。在宅は、ずっと維持期と思っています。長く一緒にやっていこうという形です。

訪問リハは今まで五五〇点だったから、それで訪問看護7にリハを送ってた所があるかもしれないけど、うちは点数で考えてきたわけじゃないんですね。リハは機能訓練ではない。多くの訪問看護で機能訓練をしているけど、それは違うでしょう。

在宅では、おむつが汚れたままというわけにはいかない。看護と一緒に働くということは、ケアをするということなんです。気持よく過ごせるようにするのが、私たちの仕事です。

介護保険前は、訪問看護7の区別もなかったんだから、看護師が行ってもリハスタッフが行っても、そもそもすべて訪問看護といわれていたわけだから、それでよかったのにね（今回の訪問看護7の縛りに対して）。

リハでたくさん行きたい場合は、制度としてはあるのだから、病院から行けばいい。訪問看護ステーションが、リハに特化した形のものが出てきたのは、そちらがヘンなんです。うちのステーションみたいにしてれば、問題なかった。リハと看護がきちっと協働してやるということね。うちでも、訪問看護7が看護師の訪問を上回っても、それが必要なことならケアプランにいれていっていい。だめだと言われた訳ではないんだから。

リハに特化したステーションは、看護から見れば軒下を貸して母屋をとられた形です。件数を随分伸ばしましたが、質を問われますよ。

今後、訪問看護ステーションは、グループホームや特養への訪問、通所看護（療養通所介護）やショートステイと、サービス提供の場がより地域に広がった動きになります。リハとの関係は、一緒にいることのメリットは大きいですし、今後も一緒に仕事をしていきたいですね。リハに特化したい人は、訪問リハ（病院などからの訪問）にすればいいと思う。

理学療法士・作業療法士のいないステーションは、他機関のリハとの連携をきちっとやっていかないといけないですが、やはり一緒にいないと、チームワークはしにくいということはあると思います。

ちょっと感じるのは……、理学療法士・作業療法士は医者の傘の下にあるっていう……、大御所に守られているというか……、あれでは独立できないわね。看護師は、もともと療養の世話と診療の補助で、療養の世話に医師の指示はいらないのね。看護は独立してるんです。厚労省で看護の委員会は看護師だけれど、リハの委員会というと理学療法士・作業療法士よりまずリハ医がそろいますよね。その辺がちょっと違うわね」。

そう、確かにちょっと違うのである。上野氏は言いにくそうに、遠慮がちに言ったが、看護師だけで成り立っている看護集団から見ると、リハ医が先頭に立っているリハ集団、そこにいるセラピストは自立していない職種に見えるのだろう。

上野氏の発言は、訪問看護から見たセラピストのニーズである。リハのニーズを言っているのではない。それは、看護師がもつ当然のスタンスであることが、私は今は理解できるが、理解にいたるには、看護師とセラピストの立ち位置のズレを知る必要があった。

看護とリハ

立ち位置が違うということは、看護師の動き、あるいは反応と、セラピストの動き、反応の違いから、経験的にはわかる（セラピストと言っても作業療法士、理学療法士、言語聴覚士でそれぞれに違う）。

看護師にしてもセラピストにしても、その行為の根拠や前提は、もうあたり前のこととしてあえて口にしない。同職種でチームを組んでいる場合はそれですんだ。だが、今やそれではすまない。立ち位置の違いを、文献の力も借りて、明らかにしておこう。

そうする中で、看護とリハというものが整理されてゆくのではないかと思う。

1．利用者との距離

同僚の看護師が、「看護は寄り添うことだと思う。その人がどうしたいのか、その人の言語にそってね」と言った。たしかに、看護師は利用者との間にとる距離が近い。物理的にも近いが、心理的にも近い。近い所に立つのが、その役割なのである。

看護師にしてみれば、それは当然のことであえてそんなことを言う必要さえ感じないだろう。だが、それは他の職種にしてみれば、言っておく必要のあることなのだ。セラピストは、寄り添わない職種だから。いや、それは時と場合による、という人がいるだろう。確かにそうだが、ここで明らかにしたいのは、看護師が近い所に立っているということがはっきりしていると、セラピストは少し離れた関係を安心してとる、ということである。

リハビリテーションにおける看護の役割について、積極的に書いている酒井郁子氏は、看護の専門性としての「療養上の世話」を「気づかい世話をする」といい、「リハを受けるその人が何を望んでよいのか、自分でもどのような可能性があるのかわからず混沌の中にいるときからそばに寄り添い、当事者が自分自身で希望を見い出すために、ケア環境を整え援助することが看護師が持つ『療養上の世話』の本質」と書いている[22)]。

一方、酒井氏は「看護師が陥りがちなわな」として、「過剰関与」ということを挙げている。これは、言いかえれば近い距離にいる（寄り添う）ことのもつ、リスクであろう。「リハビリテーションにかかわる看護師は、このリスクについてもっと深刻に考えていくべき」と書いているが、セラピストには距離をとりすぎることからくるリスクがあることは、言うまでもない。

2．専門性

セラピストはリハの専門職として誕生した。セラピストがいるということ自体が、看護師がリハに関わることを躊躇させるかもしれない。そして現実にセラピストがいない場合、看護師がセラピストの代りという役目をとると、不全感が残る。私の同僚はこの不全感を「な－んちゃってリハ」と表現する。

地域看護、訪問看護が専門の石垣和子氏は「特に看護職者は医療にかかわるいろいろな専門職が誕生するまでは、多くを担ってきた職種だけに、新たな専門職が出現するとすっかり委譲したくなるか、また、一方ではまがりなりにも担ってきた自分たちの仕事だと考え、新たな専門職との連携に抵抗感を抱く傾向があるのではないだろうか」と書いている。

私はこの指摘は当たっていると感じる。そして、セラピストはセラピストで、大きな集団と長い歴史を持ち、揺るぎない位置にいる（ように見える）看護師に対し、一種の怖れを持ち、専門職として武装しようとする。

いずれにせよ、在宅という場は専門性など打ち砕かれる。打ち砕かれたという共通体験があれば、チームワークはうまくいくように思う。

看護師が記述した専門性とコミュニケーションに関する文献から、いくつか引用してみる。

「（ケースカンファレンスなどで、セラピストが専門的判断と尺度と用語をもっているのに対し）、現象を観察し、現象を現象として記述することが多い看護がいかにも素人のようで『専門性』に劣るように感じられて気後れしてしまうという」（石鍋）[23]。

「自分達が行っている看護実践を説明することに腰が引けてしまい、看護が保有している豊かな言葉を使わず、無理矢理に医学用語に当てはめて患者と看護援助を他職に説明してしまうことがある。（中略）看護とは、もともと非常に抽象的な性質を持っており、看護師が表出している言動だけをみていても看護の性質は見えにくい。見えないものを見えるように看護師ではない人たちに説明することは分析能力と表現力を必要とする」（酒井）[24]。

「リハビリテーションにかかわる専門職は、それぞれ異なる教育によって養成され、それぞれ異なる知識と技術の体系に基づいて情報を収集し整理し、それに基づいて仕事を進めている。そうした情報は同じバックグラウンドをもった専門職の間では非常に効率よく伝達されるが、隣接領域の専門職には全く理解できないことが少なくない」（飯島）[25]。

専門性というのは、一体何なのだろう。看護の専門性、リハの専門性というものがあり、リハの中で看護がその専門性を表現しきれていないというような焦立ちが、読みとれる。だが、看護の扱う領域が広範囲であり、看護を説明する言語がそういう言語（現象を記述する、素人っぽくなってしまう）だという了解から始まれば、互いの理解は難しくないのではないか。

医療社会学者の細田満和子氏は、チーム医療に関する記述の中で「我々が、『チーム医療』を理解しようとする時には、組織化されていて、体系的なコミュニケーション媒体で伝達される『知識』だけでなく、未組織なままで、インフォーマルに伝達される『情報』にも注意を向けるべき」と言い、「現場で働いている者があらゆる工夫でつかみ取るその場その時で生まれる『場面情報』の重要性」を指摘している[26)]。

看護情報の真骨頂はこの「場面情報」なのではないか。

3．ICFとNANDA

ICF（国際生活機能分類）は、リハを考えるときの基盤、共通言語として、浸透している。リハ実施計画書もICFの概念で作られているし、ケアプランもICFの概念で立てるよう指導されてきた。

ICFは二〇〇一年五月、WHO（世界保健機関）で採択されたもので、生活機能を、活動と参加とし、それを健康状態、心身機能・身体構造それから環境・個人という背景因子との相互関係で構造化した。分類として挙げられた項目リストより、この構造概念がリハ関係者にはピッタリ受けいれられたと思う（**図1**）。

看護でもリハ看護ではICFを看護の枠組みとしており、「その考え方は看護学の『健康の概念』により近似し、あらゆる健康の水準にある人を対象にしている」と書かれている[27)]。訪問看

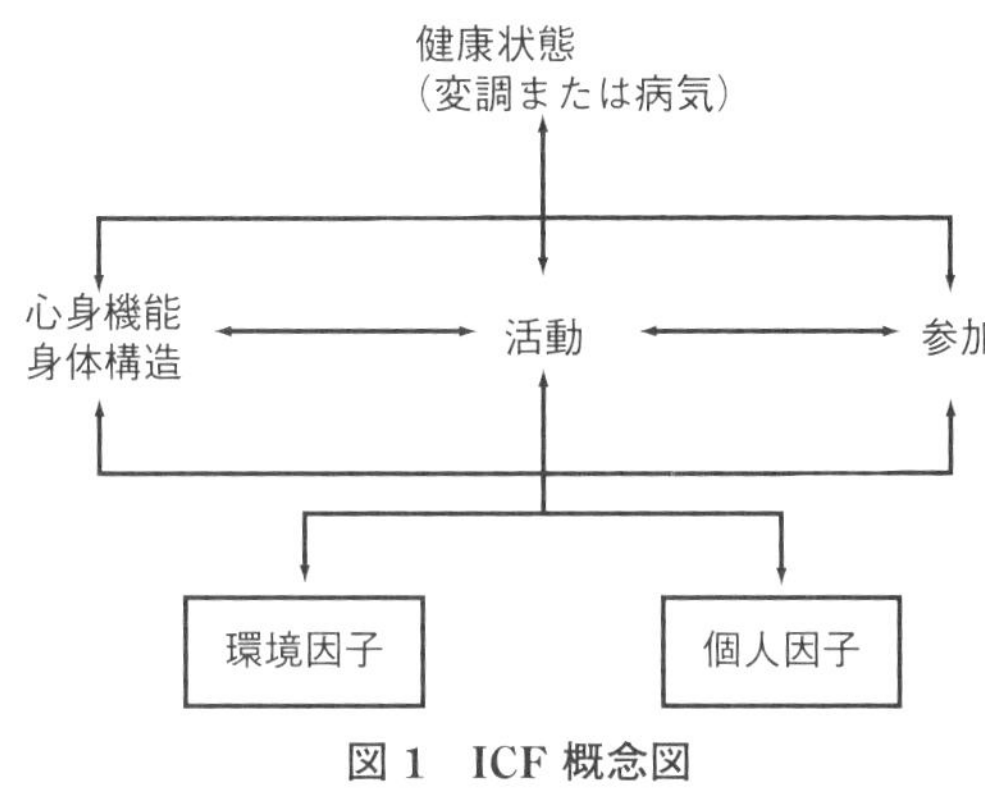

図１　ICF 概念図

護事業協会理事の山崎摩耶氏は、「ＩＣＦの〝その人の社会参加まで含めた生活全体の生活機能をどう向上させるか〟という視点は看護職に必要なもの」と発言しているが[28)]、一般に、看護界にＩＣＦはなじんでいないように見える。

ある看護大学の教員である看護師になぜ看護にＩＣＦが浸透しないのか聞いたら、「看護診断で手一杯だからではないか」との答えだった。

看護は、健康問題に焦点を合わせる。この健康問題を共通言語にするために、看護診断が生まれ、北米看護診断協会（ＮＡＮＤＡ）が二年ごとの分類改訂を行っている。特に病院では、電子カルテの一本化に向けてＮＡＮＤＡの分類で記載することが始まっているようだ（場面情報が看護診断で言い表わせるのかどうか、私にはわからないが）。

だが、看護過程、看護診断リストを見ると、看護師は看護という文脈でリハという言葉を一言も使わずに、リハを担ってきたのだということがわかる（**図２**）。因みにＮＡＮＤＡの看護診断リストを見ると、例えば、領域４、活動／

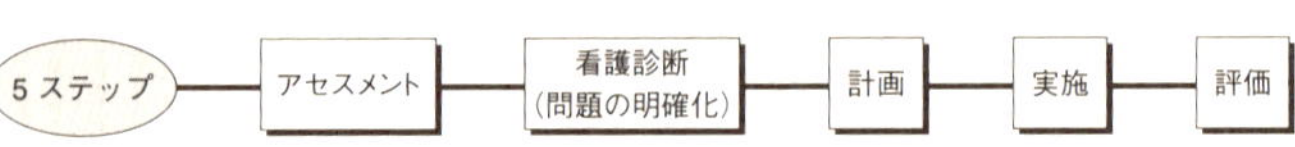

図2　看護過程の5ステップ

休息という中に、移乗能力障害、身体可動性障害、といった項目がある[29)]。あるいは、摂食セルフケア不足、入浴／清潔セルフケア不足、という項目、これらは、ICFでは、機能障害、活動制限に入るだろう。

それならば、看護診断の中の活動やセルフケアの項目へアプローチするのが看護師から見たリハ過程なのだろうか。看護から見ればそうかもしれない。そこにセラピストが関われば、看護におけるセラピストのニーズとなるかもしれない。だが、リハから見ると少し景色が違う。看護が問題とするのが、ある状態からの逸脱であるのに対し、リハが問題としているのは、獲得を阻害する因子だ。わかりにくい言い方をしているとは思うが、この違いが景色の違いを生み出しているのではないだろうか。

NANDAがリストアップしている問題点（看護診断）には、実在の問題、リスク（起こる危険性のある問題）、ウェルネス（促進準備状態・よりよい状態を獲得できそうという判断）という三つの型がある[30)]。リハはウェルネスに近いのかなとも思うが、ICFとNANDAを長時間眺めていても、重なりはしない。

4．セルフケアの意味

看護理論の中にオレムのセルフケア不足論というのがあり、リハ看護においてもよく利用される理論だという[31]。

セルフケアということばは、看護でもリハでも使うが、使われる文脈が非常に違う。リハでは、基本的なADL（日常生活活動）の中の、食事、更衣、整容、入浴、排泄の五項目の動作を、セルフケアと称している。これらの活動が自立するための、身体の動かし方、物の操作と道具の使い方、環境の整え方、そして活動に伴う移動と活動を支える姿勢、遂行に必要な認知機能をもっぱら考える。

看護でセルフケアというときは、それが健康にもたらす意味によって使われる。オレムの看護理論は、セルフケア不足理論でもあるが、この場合のセルフケアは「個人が自分自身の生命、健康および安寧を維持するために開始し実施する活動の実践」と定義し、八項目の普遍的セルフケア要件を挙げている[32]。

1．十分な空気摂取を維持すること
2．十分な水分摂取を維持すること
3．十分な食物摂取を維持すること
4．排泄過程と排泄に伴うケアを提供すること
5．活動と休息のバランスを維持すること
6．孤独と社会的相互のバランスを維持すること

7．人間の生命、人間の機能、および人間の安寧に対する危険を防ぐこと

8．人間の潜在能力、既知の人間の限界、そして正常でありたいという人間の願望にしたがって、社会集団の中で人間の機能と発達を促進すること。正常であること（normaly）は、本質的に人間的であるという意味合いで、また遺伝的・体質的な特徴と個人の才能に一致しているという意味合いで用いられる。

ここでいうセルフケアは、人が健康を維持する要件すべてを指しており、人の内部に起こる反応に焦点がある。看護師とセラピストがセルフケアということばを使うとき、その場面によってとりあえず意味は通じているのだろうが、そのことばの背景がこれだけ違えば、連想されることも違うだろう。

オレムでは能力（判断、決定、遂行を合わせた概念）をエージェンシーと呼ぶ。健康逸脱してセルフケアニードが満たされなくなったとき、セルフケア要求が起き、それが個人のセルフケアエージェンシーを上回ると、看護師が看護専門能力（看護エージェンシー）を意図的に行使する[33]。

オレムは独得の言葉の使い方をするが、オレム看護理論でリハ過程を説明されると、リハにおける看護の役割が非常によくわかる[34]。セルフケアエージェンシーを引き出すような関わりをする看護エージェンシーとは、療養上の世話というよりもっとダイナミックな概念だが、当事者に

寄り添う、という近距離に位置することには、変わりない。

5．地域では看護もリハも重なり合っていく

訪問の仕事は、サービス利用者が暮らしている家へ出向く。これは、病院や施設にいるのと決定的に違う。

ひとつは、暮らしが仮の姿ではないこと、そして、基本的に介護力が低いこと、家族関係や経済や価値観や習慣などによって多様な、だが変えることのできない暮らしのかたちがあること、そういう場で必要になる技術は、専門的なものも普遍的なものも混ざり合っている。

専門性は、すなわち限定性であり効率がよいことが前提となっている。専門性には限界がある。訪問サービスで考えるとき、看護と介護とセラピーが有機的に作用し合わないと、意味がない。

このことを、酒井氏は次のように言い表わす。

「リハビリテーションが技術からシステム化へと変貌してきた結果、看護活動とリハビリテーションは、目的と機能が重なりつつある。看護とリハビリテーションが目的を共有し、互いの働きも理解し合える条件がそろってきたと考えられる」[35)]。

6．医師との関係

上野氏が指摘するように、「看護は独立している」が、「リハというとまず医師が出てきてセラ

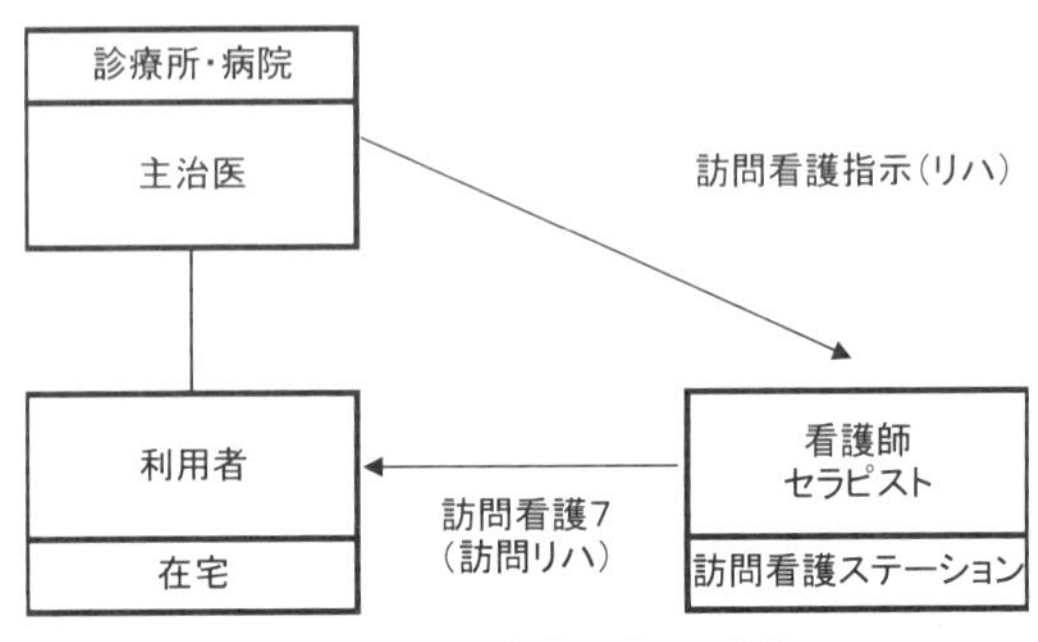

図３　訪問看護の指示系統

ピストはその傘の下にいる」ことを通感させられたのは、訪問看護7よりも訪問リハが推奨されていること、つまりセラピストは、病院・診療所・老人保健施設に所属することが望ましいとされたことだ。訪問リハは短期集中加算やリハマネジメント加算がついたが、それらは医師の診療情報提供書やチームで作るリハ計画書が不可欠になる。リハ計画をチームで立てることに異存はない。だが訪問リハの指示は、利用者の主治医Ａからセラピストの所属する医療機関の医師Ｂに出される診療情報提供書に基づいて、医師Ｂが出すことになった。**図４**を見てほしい。主治医Ａから直接リハの指示をもらう訪問看護７（**図３**）と違い、まさに医師の傘の下にいることがわかる（正確に言えば、訪問看護ステーションでは看護師の傘の下にいることになるが）。

看護師と理学療法士・作業療法士と言語聴覚士は、業務の遂行にあたって医師の指示が、法律上少し違う。看護師の定義「この法律において『看護師』とは、厚生労働大臣の免許を受けて、傷病者若しくはじょく婦に対する療養上の世話又は診療の

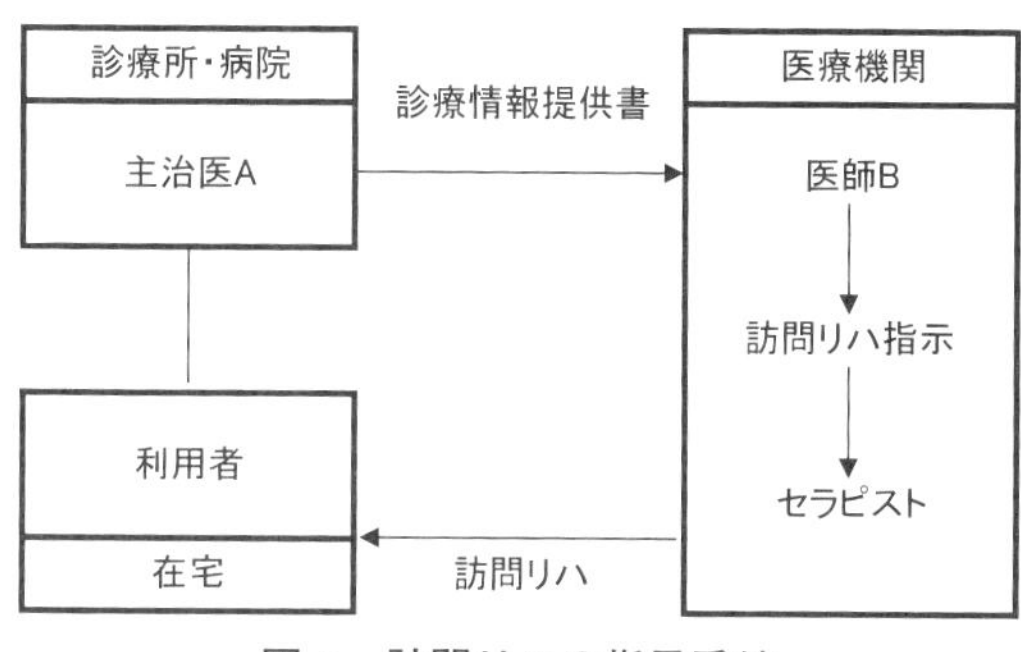

図４　訪問リハの指示系統

補助を行うことを業とする者をいう」（保健師助産師看護師法第五条、昭和二十三年）。理学療法士の定義「この法律で『理学療法士』とは、厚生労働大臣の免許を受けて、理学療法士の名称を用いて、医師の指示の下に、理学療法を行なうことを業とする者をいう」、作業療法士の定義「この法律で『作業療法士』とは、厚生労働大臣の免許を受けて、作業療法士の名称を用いて、医師の指示の下に、作業療法を行なうことを業とする者をいう」（理学療法士及び作業療法士法第二条、昭和四十年）。

言語聴覚士の定義「この法律で『言語聴覚士』とは、厚生労働大臣の免許を受けて、言語聴覚士の名称を用いて、音声機能、言語機能又は聴覚に障害のある者についてその機能の維持向上を図るため、言語訓練その他の訓練、これに必要な検査及び助言、指導その他の援助を行うことを業とする者をいう」（言語聴覚士法第二条、平成九年）。

言語聴覚士が国家資格になるには、理学療法士・作業療法士から三十二年の年月がかかったが、定義からは注意深く医師の指示を除外することを忘れなかった。

看護師に対する医師の指示は、診療機械の使用、医薬品の授与と指示、すなわち医療行為の部分であり（保助看法第三十七条）、言語聴覚士への医師の指示は、診療の補助としての嚥下訓練、人工内耳の調整その他厚生労働省令で定める行為の部分（言語聴覚士法第四十二条）、なのだ。理学療法士・作業療法士は法律上その業務がまるごとすべて、診療の補助に入ってしまい、独立した部分がない[36)]。

在宅でのリハは生活の再建への援助なのだから、診療の補助だけではすまない。セラピストが在宅訪問で培ってきた技術、その家という環境の中で、安全で現実的な日常生活の自立へ向けた本人の動作への働きかけ、障害を最少限にとどめるための環境整備や道具や福祉用具の選定と適合、外出に向けての動線の確保と介助方法の指導、役割活動や社会参加に向けての働きかけ、これらは診療の補助ではない。さりとて、療養上の世話でも、セルフケア不足への看護エージェンシーでもない。セラピスト独自の領域だ。

訪問リハに携わるセラピストが増えないのには、理由がある。制度が、足枷になっている。リハに特化した訪問看護ステーションが出てきていたのには、理由がある。看護師にとっては、目に余っただろうが、利用しやすいシステムだったからだ（**図3**を見れば一目瞭然だ）。

セラピストが、訪問看護ステーションにいようがいまいが、利用者を少しでも動かした方がいいと思う主治医は、訪問看護指示書のリハビリテーションの項目に丸をつけるだろう。指示事項の一番目に、リハビリテーションという文字が待っている。

結果、在宅のリハは、医師の指示にからめとられていない看護師とマッサージ師が担うことになり、リハ専門職として増え続けているセラピストは、訪問リハの仕事がしたくても場がいつまでも整わないことになる。

そして訪問看護師も療養上の世話を介護士にゆずり、診療の補助としてのハイテクケア・ターミナルケアに、からめとられていく。

リハにおける医師の役割が、リハにおける看護の役割と同じくらい、見えにくく、リハ医自身がアイデンティティ・クライシスに陥りやすいことは、以前から上田敏氏が指摘していた[37]。だが、心配の必要はない。リハサービス利用者に医学的管理、リスク管理、障害の予後予測、負荷の可否判断、合併症や廃用症候群予防、そのための処方と情報提供が必要不可欠であることは、疑問の余地がない。

そして、リハが医療から出発しても、生活の場へ、社会へと流れていくことは必然であり、理学療法士・作業療法士を「診療の補助」の枠内のみにとどめておくことには、もう無理があるだろう。いや、そもそも医師自身も、在宅やリハビリテーションに関わろうと腰を据えた途端に、医学という自然科学のみでは立ちゆかないことに、すぐに気づくはずだ。バックボーンに必要になってくるのは、人間科学、および暮らしの知恵で、これに精通した専門家など、いないのである。

文献

（1）上野桂子「訪問看護ステーションにおけるリハビリテーションの必要性」、上野桂子他（編）『訪問看護のための在宅リハビリテーションガイドブック』、二～三頁、東京法令出版、二〇〇〇年
（2）厚生労働省「平成一七年介護サービス施設事業所調査結果速報」、厚生労働省、二〇〇六年
（3）山崎京子「訪問看護ステーションが赤字ではいけない―管理者は経営戦略をもち次のステップへ」訪問看護と介護、一一巻一号、二一～二五頁、二〇〇六年
（4）石垣和子・川越博美『訪問看護ステーションのサービス提供の在り方に関する調査研究事業報告書』全国訪問看護事業協会、二〇〇四年
（5）山田雅子「訪問看護ステーションのさらなる発展に向けて―多機能化に向けた検討とチャレンジ」訪問看護と介護、一一巻一号、一〇～二〇頁、二〇〇六年
（6）前掲書（1）、四頁
（7）前掲書（1）、一六～一七頁
（8）高砂裕子「訪問看護とリハビリテーション―訪問看護婦（士）の立場から」総合リハビリテーション、二七巻三号、二二九～二三七頁、一九九九年
（9）後藤則子「在宅療養を支援する上でいま何が問題なのか―横浜市訪問看ステーション連絡会の分析から」訪問看護と介護、一一巻六号、五五六～五六一頁、二〇〇六年
（10）宮田昌司「訪問リハに求められる技術の概要」地域リハビリテーション、一巻一号、五六～五八

頁、二〇〇六年
（11）上田　敏『リハビリテーション医学の世界』、二〇〇〜二〇二頁、三輪書店、一九九二年
（12）佐藤美穂子「訪問看護の歴史的変歴と現況」総合リハビリテーション、二七巻三号、二〇三〜二〇九頁、一九九九年
（13）落合芙美子「対象＝「生活者」の視点からリハビリテーション看護の構築を」現代とリハビリテーション、二巻四号、二五七頁、一九八七年
（14）大田仁史「医師からみたリハ看護」現代とリハビリテーション、一巻四号、二八一〜二八五頁、一九八七年
（15）川越博美・他〔総編集〕、石鍋圭子〔編〕『リハビリテーション看護』、石鍋圭子「リハビリテーションを進めるための条件」、三頁、日本看護協会出版会、二〇〇五年
（16）前掲書（13）、一〇頁
（17）石鍋圭子「多職種と連携し、援助と調整する」、石鍋圭子他〔編著〕『リハビリテーション専門看護』、八五頁、医歯薬出版、二〇〇一年
（18）前掲書（15）、野々村典子「リハビリテーション看護の専門性に関するリサーチ」、一八九頁
（19）清崎由美子「理学療法士・作業療法士が訪問看護ステーションにいない場合」上野桂子、他〔編〕『訪問看護のための在宅リハビリテーションガイドブック』、三〇一〜三〇五頁、東京法令出版、二〇〇〇年

(20) 大塚有里、清崎由美子「PTとともに作成したプロトコール、フローチャート」訪問看護と介護、四巻一〇号、七八一～七九三頁、一九九九年
(21) 前掲書 (12)
(22) 酒井郁子「リハビリテーションにおける看護の役割と機能」地域リハビリテーション、一巻五号、三九六～三九九頁、二〇〇六年
(23) 前掲書 (15)、七九頁
(24) 前掲書 (22)
(25) 飯島 節「多職間のコラボレーション」、酒井郁子〔編〕『超リハ学』、一一一頁、文光堂、二〇〇五年
(26) 細田満和子『「チーム医療」の理念と現実』、七九～八一頁、日本看護協会出版会、二〇〇三年
(27) 前掲書 (13)、一一頁
(28) 山崎摩耶「ダブル改定を理解する―診療報酬・介護報酬同時改定の意義」コミュニティケア、八巻五号、一四頁、二〇〇六年
(29) NANDAインターナショナル〔著〕日本看護診断学会〔監訳〕中木高夫〔訳〕『NANDA看護診断―定義と分類』、医学書院、二〇〇五年
(30) 松木光子・中木高夫〔編〕『看護診断入門第二版』医学書院、二七頁、二〇〇六年
(31) 前掲書 (15)、一〇頁

（32）Donna L. Hartweg〔著〕黒田裕子〔監訳〕本庄恵子〔訳〕『オレムのセルフケア不足理論』、照林社、二〇〇〇年

（33）前掲書（17）、宮腰由紀子、他「リハビリテーション看護の研究と理論」、二〇一～二〇七頁

（34）酒井郁子「リハビリテーションにおける転倒予防」、酒井郁子、〔編〕『起リハ学』、一六四～一七二頁、文光堂、二〇〇五年

（35）前掲書（34）、酒井郁子「リハビリテーションと看護の幸福な関係」、四三四頁

（36）衛生法規研究会〔監修〕『実務衛生行政六法、平成17年版』、新日本法規出版、二〇〇四年

（37）前掲書（11）、三〇八頁

〔資料・介護度別割合と疾患別割合〕

訪問看護ステーション広沢

介護度別割合

要支援
1 %
医保険
20 %
要介護 1
23 %
要介護 2
12 %
要介護 3
16 %
要介護 4
15 %
要介護 5
13 %

疾患別割合

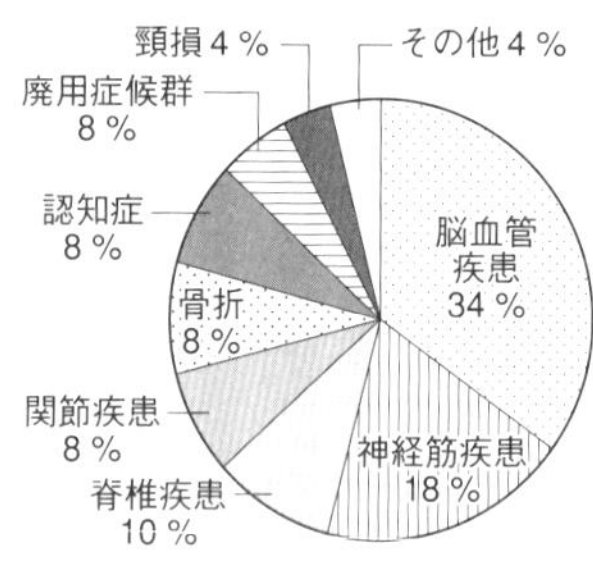

第三章　訪問看護7（訪問看護ステーションからの訪問リハ）

訪問リハサービスの供給資源が、現実に訪問看護ステーションであったため、二〇〇五年七月から二〇〇六年三月までの間に、セラピストをたくさん抱えている訪問看護ステーションを四カ所、取材した。その中には、看護師にとっては目に余ると思われただろう所もある。

だが、どこのセラピストも生き生きと張りきって仕事をし、いずれできるかもしれない訪問リハステーションをシミュレートしている感じもあった。私はと言えば、看護師と共に仕事をする面白さ、良さを十分知りながらも、一人の利用者に濃く、たくさん関われることが、少しうらやましくもあった。

厚労省の通達以後、それぞれのステーションは変わらざるを得なくなっており、二〇〇六年九月現在、人も形態も取材時と違っている。だが制度がどうであれサービス利用者が必要としていること、セラピストが訪問してできることは、変わりがない。だから、取材した時点で私がつかんできたものを、そのままの形でここにのせようと思う。

東京に来た石川組――訪問看護ステーション初台

1．全国訪問リハビリテーション研究会

二〇〇二年の一月二十六日、石川誠氏を会長として全国訪問リハビリテーション研究会の発会式が東京であった。会場はかなり大勢の人がつめかけていて、熱気でムンムンしていた。会の終わりごろ、名称について、厚生労働省の訪問リハ実務者研修とまぎらわしいという意見や、看護師が入りにくいというような意見が出た。私も手を上げて、「リハビリテーションのための訪問サービス研究会」というような名称にしないと、看護師は入らないだろうという意見を言った。ただし、われながら長ったらしいし、名称としては通用しにくいと内心思った。「ま、いろんな意見もありましょうが、とりあえずこの一年はこの名称で」と石川氏は締めくくり、会が発足した。

二〇〇五年十月現在、会は伊藤隆夫氏（初台リハビリテーション病院理学療法士）を会長として、一年に何回か精力的に各地で研修会を行っている。

全国訪問リハ研究会発足の前に、二〇〇〇年頃から、東京訪問リハ研究会が少しずつ活動を開始していた。当時、「たいとう診療所」の理学療法士だった伊藤隆夫氏や「桜新町リハビリテーションクリニック」の理学療法士宮田昌司氏らが、世話人をしていた。「たいとう診療所」も「桜新町リハビリテーションクリニック」も、石川誠氏が東京に打った布石である。

リハ医の石川誠氏は、何の制度もない時代から、看護師やリハスタッフを巻き込んだ訪問診療

伊藤隆夫氏

をやっていた人である。高知県の近森会を舞台に、近森リハビリテーション病院を実践場として、リハスタッフの病棟配属、病棟訓練をすすめ、回復期リハ病棟のモデルを作り上げた。訪問看護ステーションに、作業療法士・理学療法士を投入し、「在宅総合ケアセンター近森」を一九九八年に立ち上げると、足場を少しずつ東京に築いていたのだ。近森会での活動については、『夢にかけた男たち』（河本のぞみ・石川誠著、三輪書店）に詳しい。近森会での石川氏を取材していた一九九六年、高知でやるべきことはやってしまったという、一種のゴール達成後の脱力感みたいなことを話されていたが、なんのなんの着々と次の展開を繰り広げていたのだ。

まずは、伊藤氏の話を聞いてみよう。

「実感として、訪問に関わる作業療法士・理学療法士は増えてますよ。僕が会長になって二年目になるけど、ワークショップ中心の研修会が全国各地で行われています。今年（二〇〇五年）だって四月に京都、七月に盛岡、九月に広島でしょ。十月に大阪のリハ・ケア合同大会で十二月に東京で全国大会ね。研修会は、地域ごとに自主的に研修企画を立ててきて、それを訪問リハ研がサポートする形です。それぞれの地域の事情があるから、その地域で集まりが続くスタイルにしたいよね。研修会の実行委員は、その準備で顔見知りになるから、とてもいいんです。結構、やりたいという声が上がってくるんです。

研修会は、ワークショップが大切なんですね。講義を一方的に聞くだけじゃなくて、グループワークで意見を出し合うスタイルね。

訪問で悩んでる人？　そうね、だいたい二つのグループに分かれるな。苦労を全く苦労と思ってない、ま、ノーテンキなタイプと、壁にぶちあたって打ちひしがれてるタイプですね。やめちゃう人も、そりゃ少なからずいるでしょう。ナースとの関係ね。

そう、お互いを知る前は畏怖があるね。ステーション内でも、リハとナースで分かれてしまって、リハは理学療法士・作業療法士におまかせというスタイルは、それはそれでうまくいくんだけど、リハが台頭してくるとナースが抑えにはいることもあるし、看護がリハスタッフを手足として使うということもある。

リハの対象が増えると看護の対象も増えるわけで、良循環が起こると思うけど、その辺のバランスだな。リハがナースより少しだけ多いくらいが、ちょうどいいんじゃないかな」。

2．石川誠氏（全国訪問リハビリテーション研究会顧問）に聞く。

石川　誠氏

「東京に来てやればやる程、東京はリハ砂漠だとわかってきたね。急性期はあるんです。回復期・維持期、つまり後が何もない。リハをきちんと受けられない分を福祉サービスで支えてしまうんだけど、これはあきらめなさいというサービスです。訪問はもう、ないといってもいいくらいです。たいとう、桜新町、成城、初台（いずれも石川氏が理事長を務める法人運営の訪問看護ステーションのこと）、この四つで月に三五〇〇件のリハ訪問です。これだけでもう東京の何割かになっちゃってますよ。訪問看護ステーションに勤める理学療法士、作業療法士は増えてきてはいますよ、少しずつね。でも、焼け石に水だなあ。

訪問リハステーションを作りたいと、作業療法士協会も理学療法士協会も言ってるけど、僕はちょっと待ったをかけます。もちろん、方向としてはそうなりますよ。いずれはそうなった方がいい。だけど、全国五〇〇〇カ所の訪問看護ステーションに常勤換算で二〇〇〇～二五〇〇人のリハスタッフ、換算するとそうだけど、訪問を専従でやってる人はまだ五〇〇人ですよ。まだ、ばらばらです。もっと力をつけてからの方がいい。

そして、看護と一緒に仕事をするのは大事なんです。いつも一緒にワイワイやっていないとおかしくなっちゃうんだよ。特にリハが主体のステーションだと、看護師が付属物みたいに考えちゃう、専門職はどれも自分の職業中心だからね。

回復期リハ病棟の看護を交えたリハチームっていうのだって、本当に大変なことなんだよ。病棟というのは、今までそういうチームの組み方をしたことはないわけでね、ナースは大混乱よ。よく耐えているよ。僕はもうナースはオールマイティなんだからと訴えて、盛り立てて。作業療法士とナースは切り口が違うんだからということを、もう年がら年中言ってるのよ。

訪問は皆やりたくてしょうがないみたいよ。初台のステーションだけじゃ受けられないから、五人成城や元浅草に送ってます。一年で戻ってきてもらいます。うちで経験して地元に戻る人もたくさんいるから、なるべく経験してもらうよう、もうどんどん外に出します。

だって理学療法士・作業療法士毎年一万人の卒業生をどう教育していくのよ。新卒の兵隊に戦うやり方を教えないと、大変なことになるでしょう。それは、臨床現場が担う役割ですよ。チームでやっていくという意識づけを若いうちにやらないと、理学療法室の中だけに十年もいるともう他と話をするのが恐くなっちゃうんだよ。

訪問看護事業協会ね。うーん……。危機意識をもってると思うな。看護の訪問件数の増え方に比べてリハの訪問件数の増え方の方が急上昇してるからね。ただ、嵐のように来て十分か十五分で去って一日十数件くらい回っちゃう、質より量の訪問リハってのもあるからね。やっぱり、きちっと成果を出していかないといけないですね。回復期リハと訪問リハ。これの質が、今の二大テーマですね」。

３．訪問看護ステーション初台

石川誠氏が理事長を務める輝生会は、初台リハビリテーション病院を二〇〇二年に、「訪問看護ステーション初台（以下ステーション初台）」を二〇〇三年に開設した。東京都渋谷区、新宿副都心の高層ビルがすぐ間近に見える山手通り沿い、まさに都会のど真中にある。

「ステーション初台」の所長、安田佐知子氏は近森会から移動してきた。間違いなく石川組のメンバーだ。陣容は、看護師四人、理学療法士五人、作業療法士三人、所長と副所長を看護師が務め、理学療法士経験六年目の大木英明氏がサブマネジャーを務めている。リハスタッフが看護師の倍いるわけだが、皆若く経験も浅い。数は少なくても経験豊かな看護師をドンと据えることで、バランスをとっているようだ（リハスタッフは最低二年病棟経験してから、看護師は病棟のサブマネジャークラスが訪問部門に来る）。

「ステーション初台」は最初から訪問リハを特色に打ち出している。パンフレットに書かれたサービス内容も、**表1**のようにまずリハの内容が書かれており、それから看護ケアの内容だ。ちなみに、私の所属する「ステーション広沢」のパンフレットは、サービス内容として看護ケアの内容、医療処置や排泄管理などいくつか並ぶ中の一つとして、リハビリテーションの実施と一言

サービス内容
＊評価
＊起き上がる、立つ、歩行などの訓練
＊トイレや入浴などの生活行為訓練
＊買い物や掃除などの生活行為訓練
＊身体機能訓練
＊住宅改修や福祉用具の検討など生活環境への助言
＊社会参加への関わり
＊身体状況のチェック
＊創傷やカテーテル管理などの医療処置
＊排泄困難への援助・指導
＊清潔保持方法の援助・指導

表 1　訪問看護ステーション初台のパンフレットに書かれているケア内容

あるだけだ（さすがにこれではリハの内容が伝わらないと、所属法人の七つの訪問看護ステーションのセラピスト合同で独自のパンフレットを作成中である）。

そして、ここが肝腎なところだが、「ステーション初台」は二十四時間対応ではない。月〜土曜、九時〜十七時、祝日も訪問という体制だが、緊急対応の携帯当番はいらない。だから、セラピストをたくさん擁することができる。

所長の安田氏は、毎朝八時十分に始まる初台リハ病院の病床会議に顔を出すが、他のスタッフは八時半のミーティングが仕事開始だ。全員が今日の予定、誰の所へ行って何をしてくるのか手短かに言って、十分後には自転車で散って行く。なんせ都心だ、車は全く非実用的だ。移動はすべて自転車かバイク、オフィスには、電動自転車のバッテリー、バイクヘルメット、カッパと長靴が並んでいる。もう一つ、備品として携帯電話も全員が腰にぶらさげている。

安田氏に話を聞こう。

「うちはだいたい半径五キロメートル以内を、エリアにしてます。一件四十〜五十分、移動もいれて一時間という計算で、午前中は、九時、十時、十一時、午後は一時半、二時半、三時半と一日六件枠でスケジュールを立ててますね。実際には、リハは一日五件、看護は四件が平均でノルマでもあります。キャンセルがあったりするので六件枠にしておかないと、四件、五件がキープできないんですね。リハ五件、看護四件というのは、まあ、『たいとう診療所』なんかで弾きだした枠ですけど、看護の方が少ないのは、ケア内容だけでなく時間一杯滞在することを求められるということがあってなのね。

利用者の二〇%は初台リハ病院の外来患者ですが、八〇%は他の病院や診療所です。リハを前面に打ち出したステーションですが、看護独自の仕事はたくさんありますよ。身体状況のチェック、保清、医療処置、薬剤管理、安否確認、リハスタッフじゃなくてナースがやるべきリハというのもあります。状況が安定していないと、リハスタッフはオロオロしちゃうでしょ。すぐ低血圧を起こすけど端座位をすすめていくなんていうとき、これはナースですね。

リハスタッフは若い人が多いから、傷のことでも血圧のことでもいろいろ不安になりますね。そういう相談にのっていくのは、もうステーションのナースの役割です。ナースは初回には入りますけど、あとはリハスタッフだけの訪問という利用者も結構いますから」。

なんだか、安心して訪問に行けそうなことばではないか。

「ステーション初台」は、開設して一年三カ月で黒字となった。利用者一九七名、利用件数九一三件（二〇〇五年七月）、八〇%がリハ処方だ。スタッフは全員常勤で、初台リハ病院からの異動だ。

サブマネジャーの理学療法士大木英明氏は訪問に来て一年半だ。病棟、外来と経験し、訪問を希望した。

「訪問に来て気持ちのうえでとまどうことは、仕事の場が自分の土俵じゃなくなる、アウェイになることですね。最初は胃が痛くなるくらいすごく緊張しました。生活を見るといっても、何を見るのかわかるために三カ月位かかる。本人だけでなく、家族や介護に関わる環境がだんだん見えるようになると、情報収集力が上がりますが、最初は先輩に聞いたりナースに相談したりカンファレンスで出したり。とにかく相談環境がものすごく大事です。

訪問に来てまずは、先輩について三週間、外来を経験していなければ四週間、みっちり同行して見学して教わります。

最初に訪問リハの説明を利用者にするときは『生活を見させていただいて、生活が広がる援助をさせていただく』という言い方をし、初回の目標はリハスタッフ間で話し合ったものを提案するスタイルが多いですね。一カ月後、カンファレンスで見直しますが。訪問頻度は、初回にナースとリハで行って評価したあと、家族の希望もありますが、それも含めてチームで話し合って決めています。毎月、主治医に出す報告書、計画書は本人とケアマネにも渡していますが、本人には渡すときに、毎回読んで目標に向けての経過、できるときは見通しや期間も説明します。目標達成、終了と円満に持ち込めるのは半数くらいでしょうか。最初の説明と、毎月の報告、計画の確認とコミュニケーションをとっているので、終了にもっていける割合は多い方だと思います。

うちは主担当は決めていますが、リハはゆるやかに二つのチームに分けていて、一人の利用者には二〜三人で関わり、方針はチームで検討してます。やっぱり複数の目が入るのがいいですね。ただ援助内容が突然変わったりすると、混乱したりクレームもつく場合がありますから、次回は誰が行く、どんな内容になる、ということも説明するようにしています。とにかく説明するということは大事ですね」。

4・それぞれの職種

作業療法士田村美穂氏の訪問に同行した。彼女は高知県出身。学生時代石川氏の講義を受けたという。初台リハ病院に就職し、病棟を二年経験してから訪問になって二年目だ。さて、自転車で五分、Bさん、左片麻痺六十代の女性。夫と息子さんがいる。訪問は週二回から始まったが、通所リハにつながり、現在は週一回。室内は杖なしでもなんとか歩いているのに、まだ訪問入浴を利用しているという。まずバイタル測定し、今日の予定を説明する。入浴動作の練習と調理だ。タオルの持ち方、尻や背の洗い方、浴槽の出入りの練習をしたあと、エプロンをつけて台所で目玉焼を作った。玉子を割るのに両手が使えた。一連の動作はどれもなんとかできた。できるのだが現実の生活の中では、まだ動き出せないでいる、そんな感じだった。田村氏は、息子さんにも少しBさんにやってもらうよう話した。

「私は外来を希望していたんですが、訪問になってよかったです。在宅で実際の生活を見ていくのは面白いですが、週一回の訪問の中で解決しなければならないことを難しいと感じることがあります。理学療法士・作業療法士の専門性の違いはあまり出していなくて、理学療法士のやってきたことを作業療法士がそのまま踏襲することもありますが、入浴動作とか調理など家事に関しては作業療法士でまわしますね。

目標が立たない人の場合、訪問で抱えるよりはケアマネに返して担当者会議で話し合っています。

仕事は楽しいですよ。脳卒中はリハの効果が見えますから。つらい面といえば、進行性の疾患があること、それと自転車の移動かな。体力的に消耗しますもの」。

田村氏は石川流の環境の中ですくすく育ったような作業療法士だった。それにしても、混雑した交叉点や工事中の道路をぬって、しかも坂道の多い狭い路地を自転車で駆け抜けていくのは、車社会にどっぷりつかった私には過酷な体験だった。

理学療法士小嶋佐知子氏は、訪問は四カ月目だ。その前は二年病棟、そしてその前に五年間看護師として仕事をしている。

「もともと訪問の仕事をしたかったんです。看護師としても地域の仕事が面白いと思っていましたが、理学療法士の資格ももっていたらもっと面白いだろうと思って、学校へ行きました。病院だと患者さんはすべておまかせですよね。スタッフの側でプログラムを組み立てていけますけど、訪問は主体としての利用者の主張がまずありますから、それとの兼ね合い。環境の設定も家族の意向もあってトントンとはいかないですから、やはり難しいです。

今日訪問のCさんは、二月に発病してすぐに入院リハをし四月から訪問開始の右麻痺の方です。寝たきりでしたが週三回の訪問で四カ月、立位がとれるまでになってまずまずです。移乗介助量が大きかったのでその軽減を目標にしていましたが、かなりできるようになりました。歩行練習もしていますが、実用的ではありません。訪問での限界もありますから、担当者会議では、外来リハにつなげた方が活動性も上がっていくのでは、という方向が提案されましたけど、御家族は今のサービスで満足されているようで、まだ外の資源につながっていません」。小嶋氏は試しに、と短下肢装具を病院から借りて持って行った。ステーション初台は、訪問してくれる義肢装具業者を見つけたので、在宅で装具が作れるという。さすが都会、と思った。浜松では、下肢装具は病院へ行かないと作れない。

もう一人、副所長の看護師、芹澤恵美氏に同行した。訪問看護3、つまり一時間三十分の訪問だ。Dさん八十歳の男性、脳梗塞で障害が重く、以前はセラピストも入っていたが、IVH（中心静脈栄養）のポート（静脈につなぐ受け口）埋め込みの手術を一カ月前にしてからは、週四回

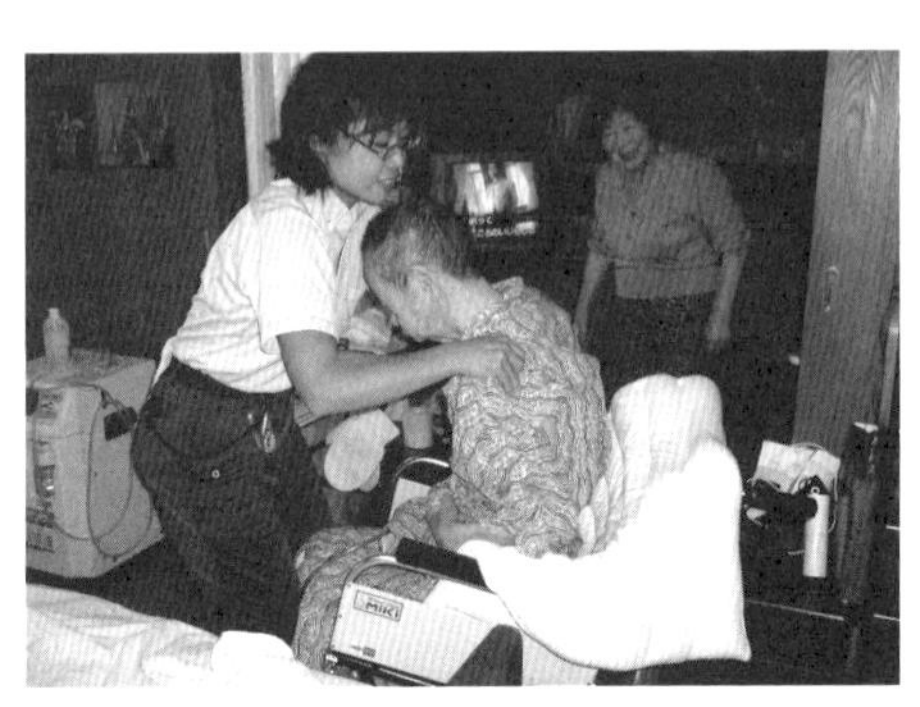

全身状態をみながらの看護師のアプローチ

の訪問はすべて看護師だ。腸瘻も造設しており、排尿は留置カテーテル。吸引、浣腸、摘便、陰部洗浄、ケア量は多い。訪問日、退院後初めて車椅子に乗車することになっていた。妻は「今日芹澤さんが車椅子に乗せてくれるよ、お父さん」と、とても楽しみにしている。

一連のケアが終わってから、ベッド脇に車椅子を設置し、慎重にポートからIVHを抜針して、全介助で起き上がらせた。そして全介助で車椅子に移乗、すぐに血圧を測る。妻はDさんが好きなカラオケビデオをセットした。今はもう話をしない、反応の少ないDさんだが、妻は慈しむように介護している。

五六ページに登場したAさんもそうだが、時々こういう妻に出会う。口からはもう食べられなくなり、経管栄養、おむつや留置カテーテルでの排泄、介護量もケア量も多く、常に肺炎と隣り合わせで、コミュニケーションもとれなくなった夫と、安定した関係を築いている妻たち。Dさんの妻は「もう赤ちゃんと同じですね。身体は大きいけど欲もなくて無垢な、ね」。Aさんの妻「あるときから私を名前で呼ばないで、お母さんと呼ぶようになったんです。私はもうこの人のお母さんになっちゃったんですね」。妻でもあり母でもあるということの関係は、女性独得のものだろう。介護量の多い妻をみている夫もいるが、それは父性的というわけではない。なんというか、仕事っぽい感じだ。

Dさんに話を戻そう。芹澤看護師は、頑張ってDさんを車椅子に乗せたが、腰にはきびしい介助量だった。

「車椅子に座ることまですると二時間近くかかっちゃいますね。今後、どう車椅子乗車をケア内にいれていくか要検討ですね。それから移乗方法だなあ……。リハスタッフと相談します」。妻からは圧倒的な信頼を得ている芹澤氏は医療処置に必要な物品や処方された薬の管理について細かい助言をし、D氏をベッドに戻しポートにＩＶＨを差し込み、自転車で帰って行った。

5．看護師の思い

「ステーション初台」の看護師も、作業療法士、理学療法士も、回復期リハ病棟を経験してくるから、互いの職種をよく知り気軽に相談し合えているように見える。だが看護師たちの思いは、また少し違う。

「病棟はものすごくハードですよ。マンパワーは一般より多いですけど、夜間の痰の吸引なんかも多いですから、ＡＤＬだけじゃなくて急変に対応していくわけですから。経験のあるナースが必要だけど若くないと体力的に厳しいし。病棟カンファレンスは多職種チームだから、若いナースは他の専門職におされて発言をおさえちゃったりするんです。ナースは看護チームのカンファレンスで成長していく部分がやっぱりあるんです。だから、多職種チームはそれはそれでいいんですけど、看護としての成長はそれだけだとちょっと……。訪問に来てからの方が、互いにゆっくり話し合えますね」。

石川誠氏は、看護のこういう思いは恐らく何度となく、聞かされてきたことだろう。長年スクラムを組んで命の前線にいた、看護師たちの思いを承知したうえで、そこに多職種が混じることのメリットの方を優先させている。（二〇〇五年　八月取材）

開拓精神——メディケア・リハビリ訪問看護ステーション

1．大阪岸和田へ

朝八時三〇分、岸和田駅ロータリーで作業療法士関本充史氏と待ち合わせた。聞いていた黄色い車はすぐに見つかり、人待ち顔の若者が関本氏だとすぐにわかった。

「まずコンビニに寄ります。水分を買っといた方がいいですよ」。なんせ、七月の太陽のギラギラした暑い大阪だ。ペットボトルの冷たいお茶を買って、その日の一件目の訪問宅へ向かった。

関本氏は株式会社メディケア・リハビリの社員で、そこが運営する「メディケア・リハビリ訪問看護ステーション（以下、ステーション）」のスタッフとして訪問する。ステーションの事務所には普段は行かず、日常の訪問は自宅から直接利用者宅へ行く、いわゆる直行直帰型だ。したがって移動も私有車、ガソリン代も自分持ちだ（ちなみに私は、移動は公用車、私有車で行く場合は、ガソリン代は事業所持ちである）。

関本氏は新卒でこの会社に就職した。出身地の岸和田市は、「メディケア・リハビリ」のある藤井寺市から離れており、ステーションの利用者はいない。だからまず、利用者を見つけ出すこと、つまり営業から始まったという。営業と言ってもほとんどは一人で居宅介護支援事業所や開業医の所をひたすら回って、訪問リハの存在を覚えてもらったわけだが、なんせ新卒の若者だ。介護保険の実際だって知らないわけで、相手にされず門前払いもだいぶくらったという。だが、訪問リハを待っていたという開業医と出会い、在宅医療の勉強会等にも顔を出し、少しずつ利用者を開拓していった。入社四年目、現在三十人の利用者を担当し、一日六〜七件、多い時は九件訪問する。移動距離にすると一日三十〜七十キロメートルという。

「地域で仕事をしたいと思ってました。最初から病院はいやでした。最後に帰っていく所、最後の受け皿としての地域です。訪問じゃなくても、地域ならどこでもよかったんです。学生時代から関わっていた在宅支援の組織があって、そこの保健婦さんが作業療法士もいたらええなあということでそこ行こかと思うてましたんやけど、そこは作業療法士をいれる余裕がなくなって、で、「メディケア・リハビリ」の募集案内みて。訪問の仕事は地域の最後の受け皿には違いないですもんね。

営業はそら大変やったけど、学生のときも実習病院は自分で探すというやり方でしたから、まあ、ある意味、慣れていました」。

なぬっ？　自分で実習病院を探す？

「うちの学校は四年生の実習地は、自分で見つけてくるんです。実家に帰って自分の興味ある病院のリストに手紙書いてアポとって、三十くらい手紙書いて、見学までこぎつけたのが十くらいで、実習を受けいれてくれたのは最後の一つでした。まあ、しゃあないなあという感じでＯＫが出たんです」

本題からはずれてしまうが、これは気になる話だ。関本氏の出身校、国際医療福祉大学に聞いてみた。確かに開学以来、四年生の六週間の総合実習は自分でアポをとって探してくるというシステムだそうだ。ただしその準備は三年次の年末から始まり、教員の丁寧な指導やサポートが入っている。もちろん、実習受け入れまでこぎつけたら、必要な公文書は学校が出す。意図ははっきりしていて、自分の興味ある分野に対して自主的に動いていくということ、先方とのやりとりの中で社会性を身につけていくということ、それらを教育効果として見越しているとのことだが、関本氏の場合、まさに教育効果があったようだ。

「訪問に特に不安はありませんでした。まあ、どこでも同じだろうって。最初は先輩について教わりました。五月あたまくらいまでね。あとは本当に利用者さんに教えてもらってやってるんで

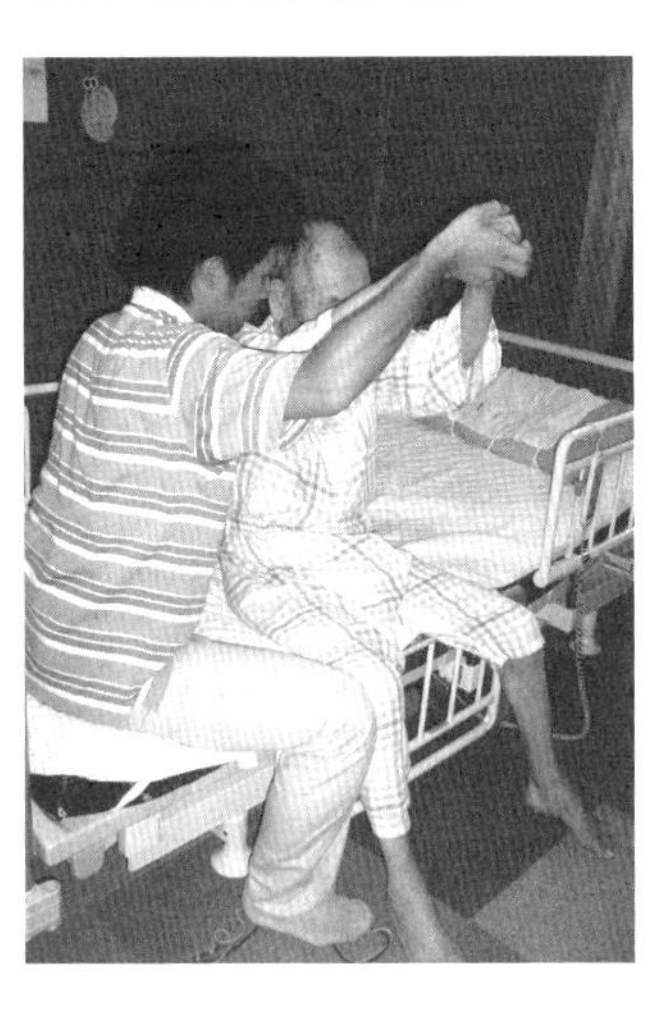

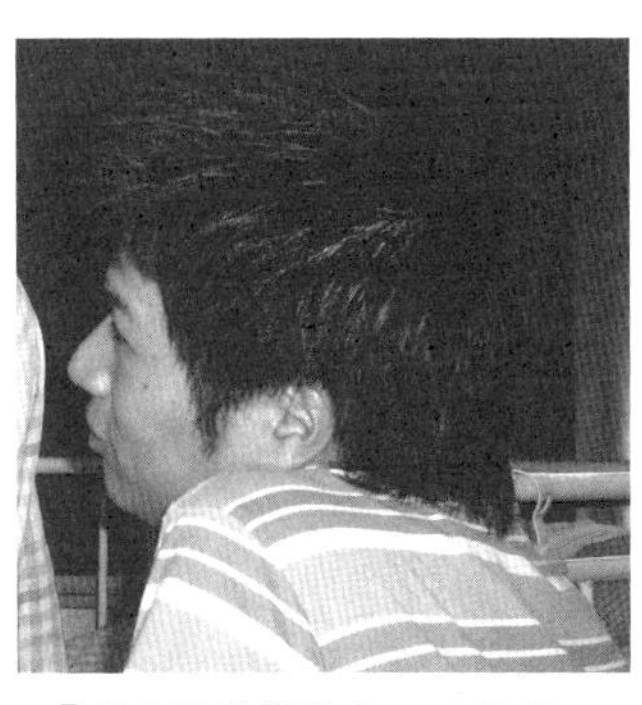

「だんじり祭りなぁ、この頃は行ってないなぁ」利用者にゆっくり話しかける関本氏

す。訪問頻度は本人の希望とこちらのキャパで決めてますね。僕らまったく個人担当ですから、自分にキャパがあるかどうかですね。キャパがなくてもたくさん来てほしいという利用者さんの場合は、事務所に聞いて、行けるセラピストがいれば本人さんがOKでしたら、複数で関わることもありますけど。必要以上に頻度を本人が希望するときは、そんなん必要ないことを言います。

終了ですか？　利用者さんの希望がある限り続けますね。こちらから終わりということはないですね。最初から目標が立つ場合、達成したときに今後どうするか聞きますが、そのときもういいと言われれば終了しますけど、ほとんどは継続を希望されますね。目標は、どういう生活をしたいのか聞きとりをしますけど、歩けるようになりたいみたいなときね、なぜ歩きたいか、歩いてどうしたいのか、聞き出して具体的な目標に結びつけるようにはしてます。けど、難しいですね」。

２．関本氏の一日

その日は、一件目から関本氏にとって気が重いケースだった。Eさん七十七歳の男性だが二十年来の左麻痺、若い頃に事故で視覚障害となり針灸師になった人で、頑固一徹、この二十年歩かなければ治らない、と無理な格好の歩行を六畳間で行うだけで、あとはベッドから出ない。食事も寝たままだという。入浴はヘルパーが二人で抱えて浴室へ運ぶ。

関本氏は罵詈雑言を浴びながら、E氏を端座位まで導いた。

「お前はな、だめやな。まるっきり治せないやないか。こんなことしとってもな、時間の無駄や。おい、そこの河本か。教えてやるから、あんたもよく聞いとけや。もっとこっちに来い。このな、首のここんとこに、言語中枢があるんや、ここが大事やで……」……かなり、無茶苦茶なことを言うてはる……。隣の部屋では妻が小さくなって「えらい、いつもすんまへんなあ」と、慣れた様子だ。関本氏も何と言われようと、ゆったりとかまえて「Eさんなあ、岸和田城行きたい言うてはったやんか」と、話しかけている（こういうとき大阪弁のもつゆとりが、なんだかうらやましい）。

その後、岸和田のだんじり祭りが大好きだったFさん宅へ行って、運動と座位練習をすませると、先ほどのEさんのケアマネジャーの事務所へ寄ってEさんに関しての担当者会議が二人で行われた。歩けるようになると頑張るEさんは、車椅子も導入できない。ヘルパーが二人で担いで浴室へ運ぶ方法も、痛みも出て限界にきている。訪問看護も手を引いてしまった。何年かがかりでやっと導入できた訪問リハは、何とか継続したい。

関本氏とケアマネジャーは情報交換し合って、入浴方法を見直す、車椅子の導入は入浴から、という方針が出された（それから三カ月後、関本氏に電話すると「Eさん、車椅子で外に出るようになりましたよ。車椅子での外出をヘルパーさんにつなげました」とはずんだ声が返ってきた）。

昼になるが、もう一件訪問する。右片麻痺になって五年の男性Gさん。歩けるのに日中はベッドで過ごす。離床はすすまず、デイケアに行くのはいや、こういう人は結構いる。それでも訪問時にやっと外に出るようになったというが、この日は「今日は家ん中だけでええわ」と廊下を歩くにとどまった。

関本氏は、昼食はだいたいコンビニのお弁当を車の中で食べてすますという。午前中に訪問三件と会議をこなしたその日は、セルフサービスの定食屋で食事をし、首に巻いたタオルをとり替えて午後に臨んだ。

まず、忠岡町保健センターに行き関本氏のもう一つの職場を見せていただいた。ここで彼は機能訓練事業、転倒予防教室と介護保険の認定会議に関わっている。株式会社メディケア・リハビリは、介護保険施行前から行政や医療機関の事業へのセラピストの派遣を行っている。

それから、夫婦ともに訪問リハを利用しているお宅へ行った。夫のHさんは左片麻痺のうえに心疾患、肺機能低下、腎摘出、肝炎で、胃瘻造設、気管切開、介護している妻は疲労しており腰痛だった。Hさんには呼吸リハが求められており、関本氏は必要にせまられて肺理学療法を学んだ。意識障害もあって寝たきりだったというHさんだったが、週二回の訪問で杖歩行ができるまでになった。さらにHさん自身の工夫でカニューレのない気管の切開部にまるめたティッシュをつめて、声を出して話しをするというたくましさだった。

Hさん宅にはその日、担当ケアマネ、訪問看護師（他事業所）、ヘルパー二人が訪れ、Hさんと妻、関本氏を交えてサービス担当者会議が開かれた。ヘルパーは本人の入浴介助、妻への家事援助で入っているが、関本氏は主に本人がとる排痰姿勢への援助方法をヘルパーに伝えていた。

それにしてもたくましい。Hさん夫婦も関本氏もだ。私は自分の所属ステーションに看護師がいるから、Hさんのように多くの健康上の問題を抱えた人を動かすときかなり看護師に頼るだろう。前回取材した「ステーション初台」だって、そこを看護師の役割としていた。Hさん宅には他事業所の訪問看護師も入って支援してはいるが、関本氏はかなり頼られているようだった。メディケア・リハビリの面目躍如といえる。そうもいえるが、また弱点ともいえる。難癖をつけているように聞こえるかもしれないが、個人の資質があまりにも大きく物をいう。

さて、関本氏はHさん宅を出て一路藤井寺市へ向う。毎週月曜日は一七時から「メディケア・リハビリ」の運営会議、一八時半から療法士会議があるのだ。

株式会社メディケア・リハビリの療法士会議。まずは腹ごしらえ

3．株式会社メディケア・リハビリ

運営会議は、会社の管理側から三名、ゼネラルマネジャーの谷隆博氏（作業療法士）、セラピストの調整役の岩崎千佳氏（作業療法士）、ハートケア藤井寺営業所所長、藤井達也氏（言語聴覚士）、セラピスト側から五名、中堅の作業療法士・理学療法士、若い視点として関本氏、今年入社の新人代表作業療法士（ここまですべて男性）、そして女性代表としてもう一人若い作業療法士がメンバーだ。

そう、全体に作業療法士が多い。ステーションのスタッフは作業療法士二十九名（うち十名非常勤）理学療法士十七名（うち十二名、非常勤）、看護師三名という構成だ。

運営会議は二年前から始まった。自立して動けるスタッフの育成をめざしているから、現場の声を会社に反映させる目的だ。会社からは経営状況も含めた情報提供がなされる。この日のテーマは、どうエリアを広げていくか、ということだった。どう営業していくか、新人は営業に関してどう動けるか。関本氏は自分も会社にサポートされて利用者の開拓してきたのだから、新人に手を貸すべきだと述べていた。中堅作業療法士の朝山一郎氏からはケアマネジャーの集まる会議でプレゼンテーションした報告があった。

ステーションの活動エリアは、大阪府下全域と奈良県、兵庫県の一部、かなり広い。社員のセラピストが、自分の居住地域を中心に開拓するからエリアの限定はないし、スタッフの定員も限定されず常に募集中だ。だが、大阪市内が意外に手薄なのだ。その日は大阪市内に事務所を開設することが検討されていた。

ステーションは非常勤もいれると四十六名のセラピストを抱えているが、日常彼らは事務所に立ち寄らない。それぞれの要望は、申請書に書いてこの運営会議で検討される。例えばこの日は、療法士会議に出席する場合、移動時間が三十分位短縮される高速道路を使いたいが、高速料金を会社で負担してほしいという要望が出されていた。

十八時半の療法士会議に向けて、次々とセラピストがやってきた。こちらは出席することが奨励されてはいるが、義務ではない。だいたい二十人前後の参加とのことだが、この日もその位だった。夕食のお弁当が出る。参加者の顔つきを見ると何だか強烈な個性が、ずらっと並んだ感じだ。セラピストの何人かが、訪問リハの印象を述べてくれた。

――もともと訪問の仕事がしたかったんですが、まず病院で勉強してと思って五年病院を経験して、こっちに来ました。作業療法士なのでセルフケアを家でやれるのがいいなと思って。反応が直接的ですから面白いです。

――五年精神科の病院にいて、作業療法士として自分は何ができるか地域で自分を試したくて在宅に来ました。いいところもあり、苦闘してるところもあります。自分の責任をもってやれるところがいいです。

訪問は一人で対処することになるが、困らないだろうかと聞くと、何人かはうなずく。この週に一回の療法士会議は、相談の場にもなっているようだ。基本的に「メディケア・リハビリ」は、一人で対処できる人、利用者をトータルに見ることができる人を育てるという方針だ。一人で対処できるということは、必要なサービスにつなげられるということで、その利用者のいる地域の訪問看護にもつないでいけるということだ。

「メディケア・リハビリ」は訪問看護ステーションと言っても、そこにいる看護師は三人、会社のある藤井寺地域の看護ケアには行くが、大阪府全域に広がる訪問リハの利用者は、ほとんど関与しない。最初から、リハ専門のステーションということで、もちろん二十四時間対応はしていないし、リハにおける看護の役割に頭を悩ますこともない。

ちなみに、二〇〇五年六月のステーションの実績は、利用者数五九六名、利用件数三一一一件、そのうち看護師の訪問は八十四件で他はすべてセラピストの訪問、つまり訪問リハだ。

ゼネラルマネジャーの谷隆博氏に聞いてみた。

「『メディケア・リハビリ』の社員は常勤で六十五名（うちセラピスト三十一名）。非常勤、登録ヘルパーもいれると一二九名になります。セラピストは、年棒でいくか出来高払いかを選んでもらいます。まあ、最初は担当利用者はいませんから、基本給で営業やら研修やらしますが、半年か一年すると出来高払いの方になる社員の方が多いですね。一件四〇〇〇円から四三〇〇円、女性でも月に七十〜八十件が平均ですが、多い人は一四〇件くらい行く人もいますね。採用条件はもうやる気、これだけです。もちろん、社保等の保険は完備していますが、出来高でいく社員は有休はありません。これは指示命令権は自分自身ということで、担当利用者のスケジュールも全部自分で立てますから、まあ自己管理の世界ですね。もちろん、年棒制の人は有休も産休もあります。自立して仕事ができる人、自分で事業をやれる人に育ってほしいんですわ。まだ自分で独立してという人は、なかなか出てきませんが、いずれ自分の住む地域に帰って事業にしたいというセラピストはいます。

一匹狼でやっていくとなると、なかなか自分の蓄積した経験を仲間に伝えていく機会がないですね。それでやっと学術部を今年作りました。関本君が部長です。入社するセラピストは、毎年四〜五人ずつ増えてますね」。

株式会社メディケア・リハビリを擁すハートケアグループは、他に二つの会社、株式会社大阪ホームケアサービス、株式会社青蓮荘を抱えている。この三つの会社で、有料老人ホーム、ヘルパー派遣、デイサービス、福祉用具レンタル、住宅改修、訪問入浴、居宅介護支援事業所、そして訪問看護ステーションを運営している。経営的にはすべて順調とも言いきれないが、訪問看護ステーションは順調な黒字部門だ。会社の重要なポジションには、セラピストがついている。運営会議に出ている谷氏、藤井氏がそれぞれ作業療法士、言語聴覚士だし、株式会社大阪ホームケアサービスのゼネラルマネジャー、米永まち子氏も作業療法士だ。

ところでもう一日、訪問に同行させてくれた作業療法士朝山一郎氏の経歴も面白い。彼は学校を出てから作業療法士は精神科の病院で八年やっただけで、その後は考えるところあって、一五年程、農業をしていたという。病院はもういやだった。地域の仕事がしたかった。介護保険施行の二〇〇〇年、悲田院にいた同期の作業療法士から、メディケアのことを伝え聞き、訪問リハで作業療法士に復帰することにした。それまでの作業療法士経験が精神科だったこともあり、復帰するにあたっては悲田院でしばらく研修した。

「在宅は面白いですよ。メディケアのステーション立ち上げで、一からやるのが、そして自分の責任でやることが、よくも悪くも面白いんです。開拓精神ですね」（彼は北海道出身だ）。

4．松下起士という人

朝山氏が研修した悲田院という名前は、あれ？　と思う読者も多いはずだ。何年か前だったら、谷氏、米永氏の名前も悲田院の所属として記憶されているだろう。三つの会社の元締め、ハートケアグループ代表の松下起士氏の名前に到っては私の年代の作業療法士にとってはほとんど悲田院と同義語になっている[1)]。

松下起士氏

二〇〇〇年四月（というと介護保険発足時だ）に、ハートケアグループ代表、松下起士氏の起草で「地域で成功を目指す療法士へ」と題して、以下の檄文がある。

1．実践に強くなれ、まず日々の糧を得よ。
2．学会等に論文を発表し、理論に強くなれ。
3．講演等を通じて、人に伝える技術を学べ。
4．臨床実習を通じて、人材育成の技術を学べ。
5．教養を身につけ、ユーモア人たれ。

四天王寺悲田院は、さかのぼれば聖徳太子が制定した事業にまで行きつく程古い。現代の悲田院、四天王寺福祉事業団は、総合福祉施設で一九三七年（昭和十二年）の養護老人ホームを皮切りに老人から子どもまでのさまざまな施設を同一敷地内に運営しているという。

松下氏は、悲田院特別養護老人ホームで作業療法士をしていた。一九七三年ごろから地域の活動をやりたくて、ボランティアで訪問に出始めた。一九七四年には、大阪府の在宅機能回復訓練事業の制度に乗って、藤井寺保健所の保健婦、悲田院の理学療法士林幸治氏と組んで訪問活動をしている。もう、訪問のパイオニアだ。当時から、訪問や通所のリハの報告は、作業療法学会誌等に松下氏を含む悲田院のスタッフから、しばしば出されている。

松下氏に話を聞いた。

『『メディケア・リハビリ』は、平成二年（一九九〇年）に会社として立ち上げました。地域で仕事するセラピストの数があまりに少ないし、在宅の必要性はあるし。地域でやれる人、やりたい人を増やす必要があると思ったんです。ビジネスという気はないですよ、自立した人を育てるということが、こういう結果になっているんです。ビジネスと考えたら、最初から割が合わないことをやっていたわけで、ずっと赤字でした。介護保険から黒字になりましたね。会社を立ち上げたあとも社長は理学療法士の人がやって僕はずっと悲田院にいたままで会社のことは五時以降にやってました。定年まで悲田院にいようと思ってたんですが、ま、ことの成りゆきでね。

在宅のセラピストは分業じゃできないです。理学療法士も作業療法士も互いの技術を身につけてトータルにね。ホームドクターじゃないけどホームセラピストみたいなね。必要な技術は、どんどん自分で身につけてもらいたいです。ＡＫＡ（関節運動学的アプローチ）でもマイオ（マイオセラピー）でも何でもいいですが、結果を出せることね。

自分が年とってもずっと在宅でいけるかといわれると、今はまだそう言いきれないですよね。

会社として、サービスを提供するという形になったけど、それ以上でも以下でもない。まだ認知度は低いですよ。そして、利用者が質を問う状況にはまだなっていない。今後、どう質を上げていくかが大事になってきます。

在宅のセラピストは技術的なことも大事だけど、教養、人間的魅力も要求される。それから、事業というのは、まじめに勉強して技術をもっているというのとはまた、別のことが要求される。この両方やれることが、今後大事になってきます。時代の流れとしてはいけると思います。地域でたくさん働いて利用者の支持を得ること、そういうセラピストが数多く出てくることが願いです。

最初に入社したらね、営業の仕方から教えて先輩について一〜二回訪問してね、四月に入って六〜七月ごろには五人くらいストレスでダウンしますね。でもね地域でやれる人、そして将来事業をやれる強い人、生き残れる人に育ってほしいんです。そりゃ大変ったって、僕らみんな悲田院にいたときから、そうやってつっ走ってきたんですもの。何だってそうでしょ？　最初は大変でしょ？

ナースとは連携じゃなくて協力関係ね。何もいつも一緒にいなくても、互いに協力できるのがいい。僕はセラピストが独立してやれるかたちにしたいし、それは不可能じゃないと思いますね。だけどまだ何といっても、数がね、話にならないからね」。

先代江戸屋猫八に風貌がちょっと似ている松下氏は、だから芸人を連想させる。「僕は何だか胡散臭いと思われてるのね」と笑うが、根は到って真面目な生粋の作業療法士だ。

自立して動ける強いセラピストは、どうチームワークをとっていけるのか。関本氏も朝山氏も訪問の間にちゃんとサービス担当者会議もこなしているではないか。自分で動くフットワークの軽さがあるではないか。そんなことに考えを巡らせながら、作業療法士としての私はあの日会議に集まってきたセラピストたちの生き生きした面構えが、妙に気に入ってしまったのである。（二〇〇五年七月取材）

訪問とボバースアプローチ――訪問看護ステーションおおみち

1．大道会

ボバースアプローチのメッカといえば、もちろんボバース記念病院だ。一九八二年に、ボバースアプローチを提供するために設立された。この病院の、リハビリテーション部部長、古澤正道氏（理学療法士）は、文献でよく見る名前だから、ボバースのトレーニングを受けていない私でも、知っていた。一度、何かの会合で名刺をいただいたとき、その裏に同系列の施設名がずらっと書いてあった中に「訪問看護ステーションおおみち」とあったのを見たときから、ずっと気になっていた。

ボバースと訪問、一体何をするのだろう。ボバースというと、緊張が上がらないようにする、とか、正常な運動パターンに近づけるといったイメージだが、それを家に訪問してまでやるのかしら……？

ただ、ボバースも変わってきている、とも漠然と感じていた。環境との関わり、動きの質、ADLへの効果的な関与……。ボバースアプローチのセラピストたちが、積極的に書いているADLに関する論文は、無視できないところまできている。*

これはもう、大道会に行くしかないだろうと思った。ボバースアプローチをどう考えるかは、ここではひとまず置いて、ボバース記念病院を擁す大道会の訪問の概要を、見てみようと思う（もとより、古澤氏は訪問リハに関する論文を以前からたくさん書いているし、彼自身全国訪問リハビリテーション研究会の会員でもある。彼らは、必要と思われることは、以前から地道に静かにやっていたのである）。

特定医療法人大道会は、大道病院とボバース記念病院の他にクリニックを二つ、訪問看護ステーションを三つ、介護老人保健施設と三つのケアプランセンター、そして特別養護老人ホームを運営している。

大道病院とボバース記念病院、「訪問看護ステーションおおみち」とケアプランセンターは、いずれも大阪市城東区の一角に隣接してある。付近は小さな工場が川沿いに立並ぶ、いかにも庶民

*『ADLを問う（作業療法ジャーナル増大特集）』三七巻六号、四三七〜六七〇頁、二〇〇三年の中の論文には、ボバースアプローチのものがいくつか収められている。

的な町場である。若い世代が郊外へ住まいを移してしまったいわゆるドーナツ化現象の地域で、高齢化率二五％という。そんな中に、むき出しに入口を開けているボバース記念病院は、なる程脳卒中後遺症の人々や車椅子に乗った脳性麻痺の子どもたちが、終始出入しており、一種の活気がある。セラピスト総勢一二四名（理学療法士五十八名、作業療法士四十七名、言語聴覚士十五名―二〇〇五年）を抱えているから、病院内にスタッフルームはなく、セラピストは通りを渡った別のビルの三階から出てくる。そんなこともあって、朝などはセラピストが溢れ出ているように見える。

大道会は、一九八八年に大道病院内に在宅ケア科を設置し、訪問看護を開始した。一九九〇年には、ボバース記念病院から古澤氏をはじめ三人の理学療法士が訪問に出るようになる。訪問リハは時代の流れを読みとった、当時の院長梶浦一郎氏の一声で始まったということだが、古澤氏などもそのときは、積極的に行くというよりはやらされているという感じだったという。また、そのときは看護師は訪問リハの利用者には、関わっていなかった。

一九九五年には、古澤氏を責任者として六名の理学療法士が訪問に関わるようになり、在宅ケア科と訪問リハが提携、つまりリハ対象者にも看護師が関わるようになった。一九九六年に「訪問看護ステーションおおみち」が開設、二〇〇二年に「訪問看護ステーション東成おおみち」（東成区）、二〇〇五年に「訪問看護ステーション中央おおみち」（中央区）が開設し、現在はそれぞれのステーションから作業療法士、理学療法士が訪問している。と言っても、ステーションに所属して常勤で訪問業務をするセラピストはおらず、あくまで病院所属のセラピストがステーションに非常勤で来るというスタイルだ。

「ステーションおおみち」には、ボバース記念病院から七人の作業療法士、八人の理学療法士、大道病院から四人の理学療法士が半日ずつ入る。一人のセラピストは、半日を単位として一週間にだいたい一回（古澤氏は二回）、半日で二〜三件（午前中はだいたい三件）の訪問をしている。セラピスト全体で、利用者四十九人分の訪問枠があるが、だいたい四十五人前後の利用だという。

訪問リハは、基本的には週一回四十分、十五回を一クールとしている。十五回で一応終了となるが、希望があれば数カ月の待機期間をおいて、次の一クールを開始できる。

大道会では、訪問看護ステーション以外に「大道クリニック」からの訪問リハもやっており、こちらの対象は医療保険となる特定疾患と脳性麻痺などの人々だ。四十〜五十歳代と就学前後の脳性麻痺者が十例程いるというのは、やはりボバース系ならではだろう。

2．訪問の実際

(1)理学療法士の訪問

古澤正道氏は、職人というタイプの無口で小柄な理学療法士だ（医学博士だから研究者でもあるが）。ボバーステクニックを身につけたセラピストは、徒手的に運動のガイド（ハンドリング）を行うが、見ていると対象者が職人あるいはアーティストの作品のように感じられるときがある。

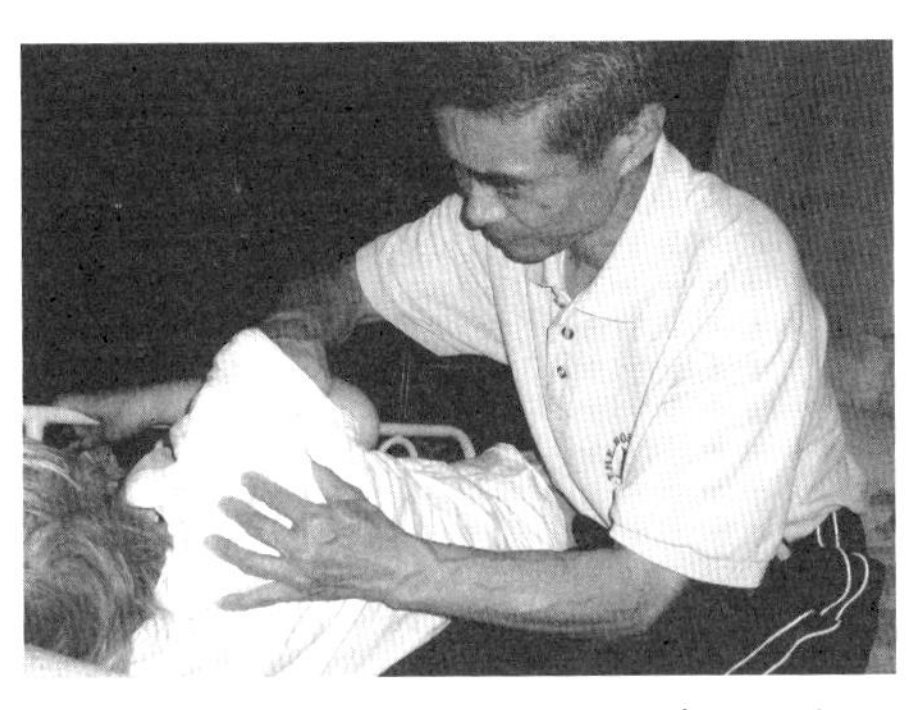

古澤正道氏の訪問。右肩のモビライゼーション

古澤氏も、まさにそういう技術の持ち主だ（ベルタ・ボバースが晩年、彫刻の作品を残しているのも、必然かもしれない）。

その日、古澤氏は午後三件の訪問予定が入っていたが、体調不良などで二件のキャンセルが入り、私が同行できたのは残念ながら一件だけだった。

Iさんは六十二歳の女性。十年前にくも膜下出血で左片麻痺となり、高次脳機能障害（左方無視）がある。数カ月前に通所施設でトイレに座っていた間に転倒し、左大腿骨骨折をしてしまった。骨折部は接合したが、転倒後恐怖心が強くなり、ベッドに腰かけている間もしがみついてしまう。左足に荷重できず、右側だけで右手をついてふんばるため、右肩の痛みも出ている。

従来は一クール十五回だが、Iさんは転倒事故ということもあり二十回の訪問、その後半戦に入っていた。

まずはベッド上で体幹をゆっくり回転させながら身体の緊張を落とし、痛む右肩のモビライゼーションを丁寧に行う。それにより、確かに痛みは軽減しているようだ。

印象的だったのは、起き上がる準備で右の側臥位になったとき、ベッドのふちにいる恐怖感から緊張が上がってしまわないように、ポータブルトイレをベッドぎりぎりにつけ、さらにベッドとポータブルトイレの境の隙間を、座布団でふさいで見えなくしてしまったことだ。スペースを広目にとる、あるいは広く見せることで、緊張を高めないよう配慮することは、ボバース系のセラピストが講義する研修会で何回か聞いた。行為に視覚が大きく関与すること、そこへのアプローチが注意深く行われていることは、ボバース講習会のカリキュラムにもあらわれている。

訪問リハでは、セラピストは環境調整に関わることが多い。当人の力が最も効率的に作用する所に手すりをつけることや、移乗や移動の自立を促すためのベッドや車椅子の選定、適合調整は、私もよく経験するしセラピストの大きな役割だと思っている。だが、古澤氏のはもっとアプローチが丁寧だ。彼の論文から引用すると、

「器具を導入し環境を変えるのみでなく、在宅療養者が環境の変化に適応できる姿勢緊張、特に骨盤や体幹の姿勢緊張を変容できるように並行して改善すると、その環境調整が一層有用性を増してくる」[2)]。

話をIさんに戻そう。

「こわいね、こわいね。でも大丈夫」と声をかけながら、古澤氏はIさんを端座位にし、徒手的に操作しながら、しがみつかなくても座っていられるようガイドしていく。それから起立練習だ。

これはほぼ全介助、かなり介助者の腰にくる。私はできればやりたくない。

端座位が自分で保持できず起立が全介助の人の場合、移乗が丸抱えになる。それは介助される側もする側もリスクと負担が余りに大きい。私はこういう場合は、極力リフトをすすめる。だが、家族が丸抱えでも大丈夫だ、リフトはいらないという場合もある。その場合、どうしたらよいか。

Iさん宅も、介助している夫はIさんを丸抱えでポータブルトイレへ、車椅子へと移している。大変である。大変だが何とかやっているという家族には、リフトは仰々しく感じられるのだろう。この二十回の訪問の中で古澤氏がめざしたのは、移乗介助量の軽減。そのために端座位と起立へのアプローチをしていたが、その前提にあるのは余計な筋の緊張を解き身体を有効に動かす、ボバースアプローチの概念だった。

古澤氏の話を聞いてみよう。

「訪問は、十五回を一クールとしてやっています。マンパワーのこともあって、十五回を一区切りとしていますが、それで効果が出せる感触はありますね。ＦＩＭでもそれは出ています。やはり、期間は限定した方がいいですね。その間に家族に技術を覚えてもらうなりして、セラピストからの自立もはかれます。

もしマンパワーが充足していたら、回数は当然ケースによって個別性があってしかるべきでしょう。医師や看護師ならば、診療や看護の時間や頻度、回数は、ケースの重度差に基づくでしょう。

「個別性」ということは、当然評価がまめになされなければなりません。

訪問に出るのは、経験三年以上で中枢神経をやりたいというセラピストです。ステーションに常勤でセラピストをいれるという考えは、今はありません。また、訪問専門でやりたいという人は、まだ出てこないですね。

一クールは一人のセラピストが行きます。一クールが終って、セラピストが変わることはあります。でも例えば、最初の一クールで理学療法士が基本動作をやって、次の一クールで作業療法士が入浴動作をするというふうには、うまくいかないですよね。理学療法士と作業療法士が分業にいたるには、もっともっと多くのセラピストが訪問に出てからです。ですが、訪問はやはりゼネラルクリニシャン（general clinician）としての一定の基盤が、理学療法士も作業療法士も必要です。そして、それ以上の質となったら、やはり専門性をきちっと発揮してほしいですね。パーセプション（perception）や認知面の作業療法士、嚥下の言語聴覚士。

ただ、嚥下はやはり身体の動かし方がベースとなりますから、理学療法士の役割は大きいと思います。初期の嚥下チームには理学療法士も入っていましたけど、だんだん言語聴覚士に機能分化していきました。だけど、訪問でしっかり嚥下をやれる言語聴覚士は、今は全国的に少ないんじゃないかな（古澤氏は理学療法士としての嚥下アプローチに関しても多数書いている）[3)、4)]。

私は、ナースとの連携はとても大事だと思っています。最初にリハで訪問に出始めたころは、リハの対象者にはナースが入っていなくて、ベースの病状やリスク管理は不備でした。今は、ケアマネから訪問は理学療法士だけで来てくれというのが増えていますが、リスク管理として月に一回はナースをいれてくれと、逆にこちらから言っています。それから、われわれは一クール終っても継続を希望する人は、次のクールまで数カ月待機してもらいますが、その間はナースにリハプログラムを続けてもらっています。

あと、経験あるセラピストに来てほしいと指名されてしまうことがありますが、それは院内教育でセラピストの技術の格差をなくす努力をしています。だけど、同行訪問がなかなかできない、スーパービジョンができにくいところがあり、それは大きな課題ですね。

私の夢は……、いつかは地域で、在宅オンリーの仕事をすることなんです」。

キャンセルとなったケースの家も、ちょっと様子を見に寄ったり、老健施設を案内してくれたり、古澤氏は意外とフットワークが軽く地域に根ざしていた。

彼は訪問リハの要点として、以下の六項目をあげている[5)]。

①脳卒中後遺症者への運動療法とＡＤＬ指導
②摂食・嚥下機能への対応
③呼吸機能への援助
④痛みの緩解
⑤持久性の向上

⑥環境調整

①については、特に歩行の維持と移乗介助の軽減が強調されている。移動、移乗の介助量が大きい場合、もろに介護負担となり介助者の腰痛は必至だ。ホームヘルパー研修にも古澤氏は携っているが、「訪問介護員は、シーツの交換や更衣のときなどに、在宅療養者の自律的な運動を誘導しつつ、寝返りや起き上り動作を援助することで、機能維持にも貢献できる重要な存在である。しかも、訪問介護員が正しい起居動作のハンドリングを知ることにより、自らの健康を安全に保つことができる」[6)]とし「訪問介護員がリハビリチームの一員になる可能性を持った職種であること」を指摘している。

ところで、Iさんはその後どうなったか気になる。半年後、古澤氏に聞くと次のような返事だった。

「(一)恐怖感が激減し、(二)座位バランスが向上し、監視下ながら上着の着脱ができるようになった。(三)訪問リハは一度終了したが、移乗介助量軽減を目指し他のセラピストが、次のクールを実施している。年齢や体重などを考慮し、やがてはリフトの導入を受け入れてもらう時期を想定している」。

(2)作業療法士の訪問

渡辺英利氏は、経験十年の作業療法士だ。ボバース記念病院に来て八年、二年前より訪問に出ているという。午前中三件の訪問に、同行した。

朝、公園でJさん（男性六十代）と待ち合わせだ。自転車で公園に行くと、Jさんはすでに鉄棒前で運動をしていた。左片麻痺だが、なるべく格好良く歩きたいという要望で、一クール十五回の訪問リハをもう何クールも受けているという。すっかりJ氏のペースが出来上がっている。鉄棒につかまっての一連の運動時に、渡辺氏が肩甲帯や骨盤帯を操作し、あとはJ氏が公園周囲を歩くのに助言しながらつき合う。歩行がメインのJ氏への訪問は、ずっと理学療法士が行っていたが、マンパワーの問題で作業療法士の渡辺氏が行くことになってしまった。「ステーションおおみち」は、セラピストは非常勤だから、理学療法士しかいない日、作業療法士しかいない日というのがある。理学療法士のあとをそのまま作業療法士が引き継ぐという場合が、リハ内容に関係なくあるのだ。

「Jさんは前の理学療法士への信頼が厚かったので、僕は作業療法士だということはちょっと言いそびれています。作業療法士、理学療法士の専門性というのはありますし、上肢のことやセルフケアは作業療法士と思いますが、やはり在宅はそうきっちり分けられない場面が出てきます」。

それは、まさに私も経験することで、渡辺氏のジレンマはよくわかる。J氏は歩行にしか興味ないのだろうか。生活の幅を広げるアプローチは？

「旅行とか、もう今更行きたいとは思わへんわ。あかんあかん、やっぱりきっちりと歩けんとなあ。もう、それが一番や」とJ氏。彼は、かなり歩ける人だ。杖を持ってはいるが、使わずに歩く練習をしている。この十五回が終ったら少し休んで、また次の一クールをケアプランにいれるようケアマネジャーに言うのだろう。介護保険は、本人の意志、自己決定の尊重がうたわれている。

脳卒中に限ったことではない。病気であれ障害であれ、よくなりたいという思いは誰にも強いし、それは当然のことだ。だが、中枢性の障害の場合、よくなりたいという思いにつき合うと、終りがなくなる……か。いや、三年とか五年のスパンで、落ちつくとこに落ちつくような気もするが……。

リハでは、良くなりたいという思いを、機能が元通りになるということではなく、生活をしていく上での具体的な行為に転化しようとする。機能は元に戻らないからだ。だが、論理的に言えば、これは「すりかえ」なのであるから、ＩＣＦ（国際生活機能分類）の参加制約が取り除かれたとしても、良くなりたいという思いは、そのまま取り残される。ボバースアプローチではその思いに「余計な緊張をなくし、楽に動けるようにする」という形で答える。

恐らく、J氏はまだしばらく何クールか続けるのだろう。その後ふっと「旅行にでも行ってみるか」と思うかもしれない。あるいは旅行から帰ってきて、「また十五回来てや」と言うのかもしれない。

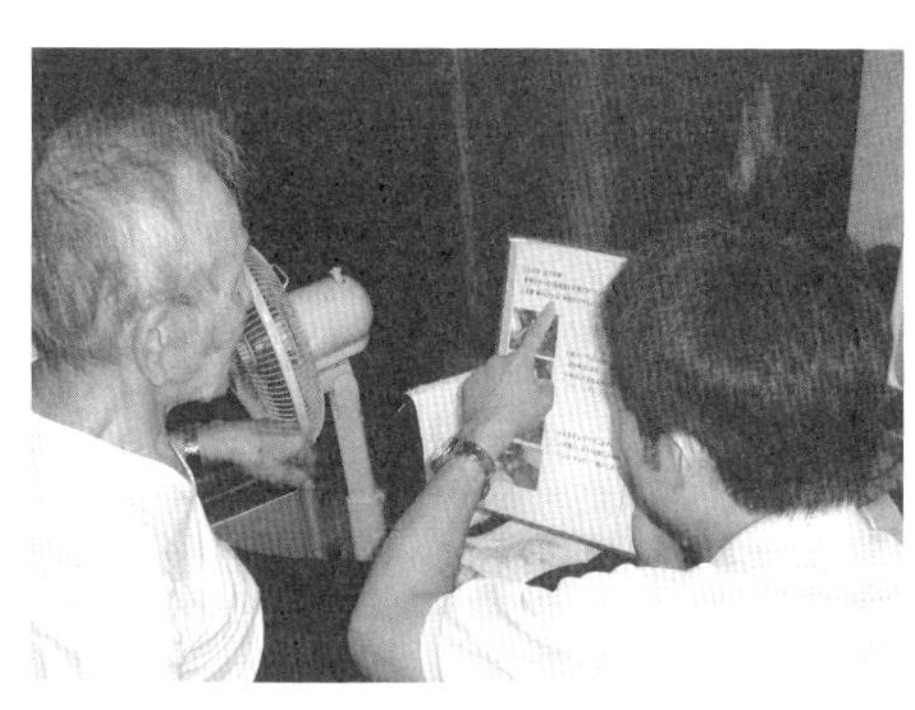

渡辺氏による自主トレ指導

こうなってくると、「緊張をとる」は、つまり「こりをほぐす」というのと同じ文脈で、身体調整であるから、介護保険でまかなう範ちゅうではないように思える。リハというより介護予防？　健康増進？　フィジカルフィットネス？

専門性とその有効性をうたい、点数（金額）を高く設定するサービスを保険が保証するのは、長期間ではありえないだろうし、生活支援として長期間続ける必要のあるものは、保険点数が低くなるのは、必然だろうと思う（とは言え、訪問リハの退院後加算が三カ月というのは短すぎる）。

さて、二件目は糖尿病で左足を切断しており、肺ガンで体力が低下している車椅子生活の七十代の男性、K氏だった。渡辺氏は、狭いアパートのトイレで、K氏の移乗動作の評価と指導をして、その後自主トレーニングができているか確認した。セルフケアの具体的な活動への関わりだから、作業療法士渡辺氏は自分の出番という感じで生き生きしているし、見学している私も何だかうれしくなる。

三件目の利用者Lさん（女性七十代）も、歩けるようにというのが要望だった。腰椎骨折と神経痛で腰痛がひどく、訪問時も茶の間に横になっていた。

「もう、痛うてかないません。それでも、こうやってもんでもらうと、あと歩くのがいくらか楽になります」。こう言われれば、知らない人が聞けば、訪問しているのはマッサージ師かと思うだろう。実際は、マッサージ師とは使われる技術も、どこを見据えているかの視座の違いもある。だが、そこは微妙な線ではある。渡辺氏は、モビライゼーションをし、その後Lさんは流しを伝いながら台所を少し歩いた。ボバース系のセラピストは、分析し説明する習慣を身につけているのがいい。なぜ痛いか、なぜ緊張し身体がゆがむか、何のために今このことをしているのか、こう言ったことを説明するのは、当然といえば当然なのだが、はたで見ていると改めてそういうことが大事なのだと実感する。

(3)看護師の訪問

「訪問看護ステーションおおみち」は、看護師はすべて常勤で八名、二十四時間体制だ。リハを特色として打ち出し、セラピストを多く雇い、二十四時間体制にしていないところ（「訪問看護ステーション初台」や「メディケア・リハビリ」）と、二十四時間体制のためセラピストを多く雇えないところ（「さいわい訪問看護ステーション」や私の所属する聖隷福祉事業団）を見てきたが、「ステーションおおみち」は看護体制をしっかり固めた上で、セラピストを多数抱える病院からの支援を受ける形だ。だが多くのセラピストが関わっているとはいえ、常勤換算すると二人。二〇

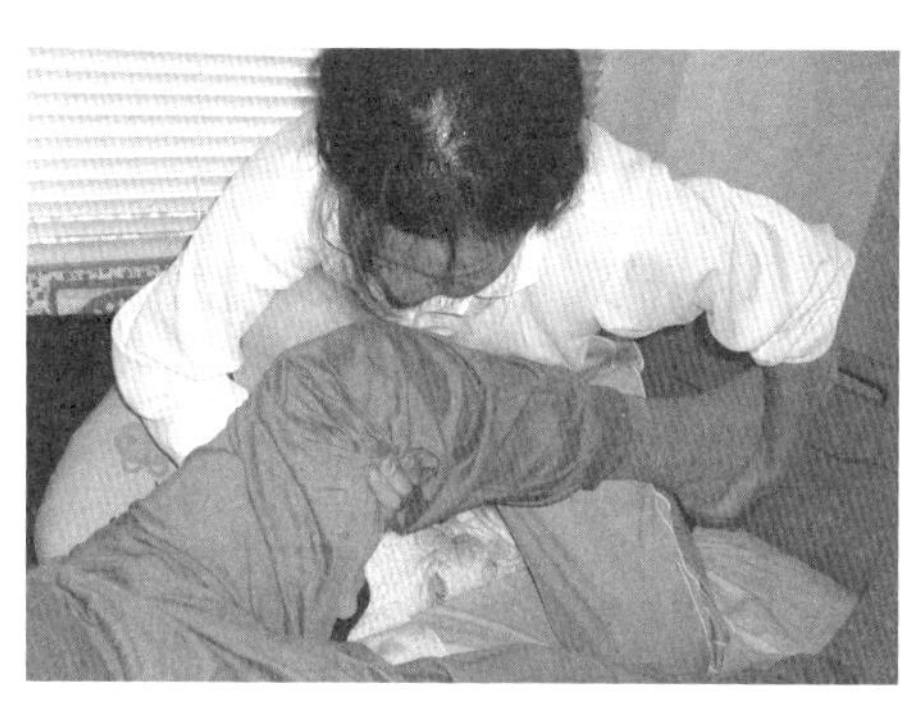

看護師によるリハ支援

〇五年七月の実績は利用者一一四名（うちリハ利用者二十八名）、看護師の訪問五三三件、セラピストの訪問八十九件だから、ステーションの利用者全体から見るとリハの割合は少ないと言える。

看護師がリハ目的で訪問することも多く、特にセラピストが一クール十五回の訪問を終え次のクールの待機の間は、看護師のリハでつなぐ。所長の看護師、文山和美氏は、ボバース記念病院ではなく他病院から来た。

「リハに関しては、やはり古澤先生の講習を受けて、すごい！　こんなに一杯できることがあるんだ、と思いました。ポジショニングひとつとっても、全然違う。ここに来たら当たり前のことでも、まだまだ他所では知られていないと思います。

リハは一クール十五回で終了ということを最初から説明しますが、一クール後も継続希望の人が多く、その間は健康管理も含めナースがリハを続けます。一クール終了前一〜二回はセラピストと同行して、内容を受け継ぐようにしています。

ですから、ナースがリハをと言われることも結構多いんです。もっとセラピストに訪問に出てほしい。バランスとして今は少ないと思います。ただ、セラピストがどんどん訪問に出たときにナースの役割は？　と考えると、ちょっと弱いかなと思いますね。障害を原因からきちんと捉えて理解する力が、ナースは弱いですね」。

M氏（左片麻痺の男性八十一歳）は、訪問看護を週四回受けている。一回はシャワー浴、三回がリハ、そのうち一回は理学療法士で二回は看護師だ。看護師の小原弘子氏のリハ訪問に同行し話を聞いた。

「『おおみち』に来る前は、一般の消化器内科の病院にいました。ターミナルの人が家できっちりケアされていないのが気になっていました。退院された後、垢で汚なくなって病院に来はるんですね。それで在宅をやりたいと思って、ケアマネの資格とってからリハビリも知っておきたいと思って、『おおみち』に来ました。今までもっていなかった技術やから、教えてもらいながらやってます。

Mさんは、奥さんが移乗介助が大変と言われてるんで、自分の身体の動かし方が上手になるように、身体の位置を変えることや体重移動、ストレッチなどやってます。リハビリの先生に聞きながら、運動の目的をひとつひとつ確認して、何のためにこの運動をやっているのか教えてもらいました。やっぱり看護師と療法士はもっている技術が違いますので、私らにはその専門性はありません。

機能が落ちないよう維持するのが、私らの役割かなあと思います。十五回でアップした機能を維持し、次の十五回につなげます。私らがつないでいる間に、利用者さんと次の一五回は何を目標にしようか一緒に考えます。自分がやりたいのは、病院から地域につないできちんと在宅で安心して療養できるように、橋渡しする看護です。そのためには、もっと勉強せなあかんと思っています」。

十五回一クールというのは、説明しやすくわかりやすい。とにかく最初に十五回と限定し、その中で何を目指そうかと考えるのだ。ただ、J氏のように何クールも続けていて、そのコースから出られない人もいる。だが、訪問が終了できず延々と続いてしまう人は、いつでもどこでも一定量はいるわけで、とりあえず十五回と区切るのは目標を見つけるいいきっかけかもしれない。

ところで、一クール十五回という考え方は、あくまでも治療という文脈から出てくることだと思う。ボバースアプローチは、神経発達学的治療（neuro developmental treatment—NDT）だから当然だ。作業療法や理学療法は、もともとは治療法として出発しているが、リハビリテーションが地域の概念をとりこんでいくにつれ、セラピストの役割も広がっていった。在宅に出た場合、治療以外の要素が大きく入ってくる。離床をすすめる生活の仕方の提案、外に出るための動線の確保、環境調整と福祉用具の適合調整、介助法指導、ケアマネジメント。例えば私の場合、入浴が大変になってきたという利用者に看護師と同行して動作の評価をし、手すりの位置決めやシャワーチェアーの選定をして介助の方法を話し合って、二〜三回の訪問で終るというパターンもある。そういう入り方は訪問看護ステーションに常駐するセラピストならではの連携とも言える。長いスパンで目標設定するのではない。今すぐ必要な生活支援への参加だ。セラピストが常にセラピーをするわけではないのが、在宅という場だ。医学的治療モデルから社会・生活モデルへの変換は、リハにおいては必然といえる。

3．ボバースアプローチ

さて、ボバースアプローチのことを検討しないと、ボバース記念病院に来た意味がない。私には荷が重すぎるが、取り巻く状況くらいは少し考えられるかもしれない。

ボバース記念病院リハビリテーション部概要には、次のように書かれている。

「ボバース記念病院は脳性麻痺や脳卒中後遺症の中枢神経疾患をもつ方々へ、医師であるカレル・ボバース博士と理学療法士のベルタ・ボバース夫人が開発したボバースアプローチ（神経学的リハビリテーション）を提供するために、一九八二年に設立されました。ボバースアプローチの発祥の地、ロンドンのボバースセンターと技術提携と交流を絶えずしています。（後略）」

ちなみにこの病院のセラピストは、全員ボバースアプローチの研修とスーパーバイズを受けている。つまり新人で入職すると、まず二カ月の研修、二年目に三週間コース、四年目以上は八週間の脳性麻痺児コースを順番に受けることになっている。ボバースアプローチ講習会は、この病院が使命としているもので、二日間のボバースアプローチ・インフォメーション講習会から八週間の脳性麻痺児講習会まで、実に十種類の講習会を開催している。古澤氏をはじめスタッフは、しばしば講師としての業務をもこなしている。

ボバースアプローチは、ファシリテーション・テクニックの一つとして、一九七〇年代には多くのセラピストを夢中にさせた。だがその後、わが国では、批判を浴びた。有名なものは、三好正堂氏の「片麻痺に対する〝いわゆるファシリテーション・テクニック〟批判」[7]だが、その大意は効果が証明されていないこと、セラピストのテクニックを重視するための治療量が限られること、麻痺肢へのアプローチのみが述べられているが、健側強化や代償的方法で実際のADL獲得をすすめることこそ重要だ、というものだ。上田敏氏も、ファシリテーション・テクニックを積極的に紹介してきたが、ボバースの功績を認めながらも緊調を高めないよう運動のコントロールをするあまり、廃用性の機能低下を起こすことの弊害を説いている[8]。その後、リハはいかに一刻も早くADLを回復させて自宅に帰すかに主眼が移り、ICF（国際生活機能分類）にのっとったリハ実施計画書で活動と参加を目指すことが定着し、ボバースアプローチが云々されることもなくなった。

私自身はボバースアプローチの講習は受けていない。かなり昔に、紀伊克昌氏（理学療法士、ボバース記念病院名誉副院長）の講義を聞いたことがあるという程度だ。そのテクニックを身につけていない私は、ボバースアプローチが批判を受けると、心のどこかで「あの講習は受けなくてもいい」という言い訳にしていた（逆に言えば、言い訳が必要なくらい、どこか気にもなっていたのだ)。

自分の中で一旦は隅に追いやったボバースアプローチだが、一気に浮上したのが柏木正好氏(作業療法士、ボバースインストラクター)の次の一文を読んだときだった。

「(前略)病棟のトイレでの車椅子からの移乗動作はどうしてもそのトイレで指導されるべきだという意見が主流ですが、私は必ずしもそのようには考えません。その議論の中に問題が何かを問われていないからです。

更衣動作に問題を抱えている患者さんの多くは、布団に心地良く包まることができません。おそらく何かにリラックスしてもたれかかることも不自由だと思います。その活動に含まれる知覚運動経験の質的な検討が必要ですし、そのためにもより幅広い視野からのアプローチも同時に進行する必要があると思います」[9)]。さらに柏木氏の別の論文から引用するが、「QOLという言葉がひところ盛んに使われたが、生活の質の改善はADLを自立的に達成することによって、その余禄として得られるというものでもないし、それ以外の趣味・娯楽に見つけ出すべきものだとも考えない。安楽な睡眠や楽しい食事、清潔な身辺環境の維持の中にこそあると考える。しかし、清潔な衣服に着替える快感も重労働では半減するし、介護下で行うにしても、他人に身体を振り回される苦痛とは両立しない」[10)]。

ここで言われているのは、動きの質のことなのだ。過剰努力や余計な緊張をすることなく、楽に食べる、楽に着替える、楽に布団に横たわる。そう意識して文献を読むと、ADLの報告のなかにボバースアプローチをしているものがしばしば見つかる。

二〇〇四年「脳卒中治療ガイドライン二〇〇四」が、日本脳卒中学会から出された[11)]。その中のリハビリテーションの項目の概説には、次のような一文がある。

「上下肢麻痺の機能回復に対する種々のリハ治療法に関しても、リハビリ・ガイドラインとして推奨できるものをエビデンスをもとに科学的に明らかにしたものであり、今回のガイドラインはリハビリ関係者に対して大きな警鐘を与えた。その一例を挙げるなら、『〇〇訓練法』などと人名をつけた手技を宣伝し、講習料と修了書を法外に請求している集団が、残念ながら我が国のリハビリ医学、医療の発展途上地域にみられる。今回のガイドライン作成を通して、このような『〇〇訓練法』といわれる訓練手技が、従来の治療法と比して有効であるとのデータがないことも改めて示された」。

ここでエビデンスとされた引用文献にある人名のついた訓練法には、ボバース、ルード、ブルンストロームなどがあるが、やはりボバースが多い。だいたいは、従来の治療法もボバースアプローチも効果はあるのだが、有意な差はないというもので、中には入院期間がボバースより有意に短く運動機能の改善が大きい方法の報告もある[12)]。

ボバースアプローチは、運動の質へのアプローチといえる。改善は到達とそこへのスピードで測られることが多いから、臨床疫学で質の効果を示すのは難しいことと思われる。

エビデンスは、古澤氏自身も集めている。国内外の三十六論文を検討した論文を発表しているが、単一症例検討だけでなく、ランダム化比較試験（ＲＣＴ）で実証していく必要性を述べている[13]。慢性期でもねばり強いアプローチで効果を示してきたボバースアプローチは、医療保険でも介護保険でも今かなり不利な状況に立たされている。

それにしても、脳卒中ガイドラインの概説の一文は、何とも感情的だ。何か勝ち誇ったような響きがある。どうも多くのリハ医にとってボバースアプローチは、気に障る存在のようだ。恐らくそれは、セラピストが医師のもっていない治療技術を身につけるからではないだろうか。セラピストの書いた論文を読むかぎり、彼らは批判にも耳を傾けながら冷静に謙虚に仕事をしているように見える。

恐らくボバースアプローチも、在宅に向けて進化している。今や大上段に構えることなく、ＡＤＬや高次脳機能への成果を訪問リハの領域でも報告している[14]。

最後に、ボバース記念病院のリハ部科長、土井鋭二郎理学療法士の話を聞いてみよう。訪問のコーディネーターをしている彼は、ボバース批判に対してやや熱く語った。

「私は一九九三年から訪問に入りました。そのころに、今の訪問の基本形ができたんです。古澤さんが入ってからは、訪問リハの学術面が強化されましたね。

訪問に行き始めて私が変わったことって、別にないんですよ。病院リハの人は在宅のことを考えていないとよく言われていましたが、それには私自身、反論がありましたね。ボバースの考え方自体、病院だから、在宅だからという分け方はしてないんですよ。その人がどこに居ようと、楽に立ち上れるように楽に箸を使えるようにという考えだから。

ファシリテーションテクニックとか、もてはやされた時代がありましたけど、それとボバースは違う、そのカテゴリーには入らないんです。単に運動機能を目指しているのではなく、日常的に身体をどう使うかという視点が、ボバースなんです。ケア学会なんかで、ファシリテーションだからって批判されたときには反発を感じましたね。ボバースは人間を見ようとしてるんです。素直に利用者や家族の困っていることに耳を傾け、問題解決をしていく考え方なんです。だから、訪問に出て異和感はまったくなかったですね。困っていることを、どう打破していくか、その方法を共有していきたいだけですね。ボバースを広めるという気も、全然ないですね。

ＡＤＬの効果はＦＩＭで出ます。本人や家族の満足は、ＦＩＭで出る数値以上のものがありますね」。

ちなみに、ボバース講習会はさまざまあるが、一年で約二四〇名くらいの受講生がいるという。日本ボバース研究会の全員は二七九三人（二〇〇五年七月現在）、公認のボバースインストラクターは小児十八人、成人十八人。

ボバースの効果に言及した論文は、国外でも現在、時々出る。

恐らくボバースアプローチが有効なケースが確かにおり、ボバースアプローチでも従来のアプローチでも効果に差のないケースも確かにいるのだと思う。一辺倒になる必要も感情的になる必要もないのである。（二〇〇五年八月取材）

京都の熱い人々――訪問看護ステーションすざく

1．よりによって三月

実は、「訪問看護ステーションすざく」に宇田薫氏（作業療法士）を取材しに行くのは、二〇〇五年八月の予定だった。訪問リハに関わろうという若い作業療法士をひっぱり、ネットワークを作り支え、発言し、勉強会や飲み会を通し若手を育てていることは、全国訪問リハ研究会ニュースレターでも読み取れていたが、バイク訪問で交通事故に遭ったということで、取材が延期になっていた。

けがはそれ程大したこともなかったようだが、取材のタイミングが、二〇〇六年三月まで合わなかった。そして、三月に取材した時は、宇田氏は絶好調という訳ではなかった。

まず、介護保険改定の訪問看護7の縛りが明らかになった直後だったこと、それに対する反応が、現場と運営母体法人との間で温度差があったこと、ミセスすざくとしてタッグを組んできた三人のミセスの作業療法士のうち一人が二月一杯で退職し、もう一人が休職していたこと、半年前に訪問の仕事がしたくて宇田氏の元にやってきたミス作業療法士が、訪問看護7の縛りの問題が出たため、今後訪問の仕事を続けるのにどこに腰を落ちつけたらよいか見通しが立たないことなど、暗い条件が重なってしまっていた。

そういう訳で、少し前までは四人の作業療法士と四人の看護師でやっていた業務だったが、取材時は作業療法士は二人（ミセスの宇田氏とミスの山川佳子氏―ミセスすざく、ミスすざくというのは、「ステーションすざく」のセラピストのキャッチコピーだ）となり、余裕がない状態だった。

この、厚労省の通達の訪問看護7の縛りが出た直後は、私もそうだが、失業の二文字が目の前にぶらさがった感じだった。宇田氏のように、運営やセラピストのまとめ役となると、法人内で訪問リハをどうしていくか考えなくてはならないから、取材どころの話ではなかっただろう。全国訪問リハ研究会の理事でもある彼女は、業務の合間に携帯電話で飛びかう情報の交換にも忙殺されていた。その横で私はぼんやりと、今まで取材した訪問看護ステーションで元気に仕事をしていたセラピストたちを思い浮かべ、民族紛争地域で難民となる少数民族とイメージをだぶらせていた（もちろん、センチメンタルな思い入れだが、そのくらい私自身感情的になっていた）。

それでも、宇田氏や訪問リハに関わっているセラピストたちは、予定していた訪問業務と訪問以外の活動、勉強会、利用者の集い、飲み会などを通して、京都という古い町に息づく訪問リハのありようを模索し、私にも見せてくれた。

2．訪問看護ステーションすざくのリハ体制

「訪問看護ステーションすざく」は、大原記念病院グループ（医療法人社団行陵会）が運営している、二十七の事業体のうちのひとつで、グループには他に三つの訪問看護ステーションがある。大原記念病院は、京都では真っ先に回復期リハ病棟を開設した実積があり（全二〇三床中一四七床が回復期リハ病床）七十日での早期退院を実現しつつあるという[15]。ただし、それには地域の受け皿は必至ということだろう。二つの老人保健施設、七つの通所介護などをはじめ、さまざまなサービス事業が展開されている。

グループ内の四つの訪問看護ステーションで合わせて八人のセラピスト（作業療法士四人、理学療法士四人）がいる。いずれもステーション開設時からセラピストは関わっているという。セラピストは、それぞれのステーションに所属してはいるが、組織上は大原記念病院グループ全体のリハビリテーション部所属となり、宇田氏はリハ部副部長という立場にある。いきおい、在宅から見た病院リハの役割、病院リハでしてきたことが在宅でどう生かされるか、という点に、意識がいく。

リハ部の大半は、回復期リハ病棟所属の若いセラピストたちだから、宇田氏は訪問の業務後、地域で暮らすこと、それに向けてセラピストが技術を伸ばせるよう勉強会をしに山の上に行くことがしばしばある（大原記念病院に行くことを、ステーションのスタッフは、山に行く、と言う）。

「回復期の作業療法士の子らは、病棟で専門性ということでみんな悩んでいるんですわ。勉強会でわかってほしいことは、機能障害から活動につなげていけるのは作業療法士だけやから、そこを押さえて介助指導に入っていくということなんです。今は、排泄動作にしぼった勉強会をしてます。退院後の状況が見える私らは、それを病院のリハの方に返していく務めがあります」。

「ステーションすざく」は、三月は作業療法士二人だったが、それまでは作業療法士と看護師が同数でやはりリハに力をいれているステーションだった。利用者は、大原記念病院のリハを退院してという人もいるが、多くは一般病院からであり、また、数の上からは退院後すぐというよりケアマネジャーが在宅支援のケアプランを立案する際にプランにいれてくるという方がずっと多い。長いスパンで関わっていく必要のある利用者もいることを宇田氏は熟知しているだけに、訪問リハに退院後三カ月の短期集中加算がついたことで、長期的な関わりに歯止めがかかることも、心配している。

訪問は、基本的には一日四件で、三月一カ月の実績でみるとリハ利用者は四十名（「ステーションすざく」の全利用者数は一二一名）だ。四十名の疾患内訳と、介護度内訳は一六三頁の通り、脳卒中が多く、介護度４、５レベルが多い。リハ利用者のほとんどは、セラピストのみが関わっているが、訪問頻度は週二回までで、それ以上多くは行かない。また、「ステーションすざく」自体は、二十四時間体制をとっているが、看護師が関わらないリハのみの利用者は、緊急管理の契約をしないということで了解してもらっているという。

ステーション内では、特に時間を決めてカンファレンスをもってはおらず、朝の申し送りなどもない。いわゆる直行直帰（自宅から直接利用者宅へ訪問、あるいは利用者宅から直接自宅へ帰ること）もあり、時間管理はかなりスタッフ自身にまかされているようだ。だが、セラピストと看護師間の情報交換はかなりまめに行われており、昼食を食べながらも入浴方法や環境調整の話が飛びかっていた。

ステーション内の定期カンファレンスはないが、グループの四つのステーションに所属するセラピストが集まるミーティングは、週に一回五時半過ぎから、定期的に行っている。また、宇田氏自身は時々他ステーションへ行き、セラピストに同行して助言や指導をしている。訪問リハは、こういうバックサポート体制は不可欠といえる。

3．訪問同行

宇田氏の訪問四件と山川氏の訪問二件に、一緒につかせてもらった。京都市内の街中にある「ステーションすざく」のエリアは、狭い路地に古い町家が連なっている。移動手段は、もっぱらバイクだ。公用車の原付バイクもあるが、宇田氏は自動二輪の免許を持ち、通勤に使っている自家用バイクで訪問している。

だが、この日は特別に公用の軽自動車を使ったのは、私が同行したためという理由だけでなかった。次の日に予定している利用者の集いに参加予定のAさんの、絵画作品を運搬する必要があったためだ。

Aさんは七十代の右片麻痺の女性で、通所系のサービスにつながらない、いわゆる訪問の終了がうまくできないケースだ。本格的に日本画を学んだ人で、発病から五年たっており日常生活もなんとか軌道にのっている。室内は杖歩行しているし、左手で絵を描くことも楽しんでいるように見える。

通所のサービスに行く気にはならなくても、ステーション利用者の集い（年に何回か宇田氏らが主になって企画している）は楽しみにしている。そこで会う人々の近況を気にしており、そこで展示する自分の絵を選び梱包して、宇田氏を待っていた。

宇田氏はゆっくり話を聞き、麻痺側の右手を自分で動かす運動（麻痺肢の自己管理）やソファからの立ち上り、玄関の段を降りる練習や床からの立ち上りの練習をする。日常生活が何とか送れていてその人らしい活動も行えているのだが、通所サービスには結びつかず訪問継続を希望する人は、いつもどこにでもいる。

高齢者リハ研究会が二〇〇四年一月に出したリハの問題点の一つ、長期間にわたる効果のないリハビリ、あるいは、目標も立てずに慢然と行うリハビリという指摘が厚労省を動かして、短期集中加算やリハマネジメント加算をつけて、訪問リハを訪問看護ステーションから引き離そうとしている。だが、Aさんのような場合、決して慢然とリハを続けている訳ではない。麻痺肢の運動や基本動作の練習をしながらも、宇田氏は会話を通してさまざまな働きかけをし、Aさんの中には働きかけに応じた反応が蓄積されていってるのだと思う。運動はAさんと宇田氏を結びつける接点に過ぎない。そして、厚労省が心配しなくても、ある日こういう人は、本人が納得して終了していくのではないか。保険点数とはまったく関係のない、利用者の集いや『朱雀通信』（宇田氏が中心になって毎月発行している、利用者参加のミニ機関紙）といった交流の場が、目に見えない形で効を奏していると思う。

二件目の訪問は、反対にこの日を最終とする目標達成のケースBさんだった。呼吸器疾患で在宅酸素療法をしている七十代の一人暮らし女性だ。去年入院してから体力が低下し、半年前から家事援助（買物、掃除）の訪問介護と訪問リハが始まった。週一回の訪問で、足の筋力をつける運動をしながら、掃除などをエネルギーを配分してやる方法を指導した。そして少しずつ買物など外に出る練習をした。

最終日のこの日は、訪問介護士とケアマネジャーも同行し、宇田氏とBさん総勢四人で近所のコンビニまで酸素ボンベを引っぱって行く。パルスオキシメーター持参の宇田氏が、血中酸素濃度を測定し、疲労の自覚があるかBさんに確認した。「このくらいなら行けるわ」とBさんは一品買い、今後は介護士と一緒に買物に出ることになった。宇田氏は念入りに、買物に行く前と帰ってきてからの二回、血圧と脈拍測定をした。

宇田氏の訪問に同行したもう二ケースは、入浴動作をしやすくするための、福祉用具の選定をしたCさん（七十代女性、左麻痺と膝関節症と腰痛）と、失行のある左麻痺（八十五歳男性）のDさんだった。

Cさん宅は織屋をしていたという、京都独特の奥に細長い家で、ケアマネジャーと福祉用具業

パルスオキシメーターを確認する宇田氏

者が同席し、浴室でCさんの動きを宇田氏が評価しながら、有効な用具を本人と夫に説明する。浴槽にかけ渡すバスボードは夫が自分で作ることになった。

Dさんは、失行があり動きがぎこちなくなってしまい、意識すればする程全身が緊張する。そのため、起立時にきっちり足に荷重できず、移乗が大変になってしまう。訪問マッサージも受けているDさんは「こないだマッサージの人に、わしがほぐしとんのにすぐ緊張してしまうんは、Dさんあんた自身の責任やと言われましてな」と、宇田氏に語る。「今、Dさんが緊張してしまったら、私の声かけや動きの支え方が悪いということやから、それは私の責任やと思います」と、宇田氏は返す。

ここには、宇田氏の作業療法士としての自負がある。高次脳機能を理解してるからこそ、緊張を高めたり混乱させることなく、自然な動きを引き出せる。それはちょっとした声のかけ方、動きのガイドの仕方に現われている。

訪問リハという、在宅生活者を支える仕事は、作業療法士や理学療法士あるいは看護師とも共通部分をもち、職種の違いはあまり明確ではなくなる。職種間の垣根を取り払い、どの職種もが手広く何にでも対応できるようにしておこうとする。だが、それはしばしば、自分の職種に対していわゆるアイデンティティクライシスをもたらし、悩みの種ともなる。

だが、宇田氏はそんなところで立ち止まりはしない。訪問において作業療法士の売りは？と聞かれれば、きっぱりと「高次脳がわかっていて生活の場で有効に動きを引き出せること、それから入浴とトイレ」と答える。

「入浴とトイレは、とても個人的なことやし、人にはあまり言いたくないことだと思います。その人の家の環境がありその人独特の動きがある。それを大事にしたい。そこをキャッチして支援していけるのが、作業療法士だと思うんです」。

クリアカットな宇田氏の語り口は、研修会などでも訪問リハでの作業療法士の役割を魅力的に伝える。若手作業療法士の山川氏は、そんな研修会での宇田氏の話を聞いて、訪問をやろうと半年前に、老人保健施設から「ステーションすざく」に転職した。一カ月間は先輩作業療法士に同行して学び、それからは一人で担当する。

「訪問はやはり出かけてしまえば一人なので、技術面でも不安はあります。担当制ですから、その利用者に関わる医療職は自分一人だったりするので、リハだけでなく医療面のこともいろいろ家族とかからも聞かれます。わからないときは、ステーションに帰って看護師に聞いたりしますけど、緊急性のあることは利用者のお宅からすぐにステーションに電話して、助言をもらいます。訪問は、一番その人が生きてきたその人らしい空間で、その人らしい部分を取り戻すことを手伝えるんです」。山川氏の語るこの最後のフレーズは、訪問の魅力を言い切っているだろう。

山川氏が担当している、発病後一年の左片麻痺と失語症の男性宅へ同行した。半年前の退院直後から、週二回の訪問を続けている。日常は車椅子で室内移動をしているが、訪問時は歩行練習をする。四脚杖を使っての歩行は、かなり介助量が多い。それでも、訪問開始時の、ウォーカーケインで全介助で歩いていたときよりは、だいぶ上達している。トイレも訪問で関わるようになって、自立した。

今の目標は、近所のパン屋の店の中に歩いて入っていこう、というものだ。人の目を気にして外に出るのは嫌だったのが、少しずつ玄関の外まで出られるようになった。時間はかかるだろう。だが、とりあえず具体的な目標は立っている。

リハは期間限定のサービスだから、具体的な目標を立てて、達成したら一旦は終了するというモデルが、もっぱら推奨されている。「ステーションすざく」でも、なるべく具体的目標を立てるようにしている。そのために、三カ月、六カ月というスパンで、プログラムを考えるようにしたという。終了に至らない利用者もいるが、継続ケアということで看護師に移行していく場合もあるということだ。

看護師今村実千栄氏「リハとナースと介護とケアマネが一緒にいる形が、よかった…」

4．看護師から見て

大原記念病院グループの四つの訪問看護ステーションを統括しているのが、看護師今村実千栄氏だ（二〇〇六年三月現在）。訪問看護7の縛りは、セラピストだけでなく看護師の今村氏にとっても打撃だった。

「作業療法士や理学療法士とは、ステーションに来て初めて一緒に仕事をしました。一緒に仕事をして、そして一緒に訪問する値打ちをよく知っているので、今回のことは本当にショックです（厚労省の通達のこと）。理学療法士・作業療法士が入ってちょっとした腰の使い方で介護が楽になる、ADLが上がるということ、福祉用具のこともセラピストが関わることで利用者に合ったものが入るということも、実感しているのでねえ。

一緒に目標に向かって考えることで、すごく仲間意識が生まれます。互いに刺激を受けてとてもよかったのに。四月からもう一人作業療法士をと、夢を描いていたんです。

うちは収支は、四つのステーションまとめてトントンといったところです。リハだけで行ってるケースも結構います。ケアマネから、リハ単独でという依頼が、結構多いんです。ナース単独で行く場合は、便処置、医療処置、入浴介助、薬の管理、それから精神的支援が多いですね。精神的支援は、作業療法士・理学療法士でもできますが、もっとリハに投入できるようにね、これは私たちナースがやっています。ターミナルはそう多くはありません。

やっぱり脳卒中が多い。それから難病、老衰。

介護保険前から、うちのグループは訪問看護ステーションをやっていて、病院は理学療法士を送り出してくれてたのね。それで、利用者にも好評だったんです。宇田さんは介護保険が始まると同時に来ました。

最初は、ケアマネ自体が作業療法士って何やという感じでした。宇田さんはボランティアででも出かけて行って、アピールしたんですね。それで、使ってみたら効果が出てきて、ケアマネもわかってきたんです。

在宅というくくりで考えたら、ナースも作業療法士も一緒やと思う。生活そのものがリハやから。あえて言えば、医学的管理はナース、動きは理学療法士、生活全般は作業療法士。でも、職種にはこだわらなくて、お互いに情報を共有していこうよという感じです。でも、在宅では作業療法士の方が、変な言い方だけど、使い勝手がいいかな。全体がみれるというか、生活がしやすくなるんです。その環境での身体の動かし方や介助の仕方やねえ。ナースもナースバカでナースだけやってたってあかんよ。ナースも、いろんな職種と関わることでレベルが上がる。いろんな考え方を知るし。

うちは、事務所内に居宅（介護支援事業所）と訪問介護も一緒にいるでしょう？　やはりそれがいいですね。カンファレンスの時間はとってないけど、しょっちゅうディスカッションをしています。リハとナースと介護とケアマネ。互いに勉強し合える、『すざく』の形はよかった……」。

5．宇田氏の活動範囲

宇田氏は、訪問リハの研修会の講師なども引き受けているから、活動範囲は全国にまたがっているが、ステーションを中心に見ても動きはまめだ。

①すざく会

まず、四ステーションの利用者の集い「すざく会」を、年に何回か開催している。これは、形としては利用者の自主運営にスタッフがボランティアで関わるというスタイルだが、準備から設営まで実際にはほとんどスタッフが動いている。利用者同士が交流し、情報交換できるよう、さりげないが意図的なプログラムが組まれており、通所系サービスを利用していない人もかなり楽しみにしている。

三月十一日に開催された「すざく会」には、利用者八名（終了者も含めて）、家族四名、スタッフ八名が、市の会館に集った。絵画や人形や書道など、その日参加できなかった利用者の作品も展示された。

電動四輪車で、家から一時間くらいかけて来たD氏は、作業療法士山川氏の担当利用者だ。この「すざく会」開催のチラシを自宅のパソコンで作ったD氏は、開会の挨拶に立ち終始にこやかだった。電動四輪車に興味を示した車椅子利用の参加者に、操作を実演して見せ、まさに面目躍如といったところだ。D氏はデイにも行っている。訪問リハの必要があるのだろうか、という疑問が、私の頭をよぎった（後日、山川氏の訪問に同行させてもらった。友禅の刷毛を作る職人だったD氏はパーキンソン氏病、杖歩行できるが普段はこもっていて歩かないという。張り切って見せる顔は、一面に過ぎないのだ）。

その日の「すざく会」は、宇田氏が展示されている作品の説明をし、参加利用者がそれぞれ近況報告をしたあとは、実に自然におしゃべりの輪ができていた。前日訪問したAさんも、楽しそうにD氏らと談笑している。麻雀卓が一つ用意されており、スタッフと一卓囲む若い利用者もいた。

通所系サービスに行かない人も楽しみにしているこの会の雰囲気は、介護保険後姿を消した、老人保健法の通所機能訓練事業、通称「リハビリ教室」と共通するものがある。同じ立場に立った人同士の交流、いわゆるピアミーティングとも言える要素だ。多くの通所系サービスには、残念ながらこの重要な要素がすっぽり抜けている。それは、致命的な欠陥なのである。

②在宅リハ勉強会

在宅リハ勉強会

年に五〜六回、訪問リハに関わる作業療法士が集まる勉強会がある。宇田氏らを中心に始まったが、現在では訪問に関わる作業療法士だけでなくデイケアや回復期リハ病棟などを仕事の場とする作業療法士たちも、研鑽の場として集まってくる。

ちょうど、「すざく会」の前日に開催されていた勉強会は十三名の参加で、「初回訪問で何をするか」「ニーズをどうやって引き出すか」といったテーマの話し合いだった。その日のファシリテーターは、少し前に「ステーションすざく」を退職した作業療法士武藤彩子氏で、事前に参加者から電子メールで寄せてもらった「宿題」への「回答」をもとに、話し合いをすすめていた。知識や情報を得るというより、自分たちで考え合うという色彩の勉強会で、場所が京都だけに若き志士たちの集まりといってもおかしくない様相を呈している。

③うしのほね

これは、文字通り「うしのほね」という名前の飲み屋で一杯飲みながら語り合う、訪問作業療法士の集まりだ。京都の路地の奥にある、他所者には到底見つけられない店で、京の志士たちは旨い酒をくみ交しながら、訪問の明日を語っているという図だ。

私が仲間にいれてもらった日は、九人の志士が集まっていた。厚労省の通達（訪問看護7の縛り）が届いて約三週間たっていたが、訪問看護ステーション所属のセラピストは、その動向の話となった。いくつかのステーションでは四月からセラピストは訪問看護から徹退し、病院からの訪問リハに移行になることが早々に決まったということだった。

回復期リハ病棟の病院から、専従で訪問に出ているという作業療法士は、短期集中加算が効を奏することになるという。ところで回復期リハ病棟から、訪問専従に四人も出しているというのは、めずらしいのではないだろうか。古い街京都は、ときに先端をいく。

—連携やいうてもな、やっぱり直接電話するんが一番や。医者にもケアマネにも、もうどんどん電話していく。

—そんでもなあ、一日平均五件、六件やろ。五時すぎに帰ってきてから電話しても、ほんま、つかまらんときも多い。

「京都で本気で訪問リハに携わる作業療法士の集まり」と宇田氏が研修会でも紹介している「うしのほね」は、一人職場で頑張っている訪問作業療法士のバックサポート体制の一つだ。宇田氏の声かけで始まったが、今では若手が自主的に役割分担して、定期的に熱い集まりがもたれてい

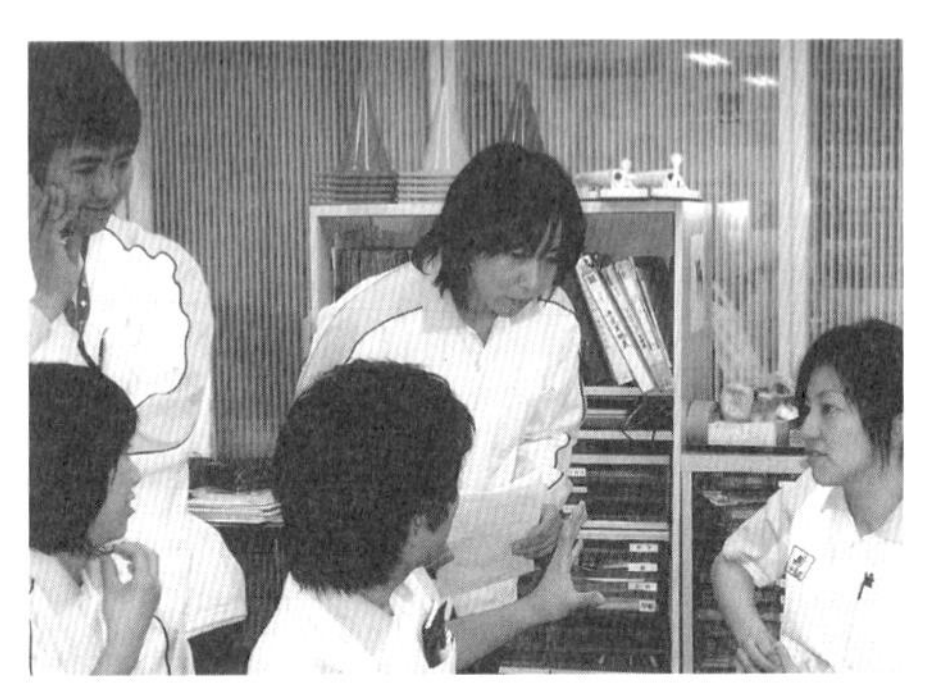

「山での勉強会」でファシリテーターを務める宇田氏

る。

④山での勉強会

大原記念病院の作業療法士との勉強会をしに、宇田氏は時々大原の山に行く。

この日は、病院作業療法士十四人、「すざく」からは宇田氏と山川氏、六時から排泄に関してのグループワークをやっていた。このところ、排泄にテーマを絞って、週一回の頻度で続けているという。排泄動作について皆が出し合った項目を細部にわたって分類するという作業をしていた。病院の作業療法士の室長と宇田氏がファシリテーターとなって、グループでのディスカッションを促している。

「在宅での仕事をして、病院とはこんなに違うんやということを経験して、病院に伝えていかなあかんと思った。ただ伝えるということではなくて、ほんなら作業療法士として病院では何をポイントにしていくのか、回復期リハにいると介護とどこが違うか悩んでしまう。だけど作業療法士は障害がわかるから、何故できないか、どうすればできるかがわかる。

それは介護の人たちとは違うはずで、そこをきちんと促えてその人ができるようになるアプローチができんとあかん。病院と在宅の連携というとき、そういう排泄なら排泄という具体的なことを通して、考えていく、自分らで考えられるようになってほしいんです。

私自身もどうやっていったらいいんか、悩みながらやってるんですけど、でも、こういう勉強会が必要やと感じたのは、訪問の仕事をやってからです。連携や言うても、ただ電話して情報交換しよう、仲良くしようと言うてもしょうがない。どういうことを伝え合うか、どの情報を伝えるのが自分とこの責任かということを、ちゃんとお互いに知っとかないかん。まずみんなに、排泄がどういうことで成り立っているかずーっと出してもらった。それを整理する。病院でおさえなあかんことはどこか。排泄は、早く快適にせなあかんこと。環境によって変わらん部分に純粋に作業療法アプローチしといてもらえると、いろんなバリエーションは在宅でつけられる。病院と在宅で押さえる部分がどこか知るためには、こういう形の勉強会が一番いいと思う。逆にこういうことをやっておかないと、連携はとれないと思う。

こういう作業を通して、自分で考えることを身につけてほしいんです」。

作業療法士になって十八年という宇田氏は、「ステーションすざく」に来て六年になる。その前は、デイケアも含めて病院を二つ経験した。いずれも、地域に根ざした病院ではあったが、考えるところがあり、もっとちゃんと自分の仕事がしたいと思った。「ステーションすざく」には、求人広告を見て就職した。

小声で早口の関西弁でしゃべる宇田氏は、ときにコロコロと鈴を転がしたように笑う、まぎれもなく訪問リハ業界のアネゴだ。京都訪問リハ研究会を立ち上げており、京都府作業療法士会の地域部副部長、全国訪問リハ研究会の理事（二〇〇六年三月現在）など―意見をきっちりずばっと言う資質が買われていると思うが―職場外でも抱えている仕事量は多いが、二人の小学生の母親業もこなしている（そしてミセス業も）。（二〇〇六年三月取材）

文献

（1）四天王寺悲田院地域リハビリテーション研究会〔編〕『私たちのハウツウ地域リハ』、三輪書店、一九九一年
（2）古澤正道「在宅訪問リハビリテーションの基礎知識」トータルケアマネジメント、六巻一号、一〇四～一〇九頁、二〇〇一年
（3）古澤正道、他「在宅療養者への訪問リハビリテーション」理学療法学京都三四号、六二～六七、頁、二〇〇五年
（4）古澤正道、他「脳梗塞後発症の口部ジスキネジアへの運動療法」理学療法学、二四巻七号、四〇〇～四〇五頁、一九九七年
（5）前掲書（2）
（6）前掲書（2）

（7）三好正堂「片麻痺に対する〝いわゆるファシリテーションテクニック〟批判」総合リハ、一四巻三号、一八五〜一九二頁、一九八六年
（8）上田　敏『リハビリテーション医学の世界』、五五〜五八頁、三輪書店、一九九二年
（9）柏木正好「作業活動への期待」作業療法ジャーナル、三六巻一二号、一三三二頁、二〇〇二年
（10）柏木正好「環境適応の視点からADL技術の新展開を考える」作業療法ジャーナル、三七巻六号、四七八〜四八一頁、二〇〇三年
（11）脳卒中合同ガイドライン委員会『脳卒中ガイドライン2004―Vリハビリテーション』(http://www.jsts.gr.jp/jss08.html)
（12）前掲書（10）
（13）古澤正道「脳卒中後遺症者へのボバースアプローチの効果―Carry-over 治療効果継続のために」ボバースジャーナル、二七巻一号、一三〜一八頁、二〇〇四年
（14）松原光隆「感覚情報に基づく更衣動作訓練を実施した症例への一考察」全国訪問リハビリテーション研究会第六回全国大会 in 東京、二〇〇五年
（15）三橋尚志「より早期の自宅復帰を目指して」大原記念病院グループ広報誌『行陵』、一号、二〇〇五年

〔資料・介護度別割合と疾患別割合〕

訪問看護ステーション初台（平成 17 年 6 月）

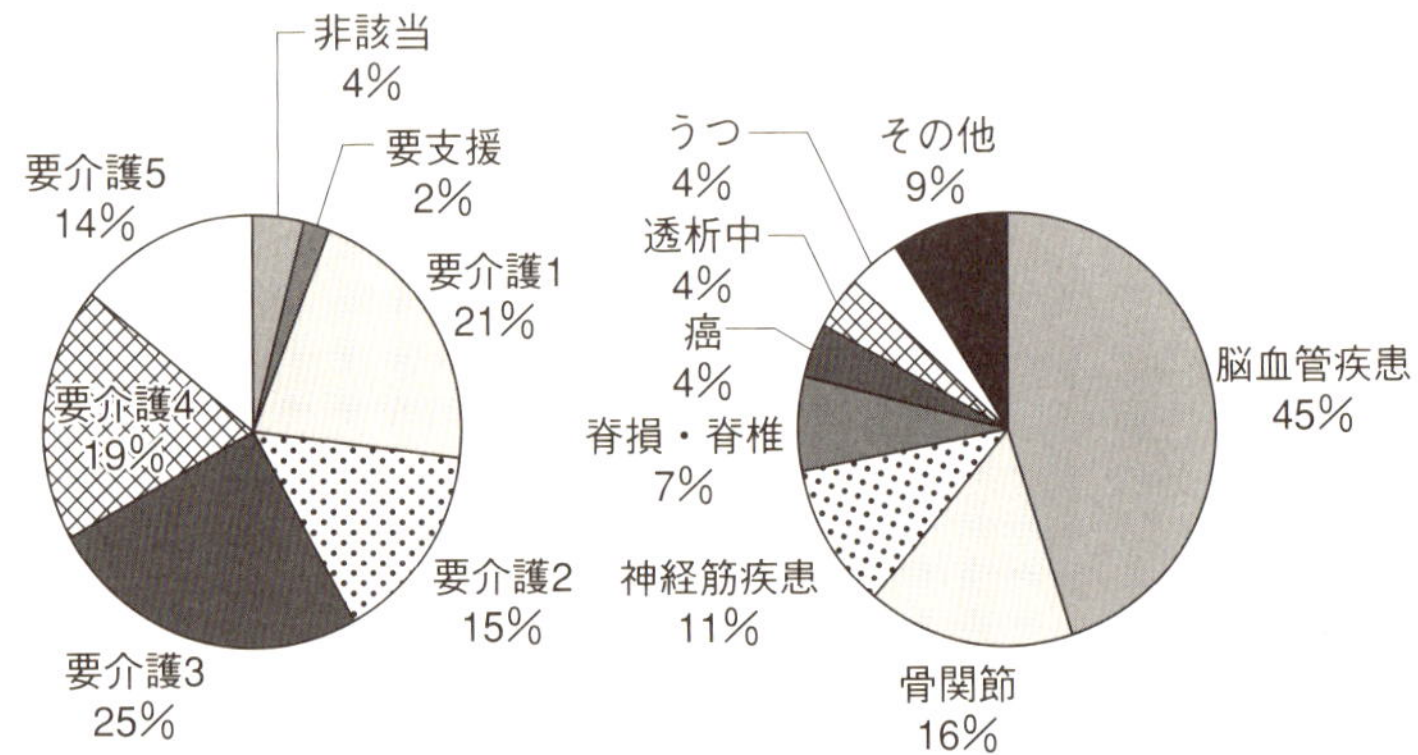

メディケアリハビリ訪問看護ステーション（平成 17 年 1 月）

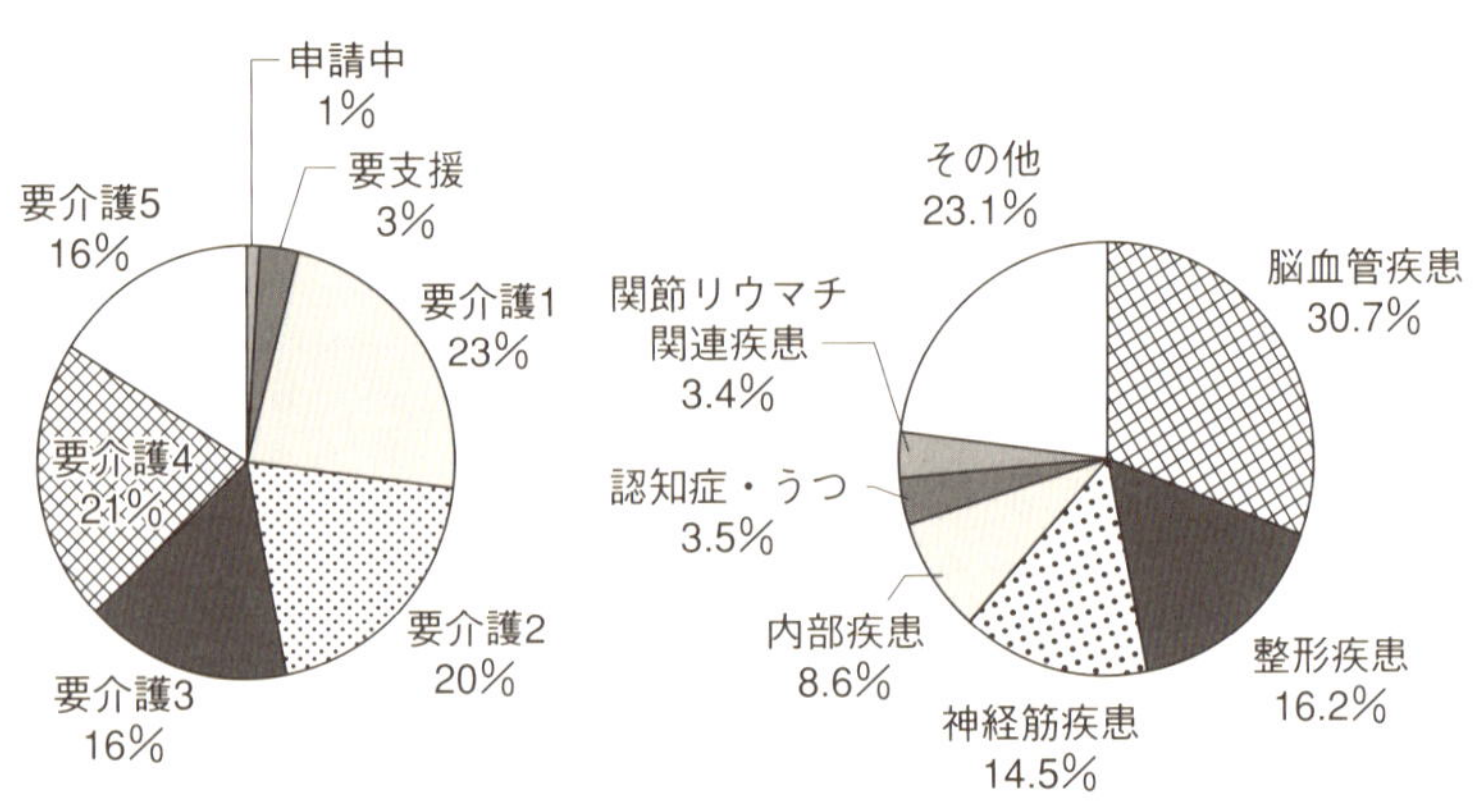

訪問看護ステーションおおみち（平成 17 年 7 月）

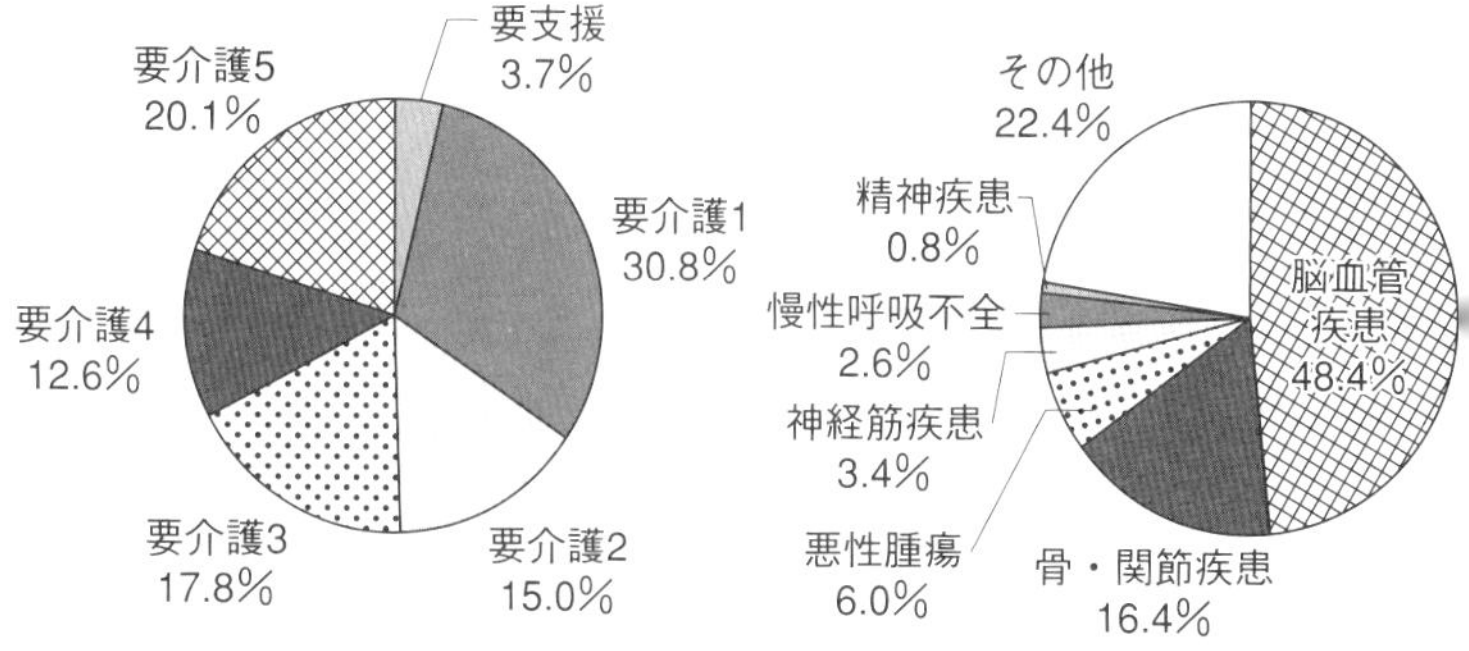

訪問看護ステーションすざく（平成 18 年 3 月）

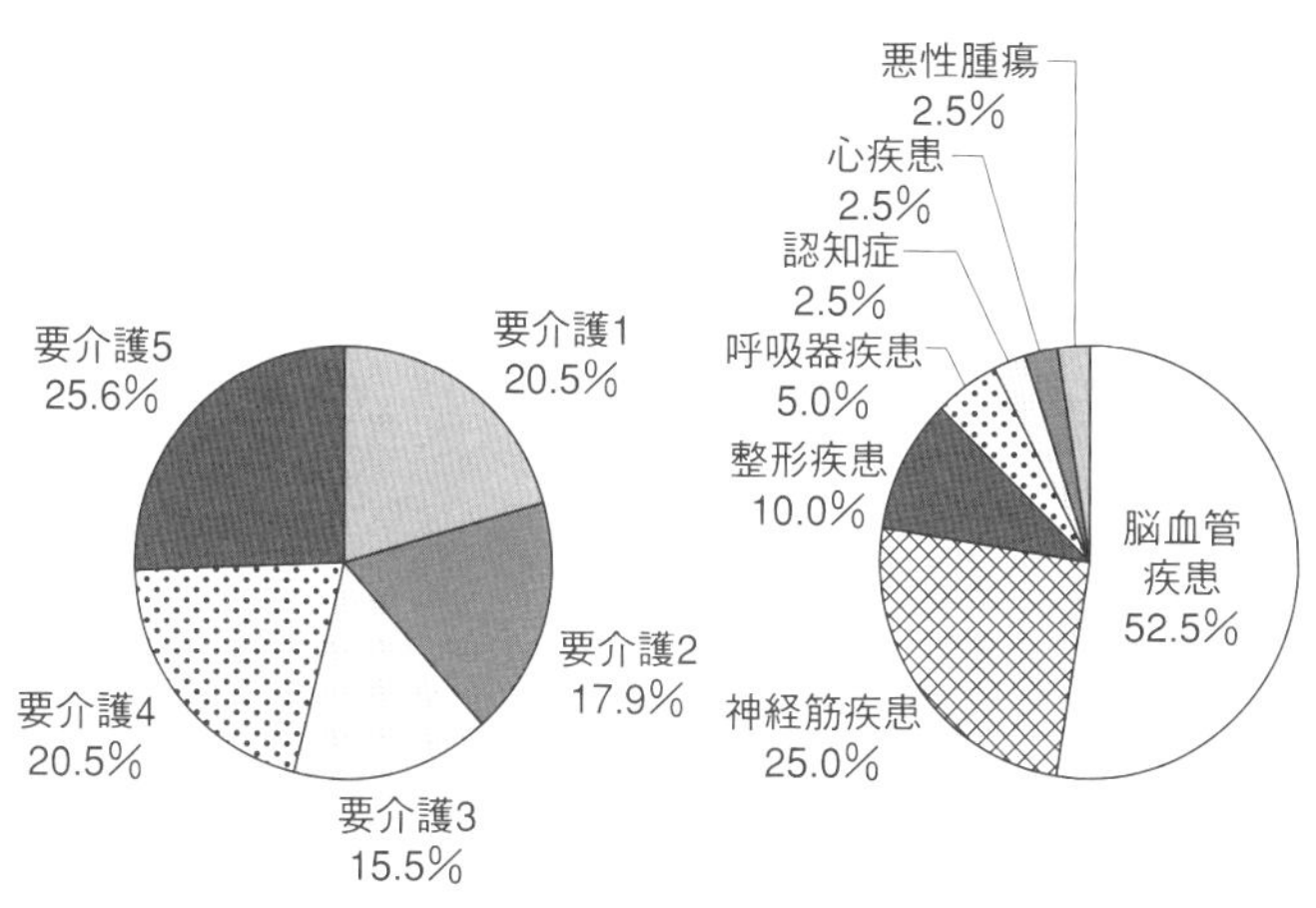

思いを形にしていく――せんだんの丘

二〇〇六年三月の厚労省の通達は、現実に訪問リハを担っている訪問看護7の増加に歯止めをかけた。しかし、資源が整うまでの間は訪問看護7が多くても仕方がないとし、各事業所はサービス提供体制を見直すこと、その経過措置を例えば六カ月とした。一定期間経過後でも、資源がない地域は訪問看護7が多くなるのもやむを得ない、としているが、さて、六カ月後の二〇〇六年九月、どうなったのだろう。

取材の仕切り直しをし、老人保健施設や診療所からの訪問リハを精力的に行っている所に、ターゲットを絞った。

そこで浮上してきたのが、仙台の「介護老人保健施設せんだんの丘」（定員一〇〇名）だ。セラピスト十九名（作業療法士十七名、理学療法士一名、言語聴覚士一名）を抱えている。積極的に訪問をしているという。だが、問い合せてみると、制度上は介護老人保健施設（以下老健と略）からの訪問リハではなく、訪問看護ステーションからの訪問看護7ということだった。それで、一旦は取材をやめようと思ったのだが、副施設長の土井勝幸氏（作業療法士）の話を聞き論文を読むうちに、ぜひ行ってみようという気になった[1)]。

1．なぜ、「せんだんの丘」か

行ってみるまで知らなかったのだが、「せんだんの丘」は介護老人保健施設であるが、併設の病院はない。単独型で、運営法人は東北福祉大学の関連法人東北福祉会だ。

老健は、そもそも入院している病院から自宅復帰する間の、リハのための中間施設として制度化された医療施設だったが、セラピストの数は低くおさえられ、入所が長引き、介護福祉施設化しているといわれている。リハ機能を整備している老健は病院併設で包括的に事業展開していると思いこんでいた。だから、単独の老健で、セラピストを破格の人数そろえ、訪問看護7だろうが何だろうが積極的に訪問リハを行い「今私が考える作業療法とは『人の生きる力を支援すること』」と言いきる土井氏に会ってみたくなったのだ[2)]。電話の声が、信念と自信に満ちていた。

「せんだんの丘」は、二〇〇〇年（平成十二年）四月、介護保険施行と同時に開設された。土井氏は管理職の一人として、開設準備から深く関わり、在宅復帰支援施設としての機能を果たすべく、制度で保証されない人材、サービスを最初から整えた。開設時から、八名のセラピスト、二名の歯科衛生士を常勤で配置している（六年後の現在、前述したようにセラピスト十九名）。満を持して始まった老健での活動だが、半年程たって土井氏を深く考えさせるケースが出た。

雑誌にも書かれている事例だが、寝たきり状態、要介護度4の八十代後半の女性（大腿骨頸部骨折を要因とした廃用症候群、内部障害）が入所してきた。家族の希望は、排泄が自分でできるようになれば、なんとしても自宅で介護したい、というものだった[1)]。

その意向に沿う形で、本人の身体機能や家屋環境の評価、家族の支援体制など情報収集し、自宅生活を想定し施設内ケアプランにも組み入れて、万全の体制でリハのアプローチした。ほぼ三カ月で、排泄動作のみならず身辺処理動作は自立し、さらに在宅生活での課題抽出のため、外泊訓練も行って、その課題を施設内で調整するなど、理想的な進展と思われた。

ところが、退所を本格的に進める段階になって、家族は自宅に連れて帰るつもりはないと言いだしたのだ。要は、家族の期待以上によくなってしまったことが、家族をとまどわせ、自分たち素人の介護だともとの寝たきりに戻ってしまうのではないか、という不安を家族がもってしまったのだ。紆余曲折があったが、結局在宅復帰には至らなかったという。

「この施設の人が、定期的に必要なときには、いつでも来てくれるわけではないでしょ……」

と、家族のことば。

土井氏は、入所サービスをどれだけ充実させても、それだけでは在宅復帰が叶わぬケースを経験し、訪問サービスの必要性を痛感する。だが、二〇〇〇年の時点で、老健からの訪問リハ制度はなく、また周辺地域にも訪問リハ資源がなかったため、唯一立ち上げられる事業として、訪問看護ステーションを二〇〇一年に開設し、そこからのセラピストの訪問（訪問看護7）を、積極

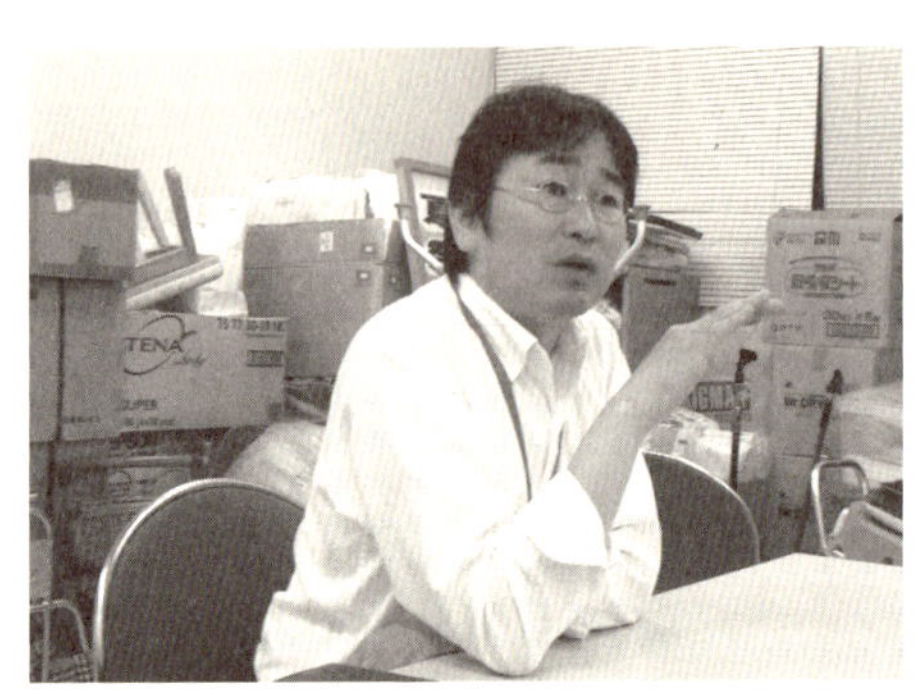

副施設長の土井勝幸氏

的に展開したのである。

土井氏は副施設長として、実際に老健の運営に携っている。だから、赤字を出すわけにはいかない。

「いい福祉は赤字じゃなきゃできないのか？　持ち出しをしないで運営できないか？」、とことん考えた上で、熟成したサービスを地域に返すという理念で、赤字であろうが徹底的にサービスの質を上げるということを、最初の一年やった。そこで見えてきたことを特化する。そうすると先に書いたように「訪問」の必要性がまず出てきて、二年目に訪問看護ステーションとなったのだ。ただ最初はプロトタイプ的に立ち上げ、件数は伸ばさずに少しずつ訪問に必要な要素を考えた。その上で、三年目に訪問看護ステーションをアピールしていったという。

現在（二〇〇六年九月）では、訪問セラピストは専従六名（作業療法士五名、理学療法士一名）、土井氏は非専従の訪問作業療法士として、四ケースを受け持っている。また、言語聴覚士、歯科衛生士、管理栄養士も必要に応じて訪問している。訪問看護7に限って言えば、二〇〇六年八月の一カ月、利用者八十三名で訪問件数は三六五件だ。

「うちも、リハに特化した訪問看護ステーションですから、訪問看護7の縛りはきついです。老健ですから、老健からの訪問リハにシフトできればいいんですが、ちょっとその体制が今は難しいんですね。ですから、このまましばらく様子をみます。

宮城県にも実情は伝えてあり、県はある程度、理解はしてくれています。宮城県のリハサービスが地域に浸透する仕組みを作りたいとの意向を示しています。ですが、訪問看護7では、訪問リハの実績としては統計上できませんし、訪問リハの資源をすぐに整備するには制約もありますし、県独自の方法を模索しているところでしょうか」と、土井氏。*

＊ちなみに、二〇〇六年（平成十八年）三月、介護保険改定と時を同じくして宮城県が出した、「宮城県訪問リハビリテーション調査研究事業報告書」[3]（発行、宮城県保健福祉部医療整備課）というのがある。

この報告書は、県内の病院一一五カ所、訪問看護事業所七十四カ所から回収したアンケート調査とその分析をもとに、課題と今後の対策が書かれている。詳細は省くが、制度上の問題として国の対策、介護保険上改正しなくてはならないこととして次の三点をあげている。

①　一物二価の制度の廃止

（前略）訪問リハビリテーションの専門職の確保や機動力の増加を行うためにも、「訪問看護7」クラスの介護報酬を適用すべきである。

②　訪問リハビリテーションを独立した事業として指定を行う

調査結果にもあるように、訪問リハビリテーションステーションのような専門の指定事業所を設置することが必要である。（後略）

③　訪問リハビリテーションの標準化の設定

訪問リハビリテーションを新ジャンルとして形成している状況の中で、業務範囲や業務内容について明確ではないことが挙げられる。訪問リハビリテーションは何をするものなのかを明確にし、標準パターンを構築することが必要である。

この報告書が提示している業務範囲は、「訪問リハビリテーションの専門職の役割としては生活環境の中でどのような生活をするか、また補装具や福祉機器、住宅改修等の指導も付加することが必要となる」としている。環境調整をセラピストの役割と明言しているのは、画期的だと思う。

そして、宮城県は訪問リハビリテーションステーションの設置を国に提言している。

2．土井勝幸氏の挑戦

老健「せんだんの丘」は、訪問リハに力を注いではいるが、それはあくまでも老健がもつべき機能のひとつとして、である。ちなみに、「せんだんの丘」は、包括的に**表1**のような事業を行っている。それぞれの事業は、好循環を起こし、基準を大きく上回るセラピスト数やハードの整備を大幅な赤字を承知で始めたが、確実に収益を上げ安定した事業経営になっている。

ここに至るには、土井氏の独自の視点と戦略があった。訪問リハに焦点を絞った取材のつもりだったが、土井氏の話をそこだけに押し込むには、無理があった。なぜなら、老健の副施設長——実際の管理経営の担い手——という立場は、彼自身が強い意志をもって自力で獲得したポジションであり、包括的にしか語れないからだ。

土井氏は、重症心身障害児施設から作業療法士としてのキャリアをスタートさせている。その

表 1　介護老人保健施設せんだんの丘の事業

（平成 18 年 4 月現在）

介護老人保健施設	定員 100 名
短期入所療養介護（介護予防）	空床利用
通所リハビリテーション（介護予防） ・リハビリコース　①　2～3 時間，②　3～4 時間 ・リラクゼーションコース　③　4～6 時間，④　6～8 時間，⑤　8～9 時間	定員 40 名
指定居宅支援事業所	
指定訪問看護ステーション（介護予防）	
指定福祉用具貸与事業所（介護予防）	
指定特定福祉用具販売事業（介護予防）	
オムツ宅配事業	

リハビリ専門職　常勤 19 名配置
作業療法士：17 名　理学療法士：1 名　言語聴覚士：1 名

ときに痛感したのが〝生活の連続性〟ということに、作業療法士として関われているのか、ということだった。訓練室でよい状態をもたらすことができても、それが継続して生活に還元することができなければ、セラピストはただの〝いいとこ取り〟をしているに過ぎない。そこで土井氏は訓練室を出て、可能なかぎりベッドサイドや療養棟での働らきかけを行った。食事の姿勢、安静時・就寝時のポジショニング等が日常的に再現されるようになって、初めて作業療法士としての仕事が看護介護職に受け入れられたと実感した。そこで得た結論は、単純である。

「看護や介護等、生活に密着するところで仕事をしている人たちと同じ場面を共有し、同じ目線で語ることができなければ、私たち作業療法士は必要とされない。必要とされなければ私たちのもつ知識と技術は何も意味をもたないのと同じこと」[4]。

その後、土井氏は一〇〇床に作業療法士一人という老健や重症身心障害児施設の立ち上げなどを経験したが、結局経営を任される立場にならなければ、自分の思い描く施設は作れないという結論に達していた。

だが、出身地でも何でもないたまたま移り住んだ東北の地に、何のつてもない。そこで人脈を培うために、作業療法士養成校の教員になった。教育という仕事はそれはそれで面白く、天職かもしれないとさえ思った。だが、福祉系の職場に就職した教え子たちの、離職率が高いこと、学生に夢を与えるのが教育の仕事なら、その夢が実現するような施設を作りたいと思ったこと、福祉の領域の中で必要とされる作業療法士のモデルを作ろうと思ったこと、それで具体的に動き始めた。

まず一九九八年（平成十年）、二年後に迫っていた介護保険を視野にいれ、リハを中心に展開する事業計画のレポートを作成し、複数の病院や施設の管理者に売り込んだ（レポートは、相手の組織の特徴に合わせて、各々違うものを作った！[4]）。いくつかの施設から反応が返ってきた。ぜひ管理職をやらせてほしいとアピールした文を読んだ人が、面白いといって話をつけてくれて今の老健に建ち上げから関わることになった。

施設管理者に課せられた役割は、次の二つである。すなわち、（一）収益事業として成り立つこと、(二) 地域の中で評価されること。そのために土井氏は、利用者のために、ではなく職員のためということしか考えない、という。つまり、職員が利用者のために、と自然に言える環境作りこそ大切で、それがケアの質を上げるということになる。

開設一年目は、すべてのセラピストをユニット配属とし、看護も介護もセラピストも一緒に仕事をした。これを土井氏は、職種のバリアフリーと呼ぶ。また、職員を八つのユニットに固定化する。単位を小さくすることで、すべての職員が互いを知る。自ずと、それぞれの職種の特徴を知り、そこで初めて専門性が有効に働く。

朝から晩まで連続している生活というもの、それを支えていくのは介護職だ。まずは、生活が滞らないようにするのが彼らの仕事だ。そして、その生活行為のひとつひとつが自立に向かうような援助をするには、セラピストと介護職が同じ空間にいた方がいい。

セラピストの病棟配属や回復期リハ病棟の制度など、生活空間にセラピストが入ることは、今やそうめずらしいことではなくなってきている。だが、セラピストが介護のマンパワーのひとつとなり有効な働きができていないとか、病棟が訓練室化してしまっただけだ、などという声も聞かれる。

「せんだんの丘」ではどうだったのか。セラピスト主任の小野咲子氏(作業療法士)に聞いてみよう。

「一～二年は大変でした。職種をこえてユニットケアで関わると言っても、自分たちが他の職種を知らないとできないし、実は全然わかっていなかったんです。生活を見ると言っても、全然できない自分がいました。セラピストも、早出、日勤、遅出とまるっきりユニットに入っていましたが、その中でリハの必要性のある人に関わると言っても、実際は介護のマンパワー的な要素が強くなって、リハとしてはどうしたらいいのかというジレンマに陥りました。

でも、だんだんユニットのケアワーカーが、セラピストの役割がわかってきて、リハとして取り組んでほしいという声がケアワーカーから出てきたんですね。それでユニットの中で、うまく取り組めるようになったんです。やっぱり、一緒にやった一年目の経験が大きかったです。

学校で習うADLは、場面設定をして〝できるADL〟と〝しているADL〟と言って分けていますが、ユニットケアの場で、直接関わる、生活の場でADLのことをやっていくのは、すべてが〝しているADL〟になるわけで、ここでの一番のメリットです」。

土井氏の戦略は、あたったようだ。すべての職員が互いの職種を知り、人数としては一番多い介護職が支えられる仕組を作ることでケアの質が上がる。

3．訪問の体制

制度上は独立事業体の訪問看護ステーションだが、ステーション所属のスタッフルームは「せんだんの丘」の居室フロアの中にあり、入所や通所も含めた老健の機能と一体化している。

訪問にしろ通所にしろ、〝リハは「せんだんの丘」〟という通念が地域に定着してきており、口コミでの利用者は後を絶たないという。

利用者の約五〇％は脳血管障害、これは全国調査（全国訪問リハ研究会）の結果と同じた[5]。訪問専従のセラピスト（作業療法士五名、理学療法士一名）は、一日に四〜五件の訪問をする。移動効率を考えて、地域的に担当を決めている。

取材した日、作業療法士の大利奈央氏の訪問に同行した。利用者N氏は脳卒中左片麻痺の五十七歳の男性だった。左上下肢は筋肉の緊張が強く、麻痺は重い。日常生活は車椅子の使用を余儀なくされている。妻も息子も仕事に出たあと、一人で日中家に居るN氏は、働き盛りの人生に突然大きな空洞ができたような、やるせない雰囲気を漂わせている。障害が重く職場復帰は難しそうだ。だが引退するには若い。年齢的にも、その人らしい活動と参加の場を得るのが、いかにも難しいケースだ。

大利氏は、ベッド上でN氏の左上下肢のストレッチをした後、下肢装具をつけて杖歩行の援助をする。歩行練習は、しばしばリハビリといわれるものの代名詞のようになっており、これまで取材した多くの訪問セラピストも、また私自身も一度はまったら抜け出せない轍のように、歩行に関わることが多い。

「歩けるようになりたい」、「歩きたい」という欲求は、人間の根源に関わるのだろう。多くの人が歩行訓練を希望する。そしてそれはずっと続く。実用的に歩いて暮らせるような歩行能力を獲得できなくても、何メートルかの介助歩行を時々して、まがりなりにも歩けるということを自分

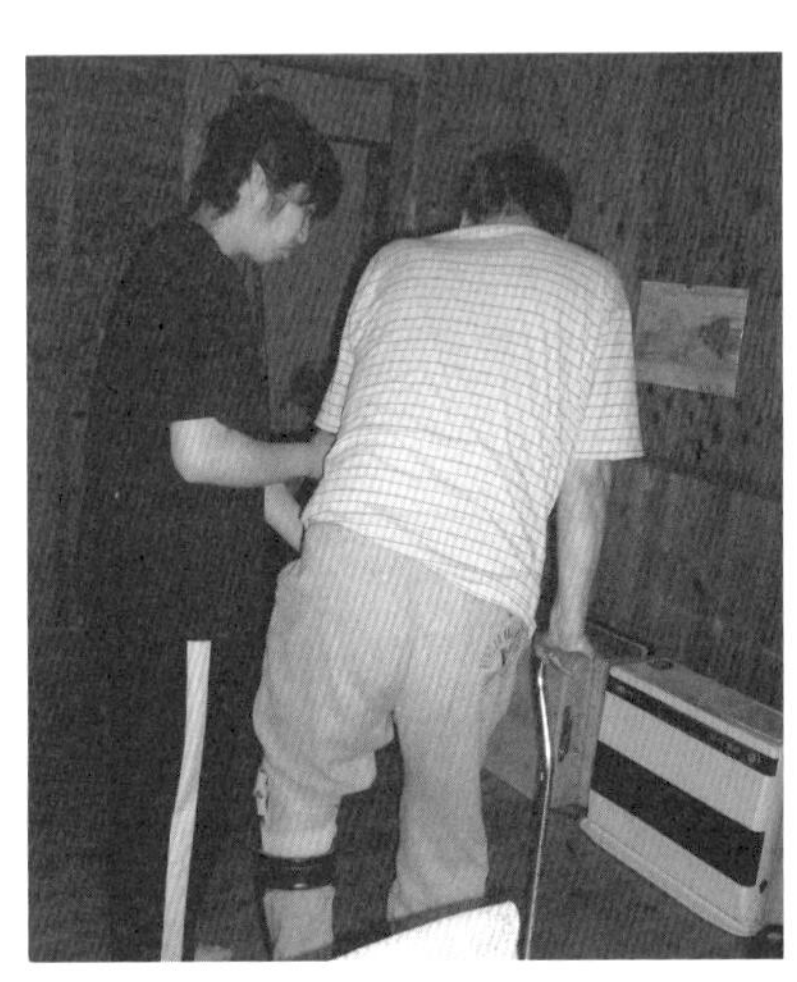

誰でもみんな歩きたい

自身に確認しておくことは、生活をつないでいく上での重要なことがらのようにも思う。

N氏の歩行練習を見ながら、私は私自身が歩行の援助を継続する羽目になったときの、自分への言い訳を考えていた。さいわい、大利氏はそんなことをぐずぐず考える私を気にすることなく、持参した棒を床においてそれをまたぐ練習をN氏に指導し、車椅子に戻ったN氏の握ったままの左手の手浴のために、洗面所に向かった。

N氏は大利氏の訪問を楽しみにしているようだ。自分の娘くらいの年齢のセラピストに、軽口を叩き、気を紛わせている。「だから、お前はだめなんだ、それじゃボーイフレンドできねえぞ」、といった調子で少々からむN氏を、大利氏はおおらかに笑って受け流す。今の時点で、それはとても大切な時間に見えた。N氏は訪問だ

訪問セラピストが知恵を出し合う大事なミーティング

けでなく、「せんだんの丘」の通所サービスも週に二回利用している。そして、通所担当の作業療法士三浦安裕子氏は、N氏がなんとか復職できないか模索中だという。

こういうところが、「せんだんの丘」の強みだ。通所と訪問のセラピストが、非常に近くにいる。そして、ひとりのケースに両面からアプローチしていく。

その日、夕方五時から毎週木曜日定例の訪問セラピストのミーティングが始まった。六人のスタッフが頭を寄せるようにして、大利氏の別のケースの環境調整に関して、アイデアを出し合っていた。担当制をとっていると訪問の現場は他の人からは見えないから、ときとしてゆき詰まる。こういう智恵を出し合う場は、必要不可欠だ。

さて、目標はどう立てるか。訪問頻度はどのように決めるか。何が一番困るか。ミーティングで聞いてみた。若いスタッフの声をまとめるとこうだ。

「目標が立たない人は、やはりいます。目標が立つとデイにうまくつながったりしますが、立たないと長い訪問が続きますね。訪問頻度は、利用者の希望をできるだけ受けいれるようにしています。でも、頻度を減らしていくのは難しい。フェイドアウトはなかなかできないです。

一番困るのは、利用者に受けいれてもらえないときですね」。

最後の〝受けいれてもらえない〟というのは、訪問の仕事をする人は誰でも経験するのではないだろうか。私も苦い経験をもっており、大きくうなずいてしまう。他人の家へ上がって、その人の生活に口を出す仕事、決して慣れてはいけない仕事ともいえる。

土井氏は管理職として多忙を極めながらも、非専従の訪問スタッフとして四人の利用者を担当している。ALSで在宅療養をしている医師だった人、脳性麻痺（アテトーゼ型）の十歳の女の子、原因不明の筋疾患の十四歳と十歳の姉と弟。この三人の子どもたちに関しては、重症心身障害児施設で生活の連続性ということを考えながら経験を積んできた土井氏の、面目躍如といったところだ。定期的に、この子どもたちが通う養護学校にも訪問して、教員や親も一緒に学校での生活環境づくりをしているという。

それ以外にも彼は、若いスタッフから同行訪問を依頼されれば、一緒に行って助言する。

4．自前で資源を作る。

質の高いケアと安定した経営、これを両立させるために、土井氏は緻密なシミュレーションとそれに基づいた大胆な実践を繰り返してきた。何をするのに何分かかる、何人必要、すべて具体的に動きをシミュレートして、割り出していくという。

セラピストを多勢抱えることを制度は保証していない。そしてサービスの質が高いからといって、黙っていて経営が安定するわけではない。訪問も含めて包括的に事業展開をしており、それが経営安定をもたらしているのだが、そこにはさまざまな工夫がある。

そのひとつに、オムツの宅配がある。ケアの視点が排泄に向いたとき、オムツの形態や材質、交替方法を考え直すのは必然だった。現在、三十六種類のオムツを使い分け、オムツの使用量は格段に少ないという（土井氏自身、座位がうまくとれない利用者の問題が、オムツの不適合にあったという経験をしており、オムツの適合に関しては熱がこもっている）。そこで得たノウハウをもって、平成十六年からオムツの宅配事業をやっている。それだけにとどまらず、メーカーとのコラボレーションにより、商品開発に至った。

また、福祉用具レンタルと販売事業も「せんだんの丘」としてやっている。ここにも一人専従の作業療法士がいて、選定から適合までやるから、ケアマネジャーにしてみれば心強いだろう。「せんだんの丘」には、年間四〇〇〇人の研修や見学があるという。実習はどんどん引き受ける。「せんだんの丘」を見ていると、すべての歯車がかみ合って、良循環しているようだ。それをもたらしているのは、土井氏のゆるぎない視点だ。

土井氏の話を聞いていると、しばしば「仕組みづくり」という言葉が出てくる。スタッフの技術が上がる仕組み、すべての職員が互いを知る仕組み、ケアの質が上がる仕組み、この仕組みづくりのため、土井氏の帰宅は連日深夜だ。

ところで、「せんだんの丘」のセラピストは圧倒的に作業療法士が多い。作業療法士しか採用しないのかと思われているようだと笑いながら、土井氏は言う。

「別に理学療法士をとらないという訳ではなく、今十年選手の理学療法士が入っています。ただ、最初に立ち上げたとき、いろいろな分野のエキスパートの作業療法士を八人集めたところから始まり、特に求人を出さなくても意志をもって実習に来た人が就職したりしているので、結果作業療法士が多くなっています。〝せんだんの丘イズム〟になってしまってはまずいと考えていますし、四年目位からは他の老健を経験した人なんかも、採用していますね」。

――土井さんのやり方に、疑問をもったことはありません。他でやっていないことをやっているという自負がありますし、今度こうしてみたいという提案にもGOを出してくれるので、やりがいがあります。

――学校を出て三年、他の老健を経験してから、「せんだん」に来ました。生活に密着してって老健ではよく言いますけど、やはりここは前のとことは全然違います。リハスタッフの多さもですが、リハに対して施設運営全体として取り組むということが。

こんなセラピストの声を聞いていると、ちょうど十年前に取材した、高知県の近森リハビリテーション病院で出会った人々とダブってくる。理念があり、思いを実現していくために緻密な計算と強いリーダーシップで、ずんずん進んでいく。だがそれはリーダーが力で束ねているのではなく、スタッフが生き生きと面白がって、それぞれの部署で力を発揮していく。運営は循環して好転していく。また、ノウハウや経営状態、内部を開示することを嫌わない。

あのときの近森と共通した感じがある。当時のリーダーは、リハ医師石川誠氏（現在初台リハビリテーション病院理事長）で、自分の仕事を「リハのシステムを作ること」と言っていた。「せんだんの丘」のリーダー土井氏は「仕組みを作ること」と言っている。

違いは、二人の職種だ。石川氏は、リハ医師の役割は、リハのシステムを作り制度化することとして、当時から現在に至るまで奔走し、回復期リハ病棟やリハマネジメントなど新制度の根拠を提供していった。

作業療法士の土井氏は、「自分の考えのベースは自分の受けた作業療法教育にある」という。それは、「自分自身を道具として使う」ということだ。土井氏にとっての支援の対象は、目の前の人、すなわち職員だ。職員が生き生きとその能力を発揮できるような働きかけ、それは土井氏が培ってきた作業療法技術に他ならない。「自分自身を道具として使う」というのは、作業療法士にはなじんだ言い方だが、他の職種にはわかりにくいだろう。別の言い方をすれば、自分自身をも環境として意識化するとなろうか。

土井氏は作業療法士の訪問のキーワードは「環境調整」と言いきっている。

そして「せんだんの丘」のパンフレットの表紙には、次のように書かれている。

「〃生きる力〃それは人と環境の相互作用から」

「せんだんの丘」の職員は定着率が高い。セラピストは開設以来離職者がいないという。「環境」というキーワードには説得力がある。

（取材二〇〇六年九月）

さて、厚生労働省が望ましい形としている「医療機関等による訪問リハビリテーション」に、話を移そう。この「医療機関」とは、病院や介護老人保健施設等と言い替えられているが、要は医師が運営している機関のことになる。だから、医師に訪問リハに対する強い思いがないと、セラピストを多く抱えて訪問部門を運営していこうという動きにはならない。

セラピストの熱い想い、あるいは現実にリハを担っている看護師とセラピストのタッグマッチで、訪問リハという資源が生み出されつつあったが、その動きには水をさされた。それでは厚労省がすすめる、医療機関からの訪問リハはどんなようすだろうか。

天然温泉の出る老人保健施設―げんきのでる里

老健からの訪問リハが制度化されたのは、二〇〇五年四月だが、訪問を積極的にすすめているところはまだ少ない。だいたいはセラピストの数は少なく設定されているから、入所者と通所者のリハで手一杯だ（全国訪問リハビリテーション研究会の第八回全国大会―二〇〇六年十二月、東京―の一般演題五十題の発表者の所属を見ると、老健は二人だけである）。

北海道、札幌市の効外の丘陵にある介護老人保健施設「げんきのでる里」は、老健からの訪問が制度化されたと同時に訪問リハを積極的にすすめてきた稀有な存在だ。併設の病院も訪問看護ステーションもない。アンデルセン福祉村と名づけられたその一帯には、特別養護老人ホームや専門学校（介護・看護）などが点在しているようだ。

さすがは北海道だ。広い丘陵はどこまでも続き、空はまっさお。取材したのは九月だというのに木々は色づき始めている。

「げんきのでる里」の玄関もロビーも広々としている。一階にある天然温泉「美しの湯」に出入りしている比較的元気な利用者を見ると、スーパー銭湯かと錯覚しそうになる。これはかなり魅力的だ。デイケアは行きたくない、という人もあの風呂には魅かれるだろう。

実際にデイケアの利用者は多く、一日一一〇名、介護度は低い人が多い。入所の定員は一〇〇名、そして訪問。それらのサービスを支えるリハチームは十人（常勤換算九・五人、作業療法士三人、理学療法士四・五人、言語聴覚士一人、ケアワーカー一人）、老健としては多い方に入るが、通所と訪問を考えるとぎりぎりだろう。

この中で、訪問に出ているのは五人（作業療法士二人、理学療法士二人、言語聴覚士一人）だが、訪問専従というわけではなく、通所などとの兼務になっている。担当制をとっており、それぞれが訪問に出かける時間と通所者の個別リハやグループをやる時間などを、細かくスケジュール表に書きこんでいく。

穴戸洋悦氏（理学療法士）は訪問がしたくて就職してきた。だから、通所に関わるのは一週間の中の半日だけで、あとの日はすべて訪問にあてており、十五人を担当している。岩崎千裕氏（理学療法士）は、毎日午前中を訪問にあてており、半日で三件まわる。小林京子氏（作業療法士）は、四日間を訪問に使い、二十二人を担当、磯崎孝輔氏（言語聴覚士）は、五人の利用者に週一回訪問する。まさに、やりくりという感じだ。

1．北国の人は無口か

言語聴覚士になって七年目の磯崎氏は介護保険が言語聴覚士の訪問にも適用になった二〇〇六年四月から、張り切って訪問に出始めた。老健に所属する言語聴覚士はまだ少ないし、ましてや訪問に出る言語聴覚士に至っては、いないというに近い。そんな中、彼は悩みながら試行錯誤しながら奮闘している。

利用者O氏宅への訪問に同行した。O氏は重度の両側の片麻痺、嚥下障害とコミュニケーション障害がある。気管切開をしており、胃ろうも造設、発症から五年たったが半年前にやっと在宅生活にふみ切った。発語はまったくないが、わずかに動く右指を動かしてイエス・ノーを示し、意志を伝える。六十代、まだ若い。アイヌ民族の活動家だった彼を支える妻も、若く強い。磯崎氏を育てていこうというスタンスだ。

言語聴覚士訪問の目的は、主に嚥下障害に対してだ。楽しみ程度でいいから、少しでも口から

O 氏宅でのサービス担当者会議

食べられるようになってほしいと妻は思っている。「積極的にリハをやる病院にずっと入院してきたのね。もっともっとよくなってほしい。私はあきらめたらそれでおわりと思ってる」妻の口調には並々ならぬ意志がこめられている。

だが、磯崎氏は少しばかり悩んでいる。ほんの少しずつだが、口から食べる機能が上がってはいる。ゼリーなど一口だけだったのが、七口くらい飲み込めるという程度にはなった。だが、こんな形でずっと続けていっていいのだろうか……。訪問し始めて三カ月たった。具体的な目標をどう設定したらいいのだろうか……と。週に一回の訪問時には、口のまわりを刺激して反射を促し、確実な嚥下につながるようにとアプローチしている。妻も毎日、口のまわりへの刺激を欠かさない。

その日の午後、O氏宅でサービス担当者会議が開かれた。O氏のベッドまわりには、ケアマネジャー、デイサービスの担当者、介護福祉士、磯崎氏と理学療法士の穴戸氏、O氏の妻は傍で時々O氏の痰を吸引しながらの参加だ。まずは、やっとデイサービスを利用し、そこで入浴をするようになったことに関して、情報交換が行われた。重度障害のO氏の受け入れには、デイサービスのスタッフも緊張したようだ。

訪問リハは言語聴覚士が週一回、理学療法士が週二回だったが、デイに行き始めたのを機に理学療法士は一回に減らした。妻はそのことで、関節が拘縮を起こすのではないかと心配している。穴戸氏は、デイのマッサージ師に関節可動域運動をしてもらって様子をみることをすすめている。

さて、ケアマネジャーから磯崎氏に嚥下訓練の成果と目安が問われた。どこまでよくなるのか……と。磯崎氏は現在の様子を述べるにとどめた。ケアマネジャーは幾分か苛立ちの混じった声で「できるところまでと言っても、限界はあるでしょうし……」と釘をさす。意見をはっきり言う妻も、ここでは何も言わず、O氏の吸引を続けている。ほんの数秒、重い時間が流れた。

会議は終わり、緊張した空気はほどけ、それぞれホッとした表情でO氏と妻に挨拶をして外に出た。北国の秋空の下で、穴戸氏と磯崎氏はとつとつと語る。

「妻の想いが強くて、サービスをいれていくのがむつかしいケースなんです。やっとデイが入って、理学療法士を二回から一回に減らすことができたんですね。妻は増やしてほしい意向があったくらいなんです。このまま、デイでのマッサージに移行するかたちでいきたいと思います。

訪問の仕事は家族支援もあります。行って妻の話をたくさん聞く、ぐちを聞くのも大事な援助だと思っています。カンファレンスでは、ケアマネの立場を考えて、あまり前面に出ないようにしています。それから若いスタッフを支え、育てていくのも大事な仕事ですね」（穴戸氏）。

「嚥下に関しては、限界をちゃんと妻に言うべきでしょうけど、ネガティブな印象を与えて事業所を変えられてしまうのが、ちょっと心配なんです。妻が何を望んでいるのか、また確認してみます。自分の言い方が、下手なのだろうか……。言い方も研究してみます」（磯崎氏）。

少しでも治りたい、どこまでもよくなってほしい、という、本人や家族の想いに対峙するとき、われわれはしばしば言葉を失う。われわれはそういうケースに何回も出会い、「ああ、また……」と思うが、それぞれの当事者にとっては、初めての、思いもかけなかった事態への直面なのだ。想いを聞き、ベストをつくしながら、提供できる技術とその限界を伝えていこうとすること、そこに時間がかかっても、一律に「長期にわたる効果のないリハビリ（高齢者リハビリテーション研究会、平成十六年一月）」とは言わせたくない。だが、目安や期間そして限界を提示していくのは、専門職といわれるものの務めであることも確かだ。もし、それで他の事業所に乗り換えられてしまっても……。

言語聴覚士は嚥下障害もだがコミュニケーションへのアプローチを専門とする。私は、右手で確実にイエス・ノーのサインを出すO氏が、もしかしたらなんらかの意志伝達機器を使えないかと思った。アイヌ民族として活動してきたO氏が、今発信できるメッセージが聞けたら、と。磯崎氏は、試してみたいと思ってはいるが、今まで嚥下で手一杯だったようだ。嚥下とコミュニケーション、言語聴覚士が扱うこの二つの分野は、口というものに関連しているとはいえ、随分と異質な要素が入っている。生理的な機能から社会的な機能まで。

だが、磯崎氏はまだ他に、やらなければならないことがある。入所、通所、訪問のリハスタッフの一員として、グループでの体操や関節可動域運動も業務の中に入る。言語聴覚士がROM（関節可動域）運動もやっちゃう……？　そこに違和感はないだろうか。

「訪問を始める前から、リハスタッフとして言語障害や嚥下障害のない人のROMなどの運動にも関わっていました。自分は別にそれがいやではなかったけど、それに疑問を感じてやめた言語聴覚士もいます。ただ、訪問に出て、身体のことにも関わっておいてよかったと思います。SCD（脊髄小脳変性症）の人のところにも言語の要望で訪問していますが、失調は身体全体のことです。動かないとだめだということも大きいですし、言語を接点として関わっても身体、生活全体に関係していきます。だからといって、こま切れで多職種が分業体制にはできないですもんね。訪問を始めて、すごく勉強になっています。言語聴覚士だけしか行ってないところも多いので、皆に相談しながらやっています。他スタッフの意見を聞けるのがいいです」と磯崎氏。

リハビリということばに集約される運動や基本動作練習にはすべての職種が巻き込まれていく。「よくなりたい」という願いを、「よりよい生活を組み立てて支える」というキャッチフレーズに変換させる方程式は、ケアマネジャーも誰も、きちんと解いていないところで使われる介護保険だ。それでも現場は答を出していかなくてはならない。

専門領域ということで自分の守備範囲を狭く限定することより、幅広く対応できるようにしておいた方が、在宅の現場では有効なことは確かだ。基盤を広くとっておいたからと言って、専門技術が鈍るわけではないのだから。

O氏を訪問しているもう一人のセラピスト、穴戸氏（理学療法士）は、訪問の仕事がしたくて「げんきの出る里」に転職してきた。学校を出て七年は病院、その後七年は別の老健にいた。その時点では、老健からの訪問の制度はなかったが、気になる人は施設の了解を得て個人的にボランティアで訪問していたという。

職場を変え念願通り訪問中心の業務になったが、「満足は半分かな」という。そこには、いろいろな想いがこもっている。日常生活に反映されない訓練のみになってしまうことがしばしばあること、訪問と通所系のサービスがなかなかうまく連動しないこと、高齢になるにつれリハビリ依存傾向が強まり具体的な目標が立ちにくいこと、だが、利用者としっかり向き合える時間をとれるため、やりがいがあるという。

「今日訪問した利用者（右片麻痺）は、冬場は外に出ないため、歩くことが怖くなってしまったんですね。五月から関わっていますが、また少しずつ外にひっぱり出して外を歩くことに慣れてもらっています。デイには行きたがらない人なんです。デイケアは本人のペースでは動かないので、訪問で本人のペースで意欲を上げる、それはそれでいいと思う。訪問でしかできないこともあるので、通所につないで終了がいいとは一概に言えません。ただし、自分でできることを増やしてもらって理学療法士から離れても大丈夫なようにしていくことは大事です。ただ来てやって帰るというのではなく、よく話を聞いて本人の力が引き出せるようにして」。

リハビリテーション室長の曳地範晃氏

北国の人は、饒舌ではない。熱い想いは、ボソボソと語られる。制度には翻弄されない、確かさを感じる。言語聴覚士磯崎氏は笑いながら言った。「うちの田舎もそうだけど、あまりみんなしゃべらないね。うちのじいちゃんなんか見てると、失語症になっても困らないんじゃないかと思う。そもそも使うことばの量は少ないです」。

2・二人のリーダー

(1)リハビリテーション室長　曳地範晃氏（作業療法士）

平成十二年開設の「げんきのでる里」は、入所一〇〇名、通所十名の定員、作業療法士、理学療法士各一名でスタートした。曳地氏が管理者として転職してきたのは、それから五年後、平成十七年四月だ。彼は同じ法人の運営する専門学校の教員をしており、その前はリハ病院にいた。

「げんきのでる里」のリハ部門を充実させるという使命がある曳地氏は、同時に施設全体の企画にも関わっている。入所や通所の利用者へはセラピストとして関わる時間をもてるが、訪問リハの利用者を担当はしていない（少し残念そうだ）。

「訪問リハの利用者は、平成一七年四月の制度とともに始めた頃は、月に四十件だったのが今は月に二〇〇件と増えています。退院後すぐに訪問という人は増えましたが、病院の外来が切られて、という人も増えましたね。本当に訪問の必要性があるのか、ということをケアマネとは話します。訪問リハといえば〝げんきのでる里〟という認識がケアマネにも定着してきましたね。

カンファレンスの時間は、特に設けていません。スタッフルームで互いに悩みを聞き、情報交換し合って解決していくというのが主ですが、自分たちで判断できないときは私に相談してきます。

訪問は、担当者が自分で背負わなければならない部分があって、つらいと思いますが、それは在宅支援では皆がクリアしなければならないことなんです。リハは訪問では後進的ですが、訪問看護・訪問介護、先に入っていた訪問系のサービスは皆孤軍奮闘してるんです。理学療法士、作業療法士が出歩くことで、ヘルパーや看護師が安心するんです。訪問看護が今までリハをやってきましたが、うちのことを聞いてリハをいれて訪問看護をへらすということもあります。

今は、リハもチームで動ける体制になってきました。以前のように、作業療法士一人で理学療法士のことも言語聴覚士のこともカバーしなきゃなんないということはなくて、必要な職種が行けますから、それがもっと生かせるといいと思っています。ただ、自分の専門性のみでなく、他の分野も手伝う。全体が見れて他の応援もできて、ということで、はじめて利用者皆が満遍なくサービスを受けられるということですから、職種の違いということをあまり出していません。そういうこともあって、地域は向き不向きというのはあるでしょうね。

スタッフには〝目配り・気配り・思いやり〟と言っています。つまり、利用者個人とまわりの環境へのアンテナを高くして、訴え、ニーズを適格に促えるということですね」。

曳地氏は作業療法の学生だったときに、助手として機能訓練事業の訪問指導に一件だけだが行っていた。膝関節症で杖歩行はできたが、家から出られないという人だった。彼はそのときから「在宅リハだなあ」と思っていたという。

開設五年後に曳地氏が来たことで、「げんきのでる里」のリハはぐんと勢いがついたようだ。

(2)施設長　佐藤久仁氏（医師）

開設一年後に施設長として来た佐藤氏は、内科医だ。もともとはパーキンソン氏病などを専門とする神経内科医だったが、在宅医療に興味があり、前の病院では一般内科医として在宅診療もしていた。佐藤氏が施設長として「げんきのでる里」に来たときは、セラピストは二〜三人しかいなかったが、経営者に一生懸命リハの必要性を説き、少しずつセラピストの数を増やしていった。特に、訪問リハは必要だと思っていたから、平成一七年四月、厚労省のＯＫが出るのを待って事業所登録をし五月には、実際の訪問を開始した。もちろん、それを視野にいれて、曳地氏を迎えたことになる。

施設長の佐藤久仁氏

「もともと、在宅医療には興味があったし、必要だと認識していました。訪問リハは、病院勤務時代に訪問看護ステーションの理学療法士、作業療法士を見ていたので、そのイメージはありました。在宅に必要なリハは、脳外科とか片寄ったリハではなく、その人を全体に見られることが大事です。老健のリハ自体が、そういうものですね。

以前は利用者は老健に来るまで一〜二年たっているということが少なくなかったけれど、今は発病一カ月くらいでも老健に来る、回復期の人も老健が担うこともある中で、在宅、訪問リハと続けていくわけです。回復期リハ、老健、在宅と、本来の中間施設の役割をとるようになってきてます。経営は楽ではないですよ。セラピストの人件費、十人抱えて、今ぐらいやってギリギリですね。

入所から在宅と同じセラピストが一貫して見られるのが、うちのいいところです。言語聴覚士の訪問も入って、本当は一人の利用者に必要な三職種（理学療法士、作業療法士、言語聴覚士）がきちんと関われるのがいいんですが、ケアマネが言語聴覚士のことをまだわかっていないから、依頼が少ない。ケアマネがそもそも在宅リハがわかっていないから、まずその教育に時間をかけましたね。うちの居宅（介護支援事業所）で八名のケアマネがいますが、まずそこへの教育。訪問リハの依頼は、最初はうちのケアマネからが多かったですが、今は外のケアマネからも来るようになりました。

地域的には二〇〇件がマックスだと思ってます。ここが郊外なので、移動距離が出てしまうのでこれ以上増やせないんですね。中央の方にもうひとつサテライト的な拠点が作れれば、と思いますが。

短期集中加算ですか？　とにかく、書くことが増えて時間に追われています。患者さんは家に帰ったら、そちらの主治医で、という方がやりやすいですが、訪問リハの指示はこちらが出すわけですからデイを使ってない人は、なるべくショートを使っていただいて診察という形をとります。老健からは往診はできないんですよ。なかには、診たこともない人に訪問リハの指示を書かなくちゃならないこともありますよ。他所のケアマネの依頼で、うちのデイもショートも使わない人だとね。

在宅の人は主治医がいるのだから、主治医に訪問リハの指示書を出してもらうのが、いいんです。

ケアマネの問題はあります。背景の職種はあれだけいろいろでしょ、それで病院の外来医師と同じ役割をとるようなもんでしょ。つまり、何のサービスをすすめるか、訪問リハでいくか、きちっと入院リハをすすめるのか。制度の変革には敏感だけど、現場を知らないのにものを売るセールスマンのようなものだな。

通所の利用者には、月に一回訪問指導っていうのができるんです。セラピストの訪問で五五〇点の加算。これあまり知られてないけど、うちは月に十〜十三件、訪問指導があるな。通所の利用者の家でのようすがわかって、必要なサービスにつなげられます。これで訪問リハにつなぐ場合もけっこうあります。

そう、流れ的にはうちの今の方向でいいと思っているけど、つぶれないようにバランスをね。老健だから、理想を言えばもっともっとあるけど、とにかくつぶさないようにね」。

正月以外は休日なしの通所リハと入所、ショートステイと訪問リハ。スタッフの量とサービス内容と採算とのバランス、そして自身はしたくても制度がない訪問診療。「ジレンマとの闘い」と言いながらも、四十六歳、働き盛りの佐藤氏は地味に老健という施設の機能を、フル活用させている。

3．老人保健施設の役割

病院から在宅へ向かうための中間施設と位置づけられている老健は、その曖昧な性格のため、入所部門は特養との違いを打ち出せず、通所部門（通所リハ）は通所介護との違いを打ち出せないままのところも少なくない。

病院から自宅に戻るための中間に位置し、在宅生活を可能にするために必要なサービスとは、一体何なのだろうか。どんな職種が何人いて、どんなサービスを提供すれば、自宅に帰れるのだろうか。

そんなことは、きっちり詰めていけば答は出そうなものである。恐らく、そこで出た答は、厚労省のあるいは、施設の経営者の気に入らないものになるだろう。

「げんきのでる里」も、「せんだんの丘」も、形は違うが訪問機能を充実させた老健だ。言わずと知れているが、訪問リハをきっちり機能させるためには、セラピストの数をそれなりに揃える必要がある。そこにいるセラピストは、それぞれの職種のもつ専門の技術に加え、訪問先でひとりで対応するための幅広い知識と技能と判断力をもち、あるいはそれらをもつための研修を受け、そして常に相談できる後方支援体制が不可欠となる。

病院併設型でない単独の老健が、これだけの訪問機能をもつのは、異例のことだろう。「げんきのでる里」と「せんだんの丘」は、それをやってのけ、そこには、二つの共通点がある。

一つは、リーダーが確かなヴィジョンをもっている、ということだ。「げんきのでる里」は、佐藤医師が老健を地域医療の拠点と捉え、「せんだんの丘」は土井氏が中間施設としての条件を明確につかんだ。

二つ目は、セラピストを集める力とその支援機能といえる。曳地氏も土井氏も、今の職場の前に、作業療法士を養成する学校の教師をしていた。臨床現場から教師へ、教師からまた現場へ、この軽い飛翔力が、若いセラピストを安心して在宅訪問に向かわせるのだと思う。

（取材二〇〇六年九月）

生粋の訪問リハ――ゆきよしクリニック

二〇〇六年六月、新潟市で全国訪問リハ研究会主催の研修会が開かれた。このときの実行委員長は、「ゆきよしクリニック」の作業療法士、大越満氏、研修会の教育講演のひとつを受け持ったのが、「ゆきよしクリニック」院長、荻荘則幸氏だった。

明快な荻荘氏の話のきわめつけは、「訪問リハステーションを作りなさいよ」というセラピストへのハッパがけであった。この一発で、私は一気に新潟へ引き寄せられたと言っていい。

介護保険でも医療保険でも、訪問リハと名のつくものは病院、診療所、老人保健施設から出かけるサービスのことであり、そのサービス資源がいつまでも整わないのは、今まで見てきた通りだ。「ゆきよしクリニック」は、介護保険施行と同時、つまり二〇〇〇年四月から訪問リハを始めた。リハビリテーションに関しては入院も外来もない、訪問リハオンリーなのだ。

さて、新潟まで足をのばさなくても、大越氏の書いたコラム「訪問リハの実情」の次の記述は、かつ目を引く[6)]。「……当院のように入院設備のない診療所が、訪問リハを月々七〇〇件実施し、かつ訪問リハ利用者一六〇名のうちの八割は当院以外の主治医から毎月指示書をもらう……」、「当院での収支に占める支出の割合は、担当した療法士の給与が七五％、担当の事務職員と私の給与不足分が一五％（私は給与分を稼いでいない！）差し引いた残り一〇％程度は、通信費をはじめとする諸経費に消えてしまう」、「当院の院長は開設当初『訪問リハで儲けが出なくていい。必要な人がいる以上、訪問リハを行う』と語って」いた。

経営面から見ると旨味のない訪問リハを、せっせとやっている「ゆきよしクリニック」とは、どんな所なのだろうか。荻荘氏、大越氏、そしてスタッフは、どんな人たちだろうか？

図１　ゆきよしクリニックのマーク

1．太陽のマーク

以前は、田んぼだったというが、今は統合されて新潟市となった新興住宅地の中に、「ゆきよしクリニック」はある。最寄りの駅は「亀田」、あのあられやおせんべいで有名な地域を含む、その一帯は福祉ゾーンともいわれている。「ゆきよしクリニック」は、小ぢんまりとした診療所にすぎないが、太陽と燃える心をイメージしたというマーク、緑色の火の玉のようなそしてその中をグルグルまわるエネルギーがつまったようなそんなマークが、こちらの心を促えて離さない（**図１**）。

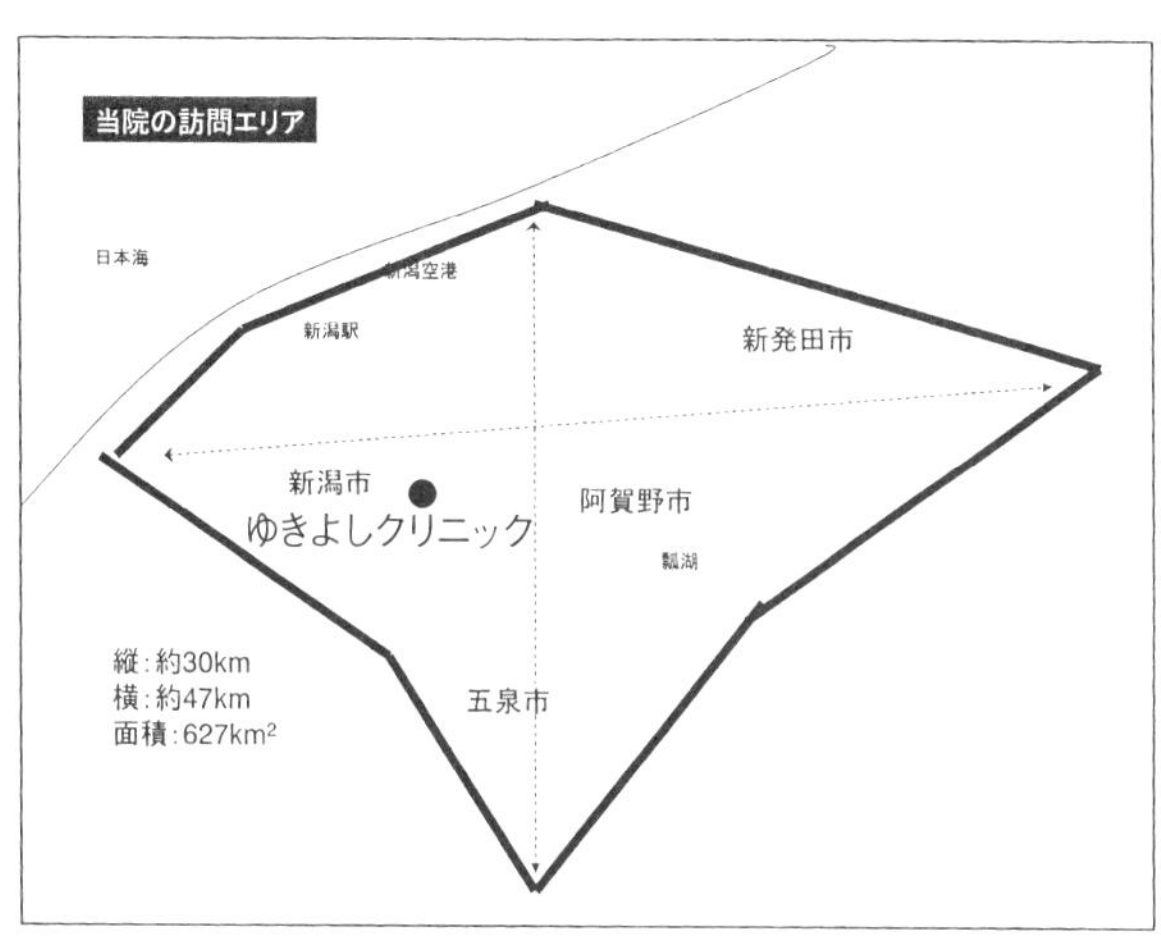

図２　ゆきよしクリニックの訪問エリア

「ゆきよしクリニック」院長の荻荘則幸氏は、整形外科医だ。外来診療と訪問診療の普通の開業医だ。だが、その活動は多岐にわたっている。クリニックの運営だけでなく、デイサービスと居宅介護支援事業の運営法人の理事長、自身もケアマネジャーの資格をもっている。さらに、新潟県が障害者リハセンターを県立から民間に移行する際に、それを引き受けるために社会福祉法人を立ち上げてしまった。名刺の裏にびっしり並んでいる肩書きには、リハ認定臨床医、スポーツ医、産業医などの他、ドーピングコントロール・オフィサー、トライアスロン連合理事、剣道連盟理事などなど、興味深いものがいくつもある。「自分を高めることによって社会に還元できることが望み」と語る荻荘氏の燃える心は、しかし赤ではなく緑色なのだ。そこが、何とも言えずさわやかだ。

「ゆきよしクリニック」のセラピストは、総勢十三人（理学療法士九人、作業療法士四人）（二〇〇六年九月現在）、ほぼ全員が訪問中心の勤務だが、「楽いちデイサービス」（通所介護）にも関わるスタッフや非常勤スタッフもおり、訪問スタッフとして常勤換算すると九・一人となる。

ちなみに「楽いちデイサービス」は、定員四十名で比較的介護度の低い人（要介護度4、5は十名に満たない）が利用しているが、毎日午後一時から三時の時間帯はセラピストを三人配置して、きっちり個別対応するというところが売りとなっている。

訪問をみっちりやっているセラピストは、午前中三件、午後三〜四件というペース、訪問エリアは新潟市、新発田市、阿賀野市、五泉市など面積にして六二七平方キロメートル、広範囲だ（図2）。

だから、セラピストはいわゆる直行直帰、自宅から直接利用者宅へ行くスタイル、時間的にもガソリン的にも無駄を省いている。

「ゆきよしクリニック」の二階が事務所になっているが、夕方になっても帰ってきたセラピストがワイワイ言っているという光景はない。基本的にセラピストがクリニックに立ち寄るのは週に一回、これは利用者の照会確認などのためで、訪問記録や報告書などはそれぞれ自宅でパソコンに打ち込み、実績管理はそれにより行われている。

ただ、セラピスト同志は週に一回、夜七時から九時まで、新潟県障害者リハセンターに集って、顔を合わせる。ここで、ケース検討や抄読などの勉強会が開かれる。新潟県障害者リハセンターは、民営化されるときに荻荘氏が法人を立ち上げて、管理者の受託を受けた。その関係もあって、大越氏も、定期的にリハセンターのケースにも関わっている。

自宅を拠点にした仕事の仕方、パソコンが普及したらそれも夢ではないと、三十年位前だったら未来の合理的な職場イメージとして描かれたものだが、まさしく現実となった。ただし、大越氏自身は訪問のみならず、リハセンターやデイサービスのセラピストも含めたまとめ役として、クリニックを拠点として動いており、訪問の担当利用者数は他の常勤者の半分だ（それを、〝給与分を稼いでいない！〟と表現している）。

昼食時や夕方に、ケースのことを理学療法士や看護師の同僚たちとワイワイしゃべりながら、それを一種の情報交換と促えていた私は、次の大越氏の言葉に襟を正してしまった。

「利用者をとり巻いてチームができるわけですから、別にゆきよしのチームじゃないわけですね。出先でケアマネに電話するなど、利用者をとり巻く人々がチームを作っていくわけでしょう」。

まったく、その通りだ。彼は言う。

「この仕事の仕方が合っているというスタッフが集まっているんだと思います」。

「去年は、私が訪問利用の依頼すべて受けていたんですが、今は事務で受けつけて情報を聞いて、それで私と担当を決めています。事務が司令塔として大きな役割をとっていますが、トラブルに対しては、私が対処します。曜日変更のこととか、声のかけ方が悪いとかで苦情がくることもありますしね」。

別にクールという訳ではないが、「ゆきよしクリニック」の二階事務室は、司令塔の雰囲気がある。どうも、未来を先取りしているようだ。

2. セラピストの役割

介護保険と同時に開始した訪問リハだが、開始時は、非常勤の作業療法士、理学療法士各一名で、開始月（二〇〇〇年四月）は、利用者十名、訪問件数は十九回、それが少しずつ口コミで依頼が増え、それに応じてセラピストを増やし、二〇〇六年九月は利用者二〇三名、件数九四六件だ。今も毎日のように新規の依頼がある。

当初週一日の非常勤で訪問に行き始めた大越氏は、そのときは作業療法士の養成校の教員をしていた（土井氏、曳地氏と共通している）。

「作業療法士になって十四年目です。学校を出てまずは精神科で三年仕事をしました。身障だったら理学療法士がやればいい、作業療法士がやれる分野は精神だろうと思って。それからリハ専門病院に四年、それでもやはり身障は理学療法士の分野だと思いました。ただそのときに老人保健法の訪問指導や通所に関わりました。それから、学校で五年教員をしました。しっかり腰を落ちつけて勉強したかったからです。つまり、学生に教えるためには、自分が勉強しなければならないでしょ。実際に勉強になりましたよ。それから訪問を常勤でやるようになって二年、訪問は作業療法士の分野だと思います。

訪問頻度は、週一回という人が九割ですね。長い関わりの人が多いです。五年とかね。頻度は利用者の希望とケアマネと相談して決めています。毎日でも来てほしいという人はいますが、結局落ちつくところに落ちつくという感じです。多くても週に二回ですね。

担当制ですが、理学療法士が行くか作業療法士が行くかはまあ、まったくの整形疾患、変形性膝関節症とかは理学療法士、精神疾患がある場合は作業療法士とかはありますけどＡＤＬへの関わりは理学療法士、作業療法士の別なく担当します。言語聴覚士は欲しいですが、訪問リハだけではニーズが満たないんです……。

終了は難かしいです。何をもって終了とするか。目標を達成すると次の目標が出てきて、そのうちに維持ということになります。良い状態を保つためのアプローチですね。細かく具体的な目標をたてて、衣服を着られるようになり、外に出られるようになり、ひとつひとつ達成していって、当初の目標を達成したけれどどうしようかと聞くと、頻度を減らしてもいいから来て下さいといわれる。続けることでよくなったから、維持するためにも続けたいと。そうすると、もうＡＤＬじゃなくて、機能維持のための体操とかになりますね。使うエネルギーは、体操とＡＤＬでは違いますから、コースによって料金を変えてもいいと思うんですよね。

例えば、〝二十分ＲＯＭ（関節可動域運動）コース〟、〝四十分ＡＤＬコース〟、〝六十分必要なことをすべてばっちり〟、とかね。介護保険の訪問リハは二十分以上ときまっているだけですから。

でも、だいたい四十分くらいですね。これは医療保険だと二十分で一単位三〇〇点ですから、六〇〇点ですもんね。

訪問で大事なのは、専門職の前に人間として当たり前のことを、当たり前に気づくということだと思います。親戚付き合いのような感じがあります。お節介なくらい、その人の生活に入っていくところがあります。仏壇にどう手を合わせるのだろうとか、仏壇の掃除、夜玄関の鍵をしめること、お坊さんへの対応、みんなＡＤＬの項目に収まりきらないことです。

家の中では、いろんなスキルが役割を形づくっています。専門職という関係じゃなくて、ふみ込んでいくことで、そういうスキルへの援助が見えてきます。専門職という立場からの越境です。

そしてそこが、訪問の難かしいところでもあります。抱えすぎないように、ビジネスライクの付き合いもできないとね」。

終了は難しいというものの、二〇〇六年九月の実績でみると、九名が終了（中止）している。内訳は、入院三名、入所三名、他界一名、そして在宅のまま終了したのは二名だ。

大越氏は、「ゆきよしクリニック」に非常勤で関わり始めて二年後、丸二年間、ゆきよしから消えた。その後、今度はゆきよしの専従のスタッフになった。空白の二年間何をしていたかと言うと、大学院に行っていたのだ。そして書き上げた修士論文は、「作業療法士による訪問リハビリテーションの実情に関する研究」[7]というものだった。訪問看護ステーションに所属する作業療法士五十八名から得られた質問への回答を緻密に分析し、次の三点を明らかにしている。

1．回答者は五十三項目の介入内容を用いて訪問リハを実践しているものの、同時に、行いたいが行えない回答者自身の知識、技術不足からくる介入内容と、行いたくないが行っている職域を越えた介入内容があると感じていること。

2．回答者は訪問リハにおいてクライエントとよく話し合った介入内容を実践し、クライエントに介入効果を実感していたこと。

3．訪問リハにおいて、包括的理論と、還元主義的理論の両方を使用している回答者が、クライエントへ多くの介入効果を実感していた。

さらに、この調査から、訪問リハに携わる作業療法士は、作業療法の専門性を守ろうとしている一方、作業療法の専門性を広げようともしている、とし、クライエントの生活の場を舞台としている訪問リハでは、伝統的に行われてきた医療中心の介入だけでは、効果が得られにくいことを示唆している。

それは、そのまま理学療法士の介入にも言えることのようだ。介護保険スタート二カ月後から非常勤、週一回で入り、程なく常勤となって一番長く「ゆきよしクリニック」の訪問リハを担っている理学療法士島田悟氏の話を聞こう。

「訪問の仕事は、以前病院に務めていたころ、少しだけしたことがありました。まあそれは、私が出たくて出たというわけでもなく、上の人が一生懸命だったので、それにつられてという感じ

理学療法士の島田　悟氏

で。『ゆきよし』に来る前は老健にいましたが、入所者を見ていても在宅への中間施設というより、うちでは面倒見れないからここにいれるという感じで入っている人が多くて、在宅に戻る見込みはなく、あまりリハをやっても……、という感じで……。やり甲斐を感じなかったんですね。そのときに、『ゆきよし』が訪問リハをどんどんやっていきたいという話を聞いて、こっちに来ました。施設のリハよりはやり甲斐を感じるけど……、在宅は在宅で……。教科書的には目標をもって、期限をきって、デイにつなげて、といわれてますが、実際に利用者と関わって、目標とか思うけど、やっぱり、何というか……。理学療法士とか職種は何でもいいんだけど、障害をもった人に寄り添っていくということは、必要なんじゃないかと……。

何だかんだ言っても、脳卒中になった人、麻痺治りたいんですよね。その中で、治らないジレンマになって、話を聞くことに意味があると思う……。けど、そんな中でマンネリ化してしまうということもあって……、やはり悩みますね。精神的なケアは遅れているのだな、と。

理学療法士も作業療法士も、精神的なケアの部分が大きいと思います。退院してすぐに関わった人は、目標を立てやすいが、在宅で何年も過ごしてきて訪問の依頼がきたケースは、現状維持で、終了は難かしいです。終了に関しては、それぞれのセラピスト、十人十色のような気がします。

訪問に必要なスキルは、在宅生活をきちっと続けていけるかの、健康管理ですね、水分をとっているかとか、痛みの訴えに対してとか、訪問看護が入っていないケースも多いので、いつもとちょっと違うような場合の判断ですね。あと、環境を見ますね。

今後も訪問を続けたいと思っています。病院には戻れない気がするなあ。自分の中では、在宅を知っているから病院でそれを生かすといい、一番いいのは、訪問の経験を積んでから病院という思いもあるけど……。

『ゆきよし』に来た理由のひとつは、退院してからの患者さんの生活はどうなんだろう、というのがありました。退院のときは大丈夫かと思っていても、意外と本人なりにやれていたりして、家でのことが見たいということがあって、訪問リハに関わりました。装具なんかつけない人も多いですもんね。つけないなりに生活していたりするから……。本当にそれが危険であるなら言いますが、基本的には患者さんの人生ですから」。

理学療法士になって十五年という島田氏は、無防備なまでに正直に、言葉を探すようにして心

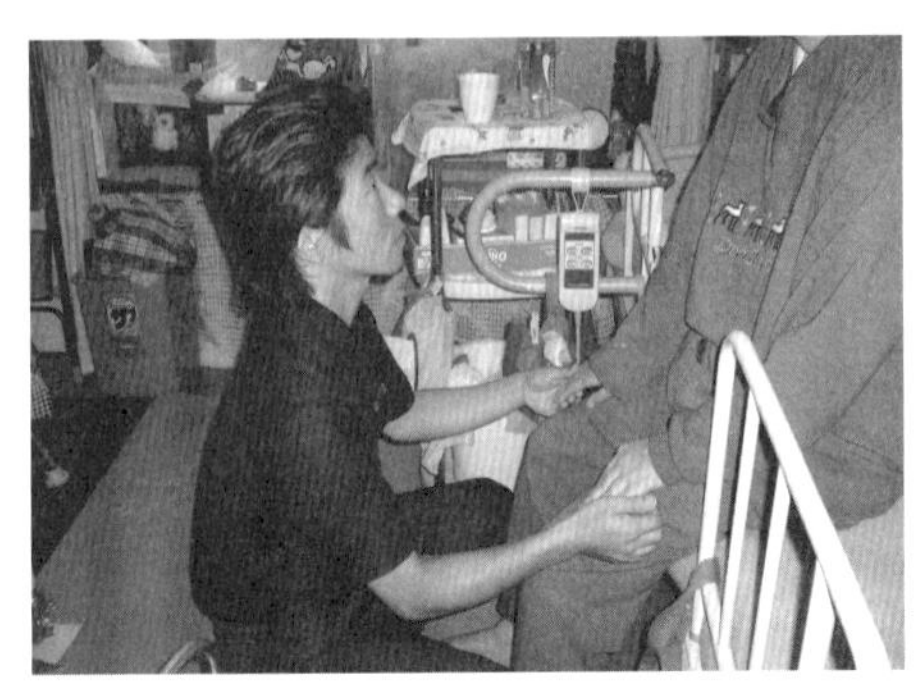

訪問中の大越　満氏

情を語る。運動、基本動作、歩行、痛み、理学療法士の守備範囲は、そのまま一般にいわれるリハビリの同義語でもあり、利用者の求めるものに合致しやすいように見える。だが、実際の生活の多様性や大変さを目の前にすると、理学療法士も伝統的な技術だけではやっていけないことに、直面する。

3．訪問同行

大越氏の訪問に同行した。利用者はP氏、六十一歳。二十五年前に発病した強直性筋ジストロフィーで、妻と二人暮らしだ。週二回の訪問で、理学療法士と作業療法士が一回ずつ、理学療法士は下肢を中心にした機能訓練で、作業療法士は生活全般への助言、援助とパソコン操作への働きかけを行っている。他のサービスとしては、週一回の訪問看護師の入浴介助と、定期的なショートステイがはいっている。

P氏と妻は、大越氏の訪問を待ちわびているようだった。ショートステイから帰ってきて、立ち上りにくくなり、トイレへの移乗の際、「今朝、転んだ」という。大越氏は、P氏の動きを丁寧に観察し、次のように結論づけた「Pさん、ショート先では、ベッドが家のと違うし、トイレも違う。それで家でできていることが、できなかったんですね。今の動き方なら、大丈夫。別に機能が落ちたわけではないですよ」。

Ｐ氏も妻も、ホッとしたようだ。それでも「声が出にくくなってきた、痰がからみやすくなった、手が上がりにくくスイッチに届かない」と、少しずつ進行する病状を語る。在宅の仕事は、病気や障害のために起こる生活上の不具合を、そのつど解決の糸口を探し出すことに尽きる。それをわれわれはリハビリと呼んでいる。あるいは、それが訪問のセラピストの仕事だ。

「大越さんには、何でも頼むんだわ」とニコニコ話す妻は、その日は、筋ジストロフィー協会からのアンケートへの回答書き込みを、大越氏に相談しながら行っていた。この協会が行う療養キャンプに、去年から大越氏もＰ氏と一緒に参加している。

ところで、大越氏の服装だが、黒のポロシャツに折り目の入ったズボン、きちんとした皮靴と、医療職らしからぬいでたちだった。とても、素敵だ。何かポリシーがあるのだろうか？

「こだわりとして、ジャージーで〝いかにも〟という格好はしたくない、という考えがあります。近所の人に〝あの家にこんな人が出入りしている〟というのを格好から勝手に想像されるのは、嫌です。具体的には、〝上衣は襟付きのもの〟と決めています。これは私個人の考えです。他のスタッフに強要はしていませんし、〝ゆきよしルール〟ではありません」。

「ゆきよしクリニック」院長荻荘則幸氏

4．院長はどんな人？

荻荘則幸氏は、病院勤務をいくつか続けた後、新潟県身体障害者更生相談所、更生指導所、県中央福祉相談センターなど行政での経験を積み、一九九七年、医師になって十三年目に「ゆきよしクリニック」を開業した。

「平成三年二月、県の更生相談所の判定の仕事で、在宅の重度の人の所を車で回り始めたんですね。一一二市町村ですよ。落武者部落のような所に、老父母が床ずれ作ってたれ流しで寝ているとか、佐渡の開拓村のような所で、こたつに入ったままの足の形に固まったおじいちゃんとか、もう、そのときから在宅医療だなと思っていました。

その当時、リハがこういう形になるとは思わなかったけれど、十二、三年前、訪問介護のヘルパー養成事業で、リハ講義を担当してまして、ヘルパーさんには熱心にリハの話をしましたね。

医療過疎地が新潟は多いんですよ。県立病院はどんどん閉鎖されていますし、少し離れた所はもう医師が足りない。プライマリケアは、リハから看取りまで必要ですよ。

僕にとって、在宅診療の一番の契機は、母を在宅でみていたことですね。昭和六十三年九月に五十六歳で亡くなったんですが、四十二歳で乳ガンになってオペをしてから、四年後に骨転移、背骨への転移で痛みと下肢麻痺と膀胱直腸麻痺との闘い、それを在宅で、家族で介護しました。ストレッチャーで乗れる車を買ってね。そのときから、在宅で看取るのが基本と思っています。ばあちゃんも家へつれて帰って看取ったし。やっぱり、日本人は畳の上なんですよ。整形で開業しても、七人くらいは看取っています。

だから、最初から訪問診療だな、訪問リハだな、と思ってましたから、二〇〇〇年三月、介護保険と同時にやるつもりでいてね。やろうと言っていた理学療法士の人がやめてしまったので、急遽大越さんの学校にお願いに行って、やっと、週に二回、確保したんですよ。

新潟では多分、訪問リハはうちが初めてだと思いますよ。あの頃訪問看護ステーションにも、まだ、理学療法士、作業療法士はいなかっただろうと思います。

訪問診療をやっていたから、リハのニーズはわかっていました。最初は自分の患者で必要な人からやってましたが、宣伝はしていないけど、利用者は増えています。最初のころは、うちから訪問看護も外来の合間に出てたので、リハと一緒に看護もついて行ったりしていましたが、今は看護の必要な利用者は他の訪問看護ステーションにまわしています。

うちは、給料は一件いくらの出来高払いの人と、ベースを決めてやる人の二種類の給与体制です。一日六〜七件で一カ月いくら稼げるかわかりますが、トータルして少し黒字ぐらいかな。利用者がどれだけ満足しているか、どれくらい満足させられるか。福祉と言っても利用者が幸福になれる、同時にスタッフも家族も幸せでないと。だから、ぎりぎりまで還元しています。

リハのことは、ケアマネジャー、ヘルパー、県立病院、もういろんな人の所に講義に行き伝えていきます。狭義の身体がよくなるということと、広義の生活全体をみるという意味と。だけど、あの短期集中の説明はしにくくてしょうがない。今回の改定は、ヘンなことだらけです。厚労省は、施策誘導しておいて、皆がそれをやると、はしごをはずすというやり方ね。

訪問看護ステーションの指示は、有効期間が一カ月から六カ月でしょ。診療所からの訪問リハは、毎月ですよね。これはもう、医師会が、手枷足枷を作業療法士、理学療法士にかけてるんですよ。医師会が自由にさせないのね。

僕は、今後の展開としては、セラピストに独立してほしい。あなたたちは一度、厚労省と腹つき合わせて話す必要があるな。ああ、作業療法士、理学療法士は、政治献金してないからねえ。ロビイスト活動が大事なんだから。やっぱり、あなたたちの中から、代議士を立てる必要があるなあ」。

風向きは、だんだんわれわれセラピストの政治的な無能力さに方向が変わってきた。何人も議員に人材を送り込んでいる看護業界と比べると、力の差は歴然としている。

訪問リハの契約には荻荘氏自身が行く。つまりそういう形で一回は往診する。訪問リハの指示は、サービス利用者のかかりつけ医が直接理学療法士、作業療法士に出せないのだ。かかりつけ医は、診療情報提供書を訪問リハ事業所に出し、その事業所の管理者である医師が、訪問リハ指示書をセラピストに出す（八一頁、図4参照）。自分が関与していない患者に、リハの指示を出すジレンマは、「げんきのでる里」の佐藤医師も述べていた。指示書を出す立場上、診療情報提供書だけで本人を見もしないで、ということはできるだけしたくない。だが、利用者にはすでにかかりつけ医がおり、訪問リハの指示を出すためだけに自分のところに受診させるということも、利用者の負担を増すことになる。

診療情報提供書と訪問リハ指示書という二つの系統の指示を必要とする訪問リハは、制度上の決定的な欠陥と言えるだろう。セラピスト自身が訪問リハ事業所を開業し、利用者は自分のかかりつけ医から直接訪問リハ事業所に指示書を出してもらったら、どんなにすっきりとするだろう。

全国PT・OT・ST民間事業者連絡協議会理事の二神雅一氏（作業療法士）は、「医療機関からの訪問リハが普及しない本当の理由」として、このかかりつけ医とリハ指示医の二重の負担の問題を挙げ、訪問看護ステーションからの訪問リハ（訪問看護7）は「かかりつけ医は自らが医学的管理を行いながら指示書を発行すれば訪問リハサービスの提供が可能になり、理学療法士などを雇用する必要もなければ、患者の取り込みを心配する必要もない」優れた仕組み、と述べている[8)]。そして、訪問看護7を制限するのであれば、訪問看護ステーションと似た仕組み、すなわち訪問リハステーションを創設する必要があると提言している。

「ゆきよしクリニック」の訪問リハ利用者の八割は、「ゆきよしクリニック」以外の医療機関にかかりつけ医がいる。荻荘氏がセラピストの独立、つまり訪問リハステーションの創設を口にするのは、地域の実情、訪問リハのニーズを身をもって知っているからだ。

訪問リハステーションを独立の事業体として運営するということは、実質上セラピストの開業を意味する。セラピストの開業について、理学療法士の高橋哲也氏は世界理学療法連盟（WCPT）の資料から次のように述べている。「驚くべきことに個人クリニックを開業できる国々WCPT加盟国九二か国中七九か国八五・九％にも及び、primary contact**が可能な国々の割合も四一・三％と増加の一途を辿っている。（中略）世界全体からみると開業およびprimary contactについては、（わが国は）後進国であるといえよう」[9)]。

もう一度、「ゆきよしクリニック」のマークを眺めてみてほしい。何か力が漲ってこないか？

（取材二〇〇六年九月）

自転車で走る言語聴覚士—在宅リハビリテーションセンター成城

介護保険での訪問リハ、あるいは訪問看護7で、言語聴覚士の訪問も算定されるようになったのは、二〇〇六年四月、訪問看護7に制限がかかった、あの同じ改定のときだ。もちろん、こち

＊＊ primary contactとは、国や州によって必ずしも同じではないが、医師の診察前に理学療法士による評価や治療が可能であることを意味している。

らは喜こばしい改定であるが、言語聴覚士が訪問に出られるようになるまで、なんと長い道のりだったのだろう。何でもそうだが、必要と思った人が手弁当で、持ち出しで、必要と思った活動をし、そこに成果がみられて初めて制度になる。「在宅リハビリテーションセンター成城（以下センター成城）」の言語聴覚士半田理恵子氏は、そんな制度のなかった時代から訪問をしていた一人だ[10)]。

北海道で、一人訪問で奮闘していた言語聴覚士磯崎氏に会った後、まだ非常に数が少なくそれぞれの地域で孤運奮闘しているに違いない訪問言語聴覚士にエールを送るためにも、ぜひ「センター成城」を取材しようと思った。半田氏は、全国訪問リハ研究会の事務局長もしている。「センター成城」は、いろいろな意味での発信地なのだ。

1．世田谷という場所

「センター成城」のある東京都世田谷区は二十三区の中では比較的広い地域で、だいぶ減ったとはいえ、まだ畑が少し残っている。また、もともと市民活動が盛んな所だ（性的同一障害の人が区議会議員になったことは記憶に新しい）。

世田谷の中でも成城は、広い屋敷のある閑静な住宅街で、よそよそしい気取った感じがあるが、少し歩くと代々続くクリーニング屋や、昔のまんまといったラーメン屋などがあり、意外と庶民的だ。

「センター成城」そんな住宅地の中に、二〇〇四年四月開設された。運営法人新誠会（理事長は石川誠氏）が、東京に作った、三つ目の地域リハ拠点だ。世田谷区には、「センター成城」の前にできたもうひとつの新誠会の事業所、「桜新町リハビリテーションクリニック」がある。理学療法士の宮田昌司氏（全国訪問リハビリテーション研究会会長、二〇〇六年〜二〇〇七年）も半田氏も、「センター成城」を開設するに当たって、「桜新町リハビリテーションクリニック」から移動してきた。さらに、この二人はその前は、やはり世田谷区にある日産厚生会玉川病院で仕事をしていた。玉川病院のリハ医、長谷川幹氏は、リハビリテーションを「なんらかの疾患を契機にして障害が残った人が、家族を含めて新たに張りのある生活を再構築していくこと、さらに、障害者が住みやすい社会にしていくことも目的とする」と考え、世田谷区でさまざまな地域リハビリテーション活動を展開していた人だ[11]。

長谷川氏の世田谷区での活動をざっと並べると、一九八二年地域の保健師と勉強会を立ち上げ、一九八七年「地域における医療・保健・福祉をともに考える会」、一九九二年「まちづくりファンドの会」、一九九四年玉川町会との交流活動で障害者の模擬体験や、「障害者と街へ出よう」活動、「多摩川癒しの会」、二〇〇一年、「せたがやりはねっと」、二〇〇四年「世田谷政策提言の会」など、多岐にわたっている[11]。

「桜新町リハビリテーションクリニック」は、そんな長谷川氏が一九九八年開業した地域リハの拠点で、宮田氏と半田氏はそれぞれの想いをもって、長谷川氏と共に玉川病院を後にしてきたと言える。桜新町での経験を次に展開すべく、宮田氏と半田氏は「センター成城」に来たわけだ。「センター成城」は、成城リハビリテーションクリニックと訪問リハビリテーション部があり、クリニックは外来診療、外来リハと訪問診療、十六床の入院機能がある。以前は、訪問看護ステーションもあり、セラピストは訪問看護7でステーションから訪問していた。二〇〇六年三月の訪問看護7の制限の通達が出た時点で、何と潔よい、一カ月の整理期間をもって四月一杯で訪問看護ステーションは閉じてしまった。恐らくいろいろな経緯があったのだろうが、訪問リハ部は何だかサバサバした感じだ。

「センター成城」には「きらめいと」というデイサービスやケアマネジメント、ホームヘルプや福祉用具レンタルの部門もある。「きらめいと」は、別組織（会社）の運営だが、事務室は訪問リハ部と共有しており、何かと顔を合わせる関係にある。

2．訪問リハビリテーション部

「センター成城」の入口ロビーは区民に開かれた公民館とか図書館のような雰囲気だ。奥に事務室があり、そこに訪問リハ部が入っている。クリニックは二階・三階だから、入院や外来のスタッフと訪問のスタッフは、きっちり分かれている。

訪問部は理学療法士五人、作業療法士二人、言語聴覚士一人で、八人のセラピストをまとめているのは、作業療法士高橋春美氏だ。訪問は月～土、セラピストは週休二日なので、週日の一日は誰かが休みをとっている。利用者は曜日・時間を固定しているので、三〜四人のセラピストが一人の利用者を担当するスタイルをとっている。高橋氏の管理業務の中で、スケジュール調整は結構大きい。

「一日の訪問は五件から六件、マックスで七件ですね。六件をキープしたいですが五件のときも多いです。次の四月からスタッフが一人減ってしまうんですが、補充しないで七人でやっていくことになっています」。高橋氏は何とも頭が痛そうだが、訪問から次々と戻ってくるセラピストは、ワイワイと元気だ。一人の利用者を何人かで担当しているから（私の所もそうだが）、エピソードを共有できるのだ。

訪問エリアは半径四キロメートル、移動手段は自転車オンリーだ。実際、一方通行の多い住宅地で狭い道も多いから、自動車はまず非効率だ。

⑴言語聴覚士の訪問

訪問での言語聴覚士の活動を見たかったのが成城に来た一番の動機だったから、まずは訪問に同行させてもらった。

言語聴覚士原啓子氏は、二〇〇六年四月に「センター成城」に就職した。その前は虎の門病院分院で、八年キャリアを積んでいる。十四名の利用者を訪問で担当しているが、訪問専従になる程の利用者はいないので訪問は〇・五、あとは入院・外来にも関わっている。

その日、訪問したのは利用者Q氏、五十五歳。三年前にくも膜下出血を発症し、四肢不全麻痺と高次脳機能障害（重度注意障害）、摂食・嚥下障害がある。障害は重く、日常生活すべてに介助が必要だ。発症から一年半は病院に入院・転院をくり返しており、二〇〇四年十二月に退院、その時点では胃ろう造設しており大きな褥瘡もあった。

退院直後から「センター成城」の理学療法士の訪問と看護士の訪問が入った。六カ月後に、成城リハクリニックでの外来での理学療法と言語聴覚療法が開始され、その一年後、二〇〇六年七月から言語聴覚療法は外来から訪問に移行となった。二〇〇六年十月の時点では、訪問は言語聴覚療法が週一回、理学療法と作業療法が隔週で一回ずつ、そして外来理学療法が週一回入っている。またその間、同クリニックに三回、評価やレスパイト（家族の休養）のために入院している。

ここまででわかることは、Q氏は「センター成城」の機能をフル活用しているということだ。退院の時点で、起居移動・移乗動作全介助で褥瘡があった。まず、理学療法士が入って四肢のストレッチ、臥位と座位のポジショニング、移乗の練習をし、妻に移乗介助法を指導。妻の介助で車椅子に乗れるようになったら、外来リハにつながった。

外来での言語聴覚療法をしばらく続けたが、重度の注意障害があり、クリニックの言語聴覚療法室では課題の取り組みが困難と判断され、訪問となったのだ。訪問を始めて三ヵ月、格段に集中できるようになり課題に取り組めるようになったという。

その日、原氏は住宅街を自転車で駆けぬけ十二時三十分にQ氏宅着、約一時間の訪問だった。

訪問での言語聴覚療法（原　啓子氏）

団地の一階だが、玄関まで三段程の階段がある。妻と二人の子どもの四人暮らしのQ氏は、車椅子に座って食卓の前で原氏を待っていた。体温、脈、血圧のバイタル測定後、原氏はカバンから教材をとり出す。まずはかけ算をゆっくりやる。注意が途切れがちなQ氏の答を引き出す。それから、質問を書いた紙をゆっくり読んで、○か×で答えてもらう。また、色や数字を合わせる絵カードもあった。

それらはすべて、Q氏の興味を引きそうな話題を織りまぜながら、ゆっくりと単純な言い方で繰り返しながら行われた。妻も傍らに座り、Q氏の注意が途切れそうになると質問を繰り返している。

Q氏はコミュニケーションにも嚥下にも、障害がある。だがそれらはどちらも、注意障害と発動性の低下が主原因とみなされた。そのため、注意へのアプローチを訪問でされているわけだ。原氏は、訪問を始めてのQ氏の変化を次のようにまとめた[12)]。

Q氏自身

（1）発話の増加（意思や感情の表出）

（2）複数の課題への取り組みが可能となった

（3）嚥下時の集中力の改善

Q氏の妻

（1）リハビリテーションへの見守り的な関わりから積極的な参加

（2）日常の出来事や病前の本人の様子を話すことが増加

言語聴覚士自身

（1）生活環境を含め本人や家族への理解の深まり

（2）残存能力の把握・訓練課題の広がり

（3）本人や家族の状況に合わせた指導や提案が可能となった

原氏は次のように言う

「Qさんの注意障害は少しずつ改善されています。クリニックの言語聴覚療法室だと、もう全然集中できなかったんです。まわりに目がいっちゃって。五分でも集中していられると嚥下にもつながっていきます。時間の余裕があるとき、口から食べてみるということをするときもあります。反応をみていると、力はもっているんですね。でもすべてが途切れてしまうんです。だから少しでも興味・感心のあるものを捜して。言語聴覚士は静的に、作業療法士はパソコンを使ったりもう少しダイナミックですね。

もう少し自発性を促したいんです。本人から発すること、今は要求がほとんどなく、質問にイエス・ノーで答えるかたちですが、発語能力は、Qさんあるんです。

奥さんの関わりが、やはり自宅だと積極的ですね。外来の言語聴覚室だと、ちょっと遠慮されるんですね」。

原氏は、地域の仕事、訪問の仕事がしたくて、「センター成城」に来た。転職して半年、実際やってみてどうなのか聞いてみた。

「訪問は外来とかなり違いますね。実際に生活をしている場に入るということへのとまどいは、ありますす。そして、その方の背景がわかるというメリット。写真を見てもわからないことが一目でわかってしまう。外来はやはりセラピストのペースですが、訪問は利用者と家族のペースが優先されます。それからその場で何ができるかということが、問われますね。

訪問ではやはり、言語聴覚士も基本動作にも関われるといいと思います。身体を動かして座位をとると、声がしっかり出たりするので。訪問中にトイレに行きたいと言われることだってあるし、そんなときには介助するわけですし、障害が重くなければ、廊下を歩きながら話したりもしますから。

今は嚥下の方は、重度の方はいません。訪問で嚥下をやっていくのは、全身状態を見ながら看護師とも連携をしてということで、これからだと思います。

訪問の言語聴覚士の依頼は、『センター成城』の入院と外来部門からで、地域のケアマネジャーからはまだ少ないです。ニーズは地域にはもっとあると思うんですが。嚥下はわかりやすいですが、コミュニケーション障害はケアマネジャーにもわかりにくいんだと思います。ＡＬＳの方とか早目に入っておいて、関係をとっておくといい場合もあるんですが。

こないだの医療保険の期間限定で（二〇〇六年四月の改定で、疾患別にリハ算定日数制限が設けられた）、外来を中止になった人がこちらの訪問に回ってくることが多くなりました。

終了についてですか？　言語聴覚療法に終了は……、ないと思います。目標を立てて、頻度を減らして、とは思いますが、関わりは続きます。続けることで安心感が得られるんです。訪問から外来につなげられたら……、と思いますけど、出かけられない方も多いし……。また、外来で続けている人を家でみることのメリットもあります。家という環境でのコミュニケーションへの関わりです。外来を終了した人で、ヘルパーさんとのコミュニケーションの仕方を評価するだけのために訪問に入りましたが、うまくコミュニケーションがとれていることをこちらが評価して安心したケースもあります。

訪問で必要なことは、全身状態の把握ですね。体調がどうか、負荷がかかりすぎていないか、声の感じがいつもと違うがどうなのか、とか。

リハビリって、家族はまず運動をと思っているけど、本人はまず言葉を、という場合もあるし。

そのあたりは、お話を聞きながらですね。

お宅でやるということは、その環境にこちらが慣れるのに時間がかかりますね。外来は、来る時点でもう訓練というつもりで来てますよね。訪問は、行ったときにトイレだったり、利用者がのってきたら終わる時間だったり……。生のやりとりができるところが、面白いところですね。

面白いんですが、自分の勉強不足を感じることも多々あります。

虎の門で理学療法士、作業療法士はいましたが、ずーっと間近で見るということはなかったんですね。訪問を始めて、最初理学療法士や作業療法士に同行してずーっと見ていて、ああ、こういうことをやるんだということが、よくわかりました」。

訪問する言語聴覚士は、まだ本当に数が少ない。訪問の仕事がしたいと思っても、就職先を見つけるのも難かしいかもしれない。原氏たちは東京近辺で訪問をやっている言語聴覚士たちの集まりを、月一回くらいもち、情報交換をしている。

(2)先輩言語聴覚士

「センター成城」の地域マネジメント部マネジャーという肩書の半田理恵子氏は、訪問する言語聴覚士としてはパイオニアといえる。八十年代玉川病院に在籍していたときから、病院外での活動、失語症友の会や保健所での〝ことばの教室〟などに関わってきた。そして一九九〇年、世田谷区の訪問リハ事業に言語聴覚士の予算がついて、十年間訪問指導に非常勤で従事、一九九八年

訪問言語聴覚療法のパイオニア　半田理恵子氏

から二〇〇四年までは、「桜新町リハビリテーションクリニック」所属となってクリニックから無償での訪問リハに出ていた。二〇〇四年に医療保険での訪問リハが認められてからは、晴れて制度に保証されてクリニックから訪問していた。

「センター成城」に異動になって現在、自身は訪問していないが、訪問言語聴覚療法の必要性と効果を、発信し続けている[10),13),14)]。

世田谷区の訪問指導を始めて五年後に、三十三ケースに関わった経験から言語聴覚士の役割を次のようにまとめている[10)]。

（1）コミュニケーション障害の評価
（2）言語環境の評価
（3）実用的コミュニケーションの指導
（4）コミュニケーションの場への参加援助

特に、(2)については「理学療法士や作業療法士が、家屋評価を重視しているように、言語聴覚士においても実際の生活場面で、どのような言語環境が保証されているかを評価することが重要」と書き、重度の障害が多い在宅ケースの場合、言語環境の善し悪しが、機能維持あるいは、改善の大きな鍵になるとしている。

言語環境ということばは、環境調整を自分の役割と促える作業療法士の私にとって、とても新鮮に響く。そこへのアプローチはそれこそ、訪問言語聴覚療法の大きな役割だと思う。

「桜新町に行っても、訪問言語聴覚療法の制度はずっとないままでしたから、交通費の実費のみいただいていました。午前中外来をやって、午後訪問、半日で三、四件行ってましたよ。世田谷区の訪問指導をやっていたから、その当時の訪問看護師さんたちが管理職になっていたりして、半田が訪問を始めたというので直に相談がきたり、制度はなかったけれどニーズがあって自由に動けた。嚥下障害はノータッチで、もっぱらコミュニケーションに関わっていました。頭部外傷の若者たちとか、長期に入院して在宅に戻った障害の重いケース。失語症がどうかもわからないような。週一回の訪問を続けながら、うす紙をはぐように、できることが見えてくる。それなりに皆、改善していきます。

言語聴覚士はとにかくあきらめずに、引き出せるものがあるはずと思って入っていく、それが今なされていないと思います。ケースがきちんと掘りおこされていないんですね。訪問の制度はできましたが、なかなかつながりません。区でやったときも桜新町のときも、制度がなくてやってて、あんなにあったニーズはどこに……？　という感じです。ひとつは、制度の上から言うと頭部外傷の人と出会いにくいということもありますね。

原さんを訪問担当にしてるんですが、〇・五人分しかニーズがないのがちょっと計算違いです。訪問であれ外来であれ、障害にきちんと関わっていくこと、それが私が学んだことです。言語聴覚士協会もまだ把握してませんが、訪問に出る言語聴覚士はだんだん増えてきている感触はあります。

言語聴覚士が嚥下の職種なったのは、平成十年の国家資格のときですね。訪問で嚥下に関わるなら、医師との連携の部分がどの程度なされるか、そこのところですね」。

言語聴覚士は作業療法士、理学療法士と違って、コミュニケーションへのアプローチは、医師の指示を必要としない。嚥下で訪問に入る場合は、医師の指示が必要だが、単独で言語聴覚士のみが嚥下で訪問するとしたら、リスク管理や方針など医師や看護師との連携体制をたてておく必要があるだろう。

言語聴覚士は単独で自由に動けるコミュニケーションの分野では、なかなか訪問の利用者と出会わず、嚥下の分野では、訪問では連携体制をとりにくい、という、まだ未整備の部分がある（北海道の磯崎氏が悩むのも、無理はない）。

ちなみに、Q氏の場合、必要時「センター成城」のクリニックに入院して、摂食方法の方針をたてるということをしている。

「センター成城」には、言語聴覚士が六人いる。単独のクリニックの入院・外来・訪問で、それだけのニーズがあるのだ。高次脳機能障害の人、回復期まっただ中の麻痺のない失語症の人。失語症を含め高次脳機能障害は、リハの疾患別算定日数制限の除外規定に入っている。だから、長期にわたって言語聴覚士が外来で関わっていける。

「高次脳、失語症、特に麻痺がない人の心理的支持も大切です。月一回でもいいから長い関わりが大事なんです。介護は必要としないけれど失語症をわかってもらえていない人たち、そういう人たちを受けとめてあげられる場所、安心感を提供できる町の言語聴覚士です。センターに土田さん（土田昌一センター長）が来たときには、〝早く終了、終了〟と言っていましたが、最近は〝ずっとつき合っていく必要もあるねえ〟と言い出したのね。高次脳は、長期的な回復があるんです」。

(3)Q氏への他のセラピストの関わり

Q氏の訪問は、理学療法士佐藤歩氏から始まった。四肢麻痺で拘縮があり、褥瘡があり、起居移乗動作全介助だったから、佐藤氏がやるべきことはたくさんあった。特に除圧と座位保持のための車椅子の適合・調整と、移乗介助を日常妻が行えるようにすることが、当面必要なことだった[15)]。現在は、褥瘡は完全治癒し、アームサポートはねあげのティルトタイプ、背もたれ張り調整つきの車椅子に全介助ではあるが、膝を支えて移乗介助する方法を妻も修得した。

佐藤氏は現在も隔週で訪問している。四肢のストレッチ、端座位保持、全介助だが起立練習をしている。

「立位保持はやはり大変です。宮田さんが外来でやってるの見ると、軽く立たせてるように見えるんだけどなあ。でも、立位練習後は、端座位が安定してできるようになるんです」。腰痛予防のベルトをして長身の佐藤氏は奮闘している。

理学療法士になって十三年目の佐藤氏は、地域の仕事がしたくて東北から桜新町に八年前転職した。それから成城だ。

「ドクターのリハの指示は理学療法、作業療法、言語聴覚療法となってはいますが、結構大雑把ですね。桜新町のとき、きっちりニーズで職種別にしてみたんですが、そうするとどうしても作業療法のオーダーの方が少なくなってしまうんです。やはり訪問は、きっちり分けられないんですね」。

「Qさん、問いかけへの返事速くなってきましたよ」。そう、理学療法士が訪問したって、コミュニケーションへのアプローチは当然ある。

ちなみに、「センター成城」の訪問リハ指示書のリハビリテーション指示の欄には、理学療法、作業療法、言語聴覚療法の項目に分かれており、それぞれ週に何回と書くようになっている。Q氏はバランス良く言語聴覚士と理学療法士、作業療法士が入っているが、どの職種がどういう頻度で入るかはそのときのマンパワーの状況にも左右され現場のスタッフが話し合いながら進めているようだ。

Q氏を訪問するもう一人のセラピスト、作業療法士兼子健一氏は、Q氏が少しでも注意集中できるよう、興味のもてる作業を探した[16]。「倒れる直前にパソコンを買った」という情報から、わずかに動く右手でのパソコン操作を、Q氏が若いころなじんだ七十年代の流行歌の歌詞カードづくりから始めた。集中力やパソコンの入力速度は増し、年賀状作成や妻とゲームができるようになってきた。兼子氏は、Q氏が若いころに流行った映画のDVDを貸し出したり、少しでも注意が持続する作業として風船遊びを提案したり試行錯誤しながら、パソコンを継続して指導し、本人の機能に合ったツールとして「小型ひらがなキーボード」を選び出している。これは、Q氏の住んでいる市では日常生活用具の給付対象となっている、という情報も、兼子氏は調べてある。

隔週で交互に訪問する理学療法士と作業療法士は、共通のプログラムとそれぞれのプログラムをもっている。つまり、全身の調整（関節可動域運動やリラクゼーション）や座位保持は、理学療法士も作業療法士もやり、その後理学療法士は下肢の荷重のかけ方や起立、移乗を重点的に、作業療法士は風船ゲームやパソコンを日常操作するための働きかけに重点が移る。

重度の障害をもちながら、在宅で少しずつ能力を発揮しつつあるQ氏は、リハのあるべき姿のひとつのモデルと言えよう。発病四年目にはいったQ氏の妻は、介護のペースも把んだようで、どっしり落ちついている。

「前は、治って、歩けるようになって、とか思ってましたけど、今は、とにかく今の生活が維持

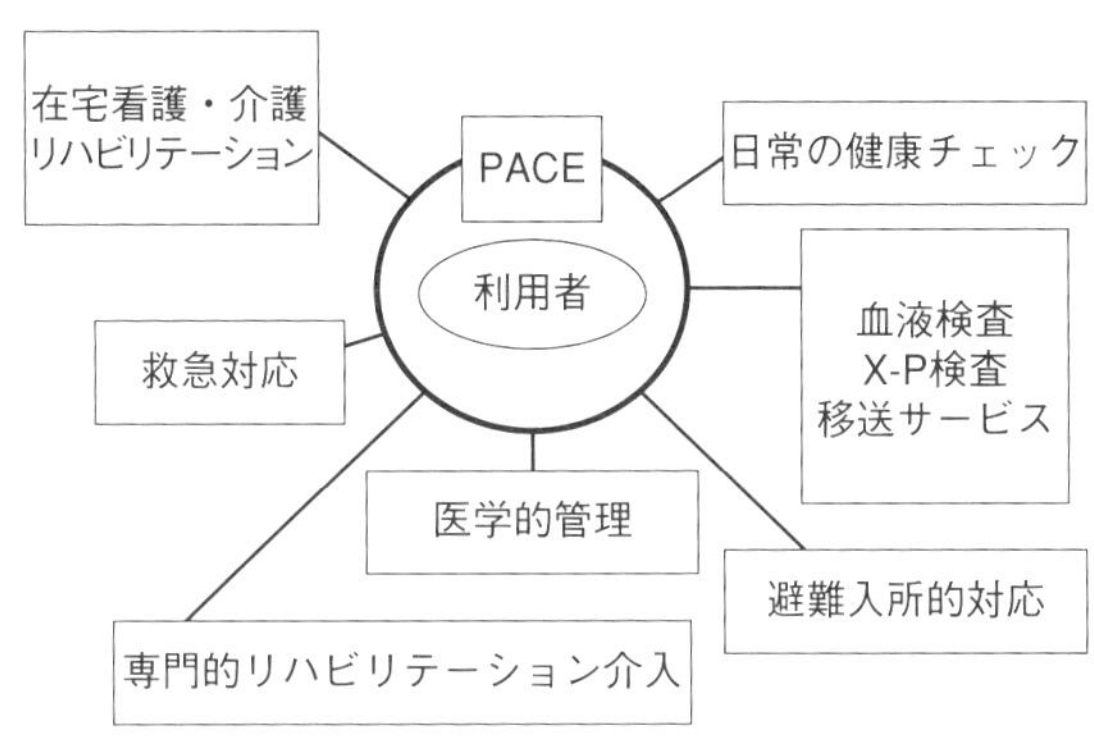

図3　PACE のシステム

していけるように、と思ってます。移乗のやり方とか教えてもらって、だいぶ楽になりました。外来は、外に出るという意味ではいいのだけれど、自宅はやはり本人がリラックスして、集中して行えます。家だとお父さん数も数えられるし……。外来だとまわりの利用者をキョロキョロみてしまって……」。

Q氏のベッド横は、刺激的な言語環境が整えられていた。Q氏の元気だったときの写真や家族の写真、パソコンで作った今年の年賀状など、たくさん貼られ、訪問者の誰もが話題にできるようになっていた。

3．センター成城のねらい

センター長でありクリニック院長でもある土田昌一医師は、センター成城を小規模多機能施設のひとつのモデルに仕上げた。参考にしているのは、サンフランシスコが一九七三年から試行し確実に成果をあげているＰＡＣＥ（Program of All-inclusive Care for the Elderly）という高齢者在宅

センター長の土田昌一氏

ケアシステムだ（**図3**）[17]。

サンフランシスコのPACEセンターは、地域の健康センターや公的病院、ナーシングホームなどが中核としてセンター機能をもち、図にある個々のサービスが有効に連携して機能するためのマネジメント機関だが、「センター成城」は個々のサービスをある程度自前でもっている。

病院も老健も居宅介護支援事業所も訪問看護ステーションも同一法人運営という所は、いくらでもあるが、「センター成城」はそういった機能がコンパクトに小さく収まっており、そしてリハという筋が一本通っているところに独自性がある。外来患者五〇〇人の九五％はリハの対象だ。十六床の入院病床の平均在院日数は十日を少し越えるぐらい、内科的緊急入院も受け入れるが、家族支援主題入院つまりレスパイトケアもすれば、リハのための評価・訓練での入院も受ける。

「このエリアは、三次救急がないんですよ。倒れたら、行くところがない。開業医の街でね、ぼっちゃん世代になってますから、訪問診療をやってる医者は、大量にやめていますね。

在宅療養支援事業診療所なんて、そんな無責任な体制はとりません。二十四時間訪問診療を、この体制でできますか？

うちも、往診の必要性がある場合は行くし、肺炎、骨折は緊急入院受けますが、あとは救急車に来てもらいます。

訪問看護は、うまくいかなかったな。訪問は密室だから、透明性が大事でしょう。徹底した説明、評価、アウトカムね。行ってあげると喜こぶ、笑顔をみせる、じゃ、プロじゃないでしょ。そもそも、訪問看護ステーションからなぜ訪問看護という名前でリハが行くのかと、ずーっと思ってたな。訪問リハとすることで、透明性を出さなくてはいけない。技術提供なんだから、誰が行ってもＯＫじゃなきゃだめです。この人じゃなきゃだめ、というのはおかしい。評価はＦＩＭとＣＡＳＩ（Cognitive Abilities Screening Instrument：認知機能評価テスト）、ＳＦ３６（健康関連ＱＯＬ尺度）できちっと出します。

大事なのは即事性です。医療は即事性でないと意味がない。急性期は三日、その後はもう廃用との闘いなんです。廃用を予防して、自然回復を促す。発症後二週間で、実用手になるかどうかわかるんです。そういう観察、評価ポイントが、現場では大事なんです。

訪問のスタッフが、きちんと評価できるようになったのは一年前くらいからだな。その前は、なさけなかったな。

アメリカはＦＩＭの点が上がったら保険が出る、上がらなければ出ないっていう世界ね。だから、できる人を対象にするっていうことになりますね。できることとできないことをきちっということは、大事です。

厚労省は、現場よく知ってますよ」。

「私は大学解体論者です」という土田氏の口からは、何度も「即時性」「身近で素早く」といった言葉が聞かれた。

土田氏の経歴は、ちょっと面白い。「センター成城」の前は鶴巻温泉病院院長をしていたが、そこをやめてしばらくは初台リハ病院の外来のバイトをしながら病院の経営コンサルタントをしていた。また、ＡＫＡ（関節運動学的アプローチ）の技術をもっていて、外来治療でＡＫＡを使う。キャリアは脳外科で始まった、リハ専門医だ。

取材した日、夕方五時から外来・入院・訪問のスタッフが全員集まるケース連絡会議があった。土田氏ら二人の医師が主導して、次々情報が出され、それによって必要なサービスがその場できまる。

〔医師〕「この人、コミュニケーションみてもらいたい。すぐにＳＴ入れますか？　それからＡさんの方、ＯＴの評価はどうだった？」

〔作業療法士〕「ステージは変わってきています。Kohs立方体やりましたが、43から50、昼夜逆転しているので、外来で二十分やるよりは、デイにした方がいいのではないかと思います」

〔言語聴覚士〕「記憶面は、とても落ちています。私も生活パターンのこと気になります」

〔医師〕「じゃそのことは私から言いましょう

それからBさん、多発性脳梗塞ね。マンションから出るだけで一時間かかるの。訪問いれて下さい。Cさん、新患です。高次脳をOT、失語症をST。集中的に入院リハということもありますが、どうですか」

まさに、必要なサービスを素早く整えている。「自分のやりたかったことの八割はできている」という土田氏、できていないあとの二割は、「医師の教育」だという。外来・入院・訪問でのリハ機能を備えた小規模クリニックを切り盛りできる町の医者は、たしかに少ない。

4．リハビリテーション部マネジャー

最後に、理学療法士宮田昌司氏に登場を願おう。彼は前述したように、玉川病院から「桜新町リハビリテーションクリニック」を経て、半田氏と共に「センター成城」を立ち上げたメンバーだ。取材時（二〇〇六年十月）全国訪問リハ研究会会長だが、「センター成城」での肩書はリハ部マネジャー、入院・外来・訪問のリハ全体のまとめ役だ。

リハビリテーション部マネジャーの宮田昌司氏

「最初に、入院のベッドは、全部レスパイトということで作ったんですね。土田さんが来て、できるだけのことはここでやろうという風に変ったんです。即対応、即リハ。〝素早く〟はうまくいってると思います。こういう所があるといい、と思える場になっています。

訪問看護ステーションからの訪問だったとき、八割はリハだけ（訪問看護7）でした。どの主治医からも指示書をもらえました。訪問看護ステーションを閉じて、訪問リハに変わるとき、システムが変わることを理解してもらうのが大変でした。主治医の方は、土田さんがすべてに電話してくれて、何とかうまくいったんですね（土田氏は、利用者のかかりつけ医に指示書に代わって診療情報提供書を書いてもらうにあたって、そのフォーマットをフロッピーディスクに入れて各診療所にお願いして渡した）。

よそがかかりつけ医の利用者は、診療情報提供書だけでリハ指示というわけにもいかなくて、結局うちの外来に来てもらうか、うちの医者が往診しています。

訪問看護ステーションを廃止しちゃったので、訪看必要な人は近くの二十四時間対応のステーションと連携して入ってもらっています。訪問リハ利用者、半分くらいは訪看入っていないですね。

訪看のときは黒字だったけど、訪問リハにしてからは赤字です。利用者は九月で訪問リハ一三一人、件数五五九件ですね。週一回が多いです。短期集中はここの退院からは少しあるけれど、そんなに出ないですね。終了は毎月二〜五人、新規が九〜十四人ですが、長期に関わる人はいます。

いわゆる機能的、ＡＤＬ的なこと、それは期間をきめて効果を示していくべきですが、もうひとつ、どう暮らす、どう障害に適応していくかということを、長いスパンで見ること、院長もそれはわかっているけど、だからそのことのために何ができるということを、セラピストが言える、きちんと説明できるようにならないと。

理学療法士、作業療法士のすみ分け、これは永遠のテーマだな。はなから両方の職種が入っていると、互いの役割が見えるんだけど。本当は作業療法士をもっと入れたいと思うけど、ケアマネジャーはまず理学療法士という感じで、作業療法士のことは理解されにくいですね。

うちは複数担当で一人にならないようにしています。僕は個別担当がいいと思いこんでいたんですよ。責任をもちたい、複数になると薄まる感じがしていやだったんですが、シフトの問題もあって今年から複数担当にしたんです。そしたら、それはそれでよいなと。ディスカッションできて。個別担当だと目標が見えなくなったり利用者との関係が固まったりということがあるけれど、複数の目があると、うちは経験者もいるのでよい部分があります。

訪問リハステーションねえ……。あって構わないし、あった方がいいとは思うけど……。本当は、ケアステーションの方が大事だと思う。他職種と一緒にやるメリットを広めたいですね。訪問リハステーションが一人よがりの事業所にならないようにしないと。

病院で看護師と一緒にやってきてよかったという経験をした人は、訪問ケアステーションがいいと思うんじゃないかな。その経験がなかった人は、訪問リハステーションって。

僕は玉川病院をやめる前、二年位は訪問看護に携わっていて、自分の中では訪問の思いいれがものすごくあったけれど、今はいろんな機能があって在宅を支える方が、面白いと思う。在宅ケアステーションですね。

全国訪問リハ研の方ね、これ自体は基盤が脆弱ですから、地域に火をつけるというやり方です。大会もですが、地方で研修会をするのをサポートします。それをきっかけに、地方に訪問リハ研究会を作って少しずつもりあげるのが目的です」。

ちなみに、「センター成城」の訪問リハ利用者は、要介護3～5の人が七四%、介護度の高い人が断然に多い。また、成人脳性麻痺者が増えてきている（二〇〇六年九月で八名）というのも、特徴的だ。

アウトカムをきちっと出せ、という土田氏のハッパは、訪問リハ業界全体に向けてかけられているといっていい。だが、長いスパンで支える、という役割をわれわれがもっていることも確かだ。そして、支えの方法、支えの意味をきちんと伝える言葉を、われわれはまだ身につけていない。

（取材二〇〇六年十月、二〇〇七年二月）

文献

（1）土井勝幸「訪問を中心とした介護老人保健施設」地域リハビリテーション、一巻五号、三八六〜三九〇頁、二〇〇六年

（2）土井勝幸「作業療法士として……」作業療法ジャーナル、四〇巻一号、四〜五頁、二〇〇六年

（3）『宮城県訪問リハビリテーション調査研究事業調査報告書』宮城県保健福祉部医療整備課、平成十八年三月

（4）土井勝幸「生活の連続性を支援する作業療法」作業療法ジャーナル、三九巻四号、三〇五〜三一〇頁、二〇〇五年

（5）『平成十八年度調査報告』、全国訪問リハビリテーション研究会、二〇〇六年

（6）大越　満「訪問リハの事情（1）」作業療法ジャーナル、四〇巻一号、四九頁、二〇〇六年

（7）大越　満「作業療法士による訪問リハビリテーションの実情に関する研究」広島大学大学院保健学研究科二〇〇三年度修士論文

（8）二神雅一「医療機関からの訪問リハが普及しない本当の理由」地域リハビリテーション、二巻二号、一二九～一三二頁、二〇〇七年

（9）高橋哲也「世界の理学療法―十年の変遷と将来展望」理学療法ジャーナル、四〇巻一三号、一一三五～一一四〇頁、二〇〇六年

（10）半田理恵子「訪問ＳＴの役割について」聴能言語研究、一四巻、三三～三六頁、一九九七年

（11）長谷川幹「安心なまちづくりへ」地域リハビリテーション一巻一号、五二～五五頁、二〇〇六年

（12）原　啓子「訪問ＳＴ―リハビリテーションの現状と課題」全国訪問リハビリテーション研究会第八回全国大会、二〇〇六年

（13）半田理恵子「診療所からの訪問活動」聴能言語研究、一八巻一号、六〇～六四頁、二〇〇一年

（14）半田理恵子「在宅言語障害者をめぐる現状と課題」訪問看護と介護、一〇巻五号、三六六～三七〇頁、二〇〇五年

（15）佐藤　歩、他「退院直後から関わった褥瘡を伴うケースについての報告」全国訪問リハビリテーション研究会第八回全国大会、二〇〇六年

（16）兼子健一、他「訪問リハビリテーションで『遊び』に関わる意義について」全国訪問リハビリテーション研究会第八回全国大会、二〇〇六年

（17）土田昌一「在宅療法におけるリハビリテーションへの流れとあり方」地域リハビリテーション一巻一号、三五～三八頁、二〇〇六年

〔資料・介護度別割合と疾患別割合〕

せんだんの丘（平成 18 年 8 月）

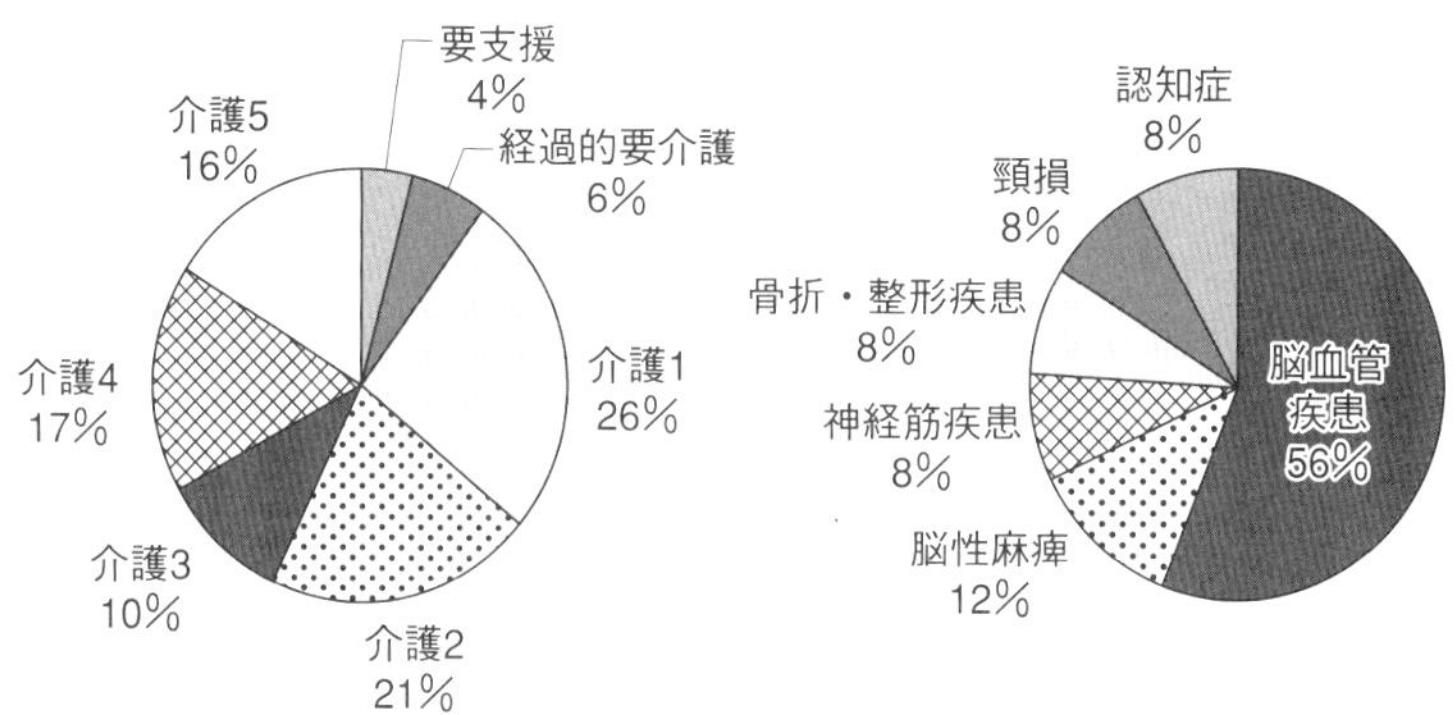

げんきのでる里（平成 18 年 8 月）

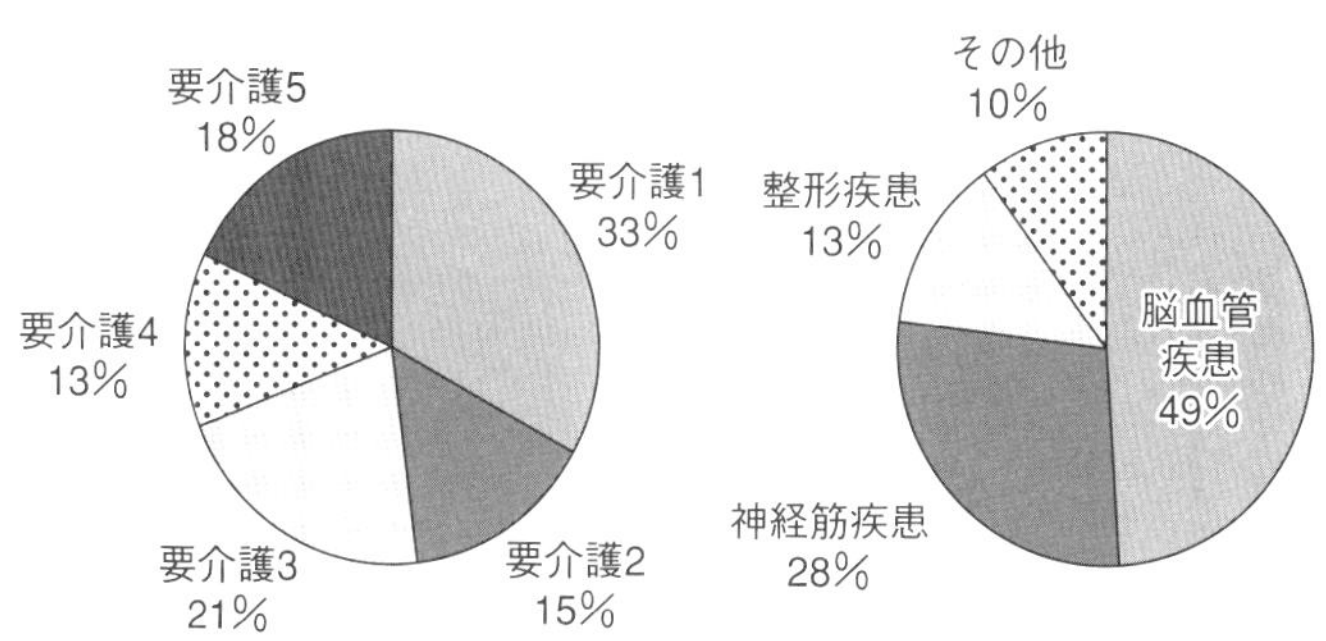

ゆきよしクリニック（平成 18 年 9 月）

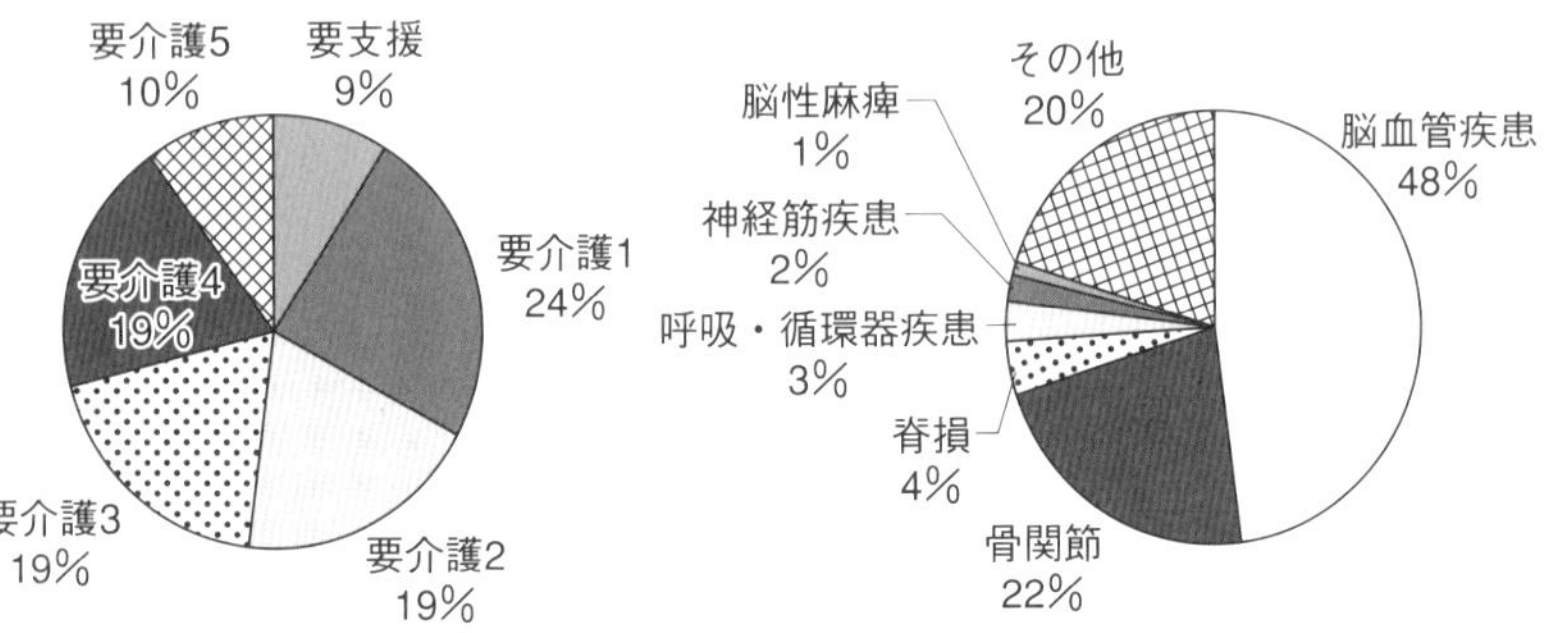
介護度別割合
要介護5
10%
要支援
9%
要介護1
24%
要介護4
19%
要介護3
19%
要介護2
19%
疾患別割合
その他
20%
脳性麻痺
1%
脳血管疾患
48%
神経筋疾患
2%
呼吸・循環器疾患
3%
脊損
4%
骨関節
22%

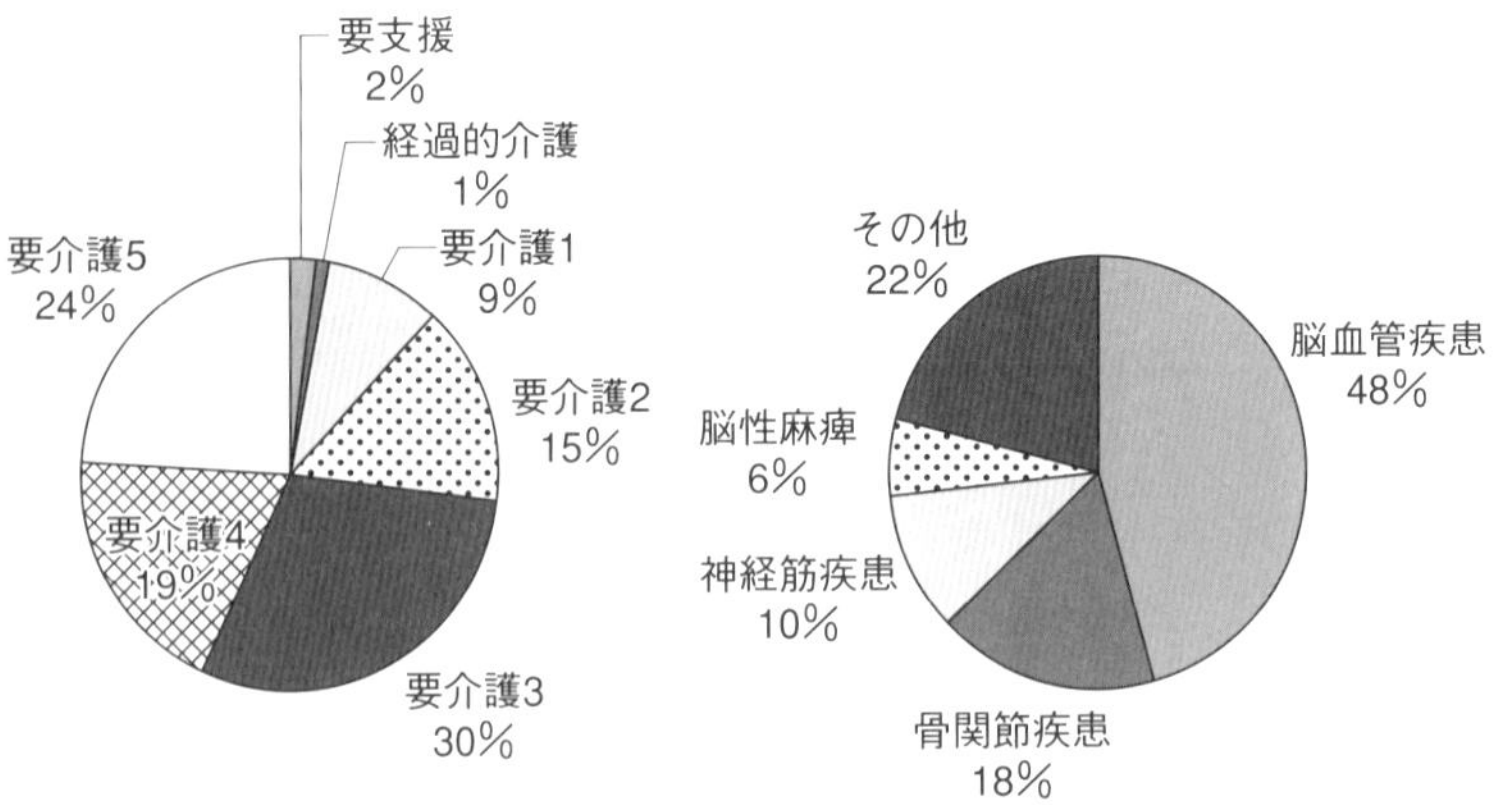
在宅リハビリテーションセンター成城（平成 18 年 8 月）
介護度別割合
疾患別割合
要支援
2%
経過的介護
1%
要介護5
24%
要介護1
9%
要介護2
15%
要介護4
19%
要介護3
30%
その他
22%
脳血管疾患
48%
脳性麻痺
6%
神経筋疾患
10%
骨関節疾患
18%

第五章　スウェーデンへ

訪問リハはどうあるのがいいのか、他のセラピストは、どんな仕事をしているのかを知りたいと国内を歩きまわった私は、ついに外国にまで足をのばすことにした。行き先は、スウェーデン南部のマルメ市、スウェーデンではストックホルム、ヨーテボリに次いで三番目に大きい都市である。

マルメ市を選んだ理由は二つのつてがあったからだ。ひとつは理学療法士をしている友人アンネマリー・ロンヘデン氏が住んでおり、二十年前にもマルメへ高齢者へのリハを見に行ったことがあったこと。もうひとつは、『スウェーデンの作業療法士』[1)]の著者、河本佳子氏もマルメ市で仕事をしていて、情報が得られると思ったことだ。

クリスマスカードのやり取りのみ、細々と続けていたアンネマリーに、スウェーデン取材の意図と取材先の手配を頼むと、すぐに引き受けてくれた。河本佳子氏の方はスウェーデンではつかまらなかった。一年間の予定で日本滞在中だったのだ。日本で連絡し、やはり取材先の紹介をお願いしたが、アンネマリーが取材先として交渉してくれた場所とほぼ一致していたようだ。

取材は二〇〇六年十一月後半の一週間、そして帰ってきてから、十二月にスウェーデンに帰国する前の河本氏と東京で会って、スウェーデンの事情について、また私が見てきたことへの補足説明をお願いすることになった。

ところで、はるばるスウェーデンまで行って見てくることは、日本のわれわれの参考になるのだろうか。制度も生活習慣も違うし……。そんな思いもないではなかったが、何と言っても福祉先進国といわれる北欧を見ることで、わが国の立ち位置や進むべき方向が、少しは見えてくるのではないか、とささやかに期待して。

スウェーデンの事情

河本佳子氏の書かれたものは、いろいろ刺激的だが、「スウェーデンにおける居住支援と課題」[2)]に書かれていた、〝自閉症児家庭のための住宅改造〟ほど、インパクトを与えたものはない。

物を投げても割れないようにガラスドアのガラスを強化ガラスにすること、電子レンジのボタンをいじって熱くならないよう危険防止の電源スイッチをつけること、兄弟が自閉症児に邪魔されずに遊べるよう部屋を仕切ること。奇声を発しても隣人をイライラさせないよう防音装置をつけること、これらも皆、障害者のための在宅改修として公的援助を受けられる。そして、それらの問題の評価と住宅改修の方法を決めて申請書類を出すために、作業療法士が訪問をしているのだ。

ここまできめの細かいサービスが保証されている国があることを知るのは、われわれの固定観念を打破するのに役立つ。まずは、スウェーデンという国が、どういう経緯を経て、どういう制度を作ってきたのかを、ざっと概観してみる。

1・福祉国家への道

スウェーデンは、一八一四年ナポレオン戦争でそれまで占有していたドイツ北部なども失って以来、いかなる戦争にも参加していない。ヨーロッパ諸国が、植民地政策と戦争にうつつをぬかしている間、一八四二年には義務教育と初等教育制度を導入し、その後自由貿易、地方自治政治、議会改革をすすめ、活発な民衆運動は十九世紀後半の労働運動にも、力を与えた[3)]。

一九二九年の世界大恐慌のあおりを受け、失業率三〇％に達したころ、社会民主党が政権を握った。社会民主党は、四十年以上長期政権の座にあり、福祉政策の基礎や枠組みを作った[4),5)]。

まず、基本的な所でわが国と最も違う点は、サービスの財源は、租税中心である点だ。だから、税金は当然高い。高いが、国は生活の安全、安心を保証する。最低レベルの生活ではなく、より高い水準の生活の保証だ[5)]。

そんなスウェーデンだが、訓覇法子氏（スウェーデン在住、社会福祉研究者）によると北方の極貧農業国だった時代、暗い習慣をもっていたという。「親族ガケ」と呼ばれる崖から、役に立たなくなったお年寄を棒で突き落とす。日本の姥捨山伝説と同じだ[4)]。親族一同が長い棒を持って一緒に突くのだが、突き落とされる人に一番近い所を、次に突き落とされる番の人が持つという。その棒が、博物館に収められている[6)]。

一九四〇〜五〇年代、スウェーデンは施設ケア全盛で、多くの老人ホームがあった。社会民主党が打ち出した社会福祉政策の一環だったのだろう。訓覇氏によれば、施設ケアから在宅ケアへの転換のきっかけとなったのは、社会派作家、イーヴァル・ロー＝ヨハンソンが一九五二年に書いた『老年期、スウェーデン』という一冊の本だという。

この本には、老人ホームの内情が書かれており、それが「親族ガケ」、つまり現代の姥捨山として描き出されている。もっとも、訓覇氏に紹介されているその内容は、今のわが国の老人ホームでも見られる、日常の光景だ。だから、この本が告発の役割をはたしたとしたら、それは施設処遇ということそのもの、その構造がもつ「親族ガケ」性を、スウェーデン社会は読み取ったということだと思う。

一九七〇年代には八十歳以上の高齢者の約半数が施設生活だったのが、一九九〇年代には約二割強と半減したという。それを可能にしたのは、二十四時間体制のホームヘルプサービスで、これは一九五一年に取り組みが開始されたというから、年季が入っている。もちろん、その前提となっているのは、成人した子どもは親と同居しない、家族介護は選択肢にないということだ。

ところで、そんなスウェーデンだが、訪問リハの制度はそう古い訳ではないようだ。マルメ大学総合病院（マルメ市唯一の病院）の作業療法士、ハンナ・グスタフソン氏によれば、病院からの訪問は一九九七年からという。セラピストの訪問は、病院からとコミューン（市）からがあるが、コミューンからの訪問は一九八八年から始まった。

2．在宅を支えるリハシステム

スウェーデンは、実情に即して制度をどんどん変えていくという。だから、スウェーデンを視察してきて報告しても、賞味期限があるかもしれない。制度がよく変わることは河本氏も書いているが[7]国民はなれっこのようで、友人のアンネマリーも彼女の同僚も、「ま、トライアンド・エラーよね」と、軽く受け流している。

スウェーデンも以前は、長期にわたる（六カ月）入院リハがあった。一九八五年に私がマルメ市で見学した、バーンヘムス病院は、リハ病棟、痴呆病棟がある大きな病院で、数カ月の入院があった。今や、その病院は閉鎖され、ない。入院リハは、マルメ大学総合病院が唯一で、あとは診療所（プライマリケアセンター）での外来と、市（コミューン）の訪問、他に必要に応じてリハのショートステイがある。

神経科病棟（脳卒中やパーキンソン病など）の入院期間は標準で十日、症状が安定しなかったりリハの必要性で長引いても数週間という。その後の病院からの訪問リハは、長くて三カ月、それ以上訪問する必要性があれば、コミューンの訪問に引きつぐ。

制度が変わると言っても、お金の出所や組織の統廃合のことが主であって、それにより書類や手続きが変わったとしても、セラピストが提供する技術は変わらない。また、技術が変わっていくとしたら、それはわれわれの参考にもなるだろう。

(1)成人か子どもか

リハに関して、○歳から二十歳未満はマルメ大学総合病院のハビリテーリングセンターが管轄となる。必要に応じて訪問するのは、ハビリテーリングセンターの担当セラピストである（われわれは、訪問看護ステーションにたまたま依頼がくる子どもにも、医療保険で訪問するが、必要に応じて訪問サービスが提供されるきちんとしたシステムは、日本の子どもにはないと言っていい）。

二十歳以上は、健康上の問題が生じたときにまず行くのは、町の診療所だ。ここでは、診察、検査、薬の処方、外来リハが行われる。医師の訪問（訪問診療）もここからだ。また、ここで入院の必要性が判断されて初めて総合病院へ行く。

(2)診療所の機能

友人の理学療法士アンネマリーは、診療所（プライマリケア・ユニット）勤務である。便宜上診療所と呼ぶが、わが国の診療所とは少し趣が違う。まず、公立でありその地域の医療サービスの窓口としての機能がある。スウェーデンの行政単位は、ランスティング（県）とコミューン

診療所のスタッフ．週に一度は一緒に外で昼食をとる（左手前が，アンネマリー・ロンヘデン氏）

（市）があり、診療所はランスティングが運営している。

もともと医療は県、福祉は市という分業だったが、高齢者や障害者がその狭間でケア資源が有効に利用できない、あるいは社会的入院など、さまざまな問題が出てきた。一九九二年のエーデル改革で、長期医療、在宅医療は看護師レベルの医療として、コミューン管轄になった。それにより、社会的入院は圧倒的に減り高齢者のリハもうまく機能するようになったという[4]。ちなみにコミューン管轄の機関には、医師はいない。

診療所では、以前は七五％が外来リハ、二五％が訪問リハだったそうだが、今は診療所の訪問はなくなったので、外来オンリーだ。アンネマリーは、訪問がなくなったことを良しとしている。つまり、訪問は環境調整や福祉用具適合、生活の仕方への助言が主となるので、理学療法士としては物足りないということだ。

診療所もコミューンも、理学療法士・作業療法士のリハサービスに医師の指示はいらない。理学療法を受ける必要があると誰かが思えば（つまり、本人でも看護師でも医師でも）、本人が直接理学療法室にコンタクトをとる。電話を受けた人がスケジュールを見て、空いてる理学療法士の所に予約をいれる。それだけだ。何と簡単な!!

「医師の理学療法への処方は五年前くらいから必要なくなったのね。腰痛なんかだって、医師にできることはないからね。こちらが医師の情報が必要と思えば、もちろんコンタクトをとります。記録は全部電子カルテに書くから、医師がカルテを見れば理学療法士が治療をしていることは、わかるわけです。医師が指示していたときは理学療法を受けるまでに長い待ちリストがあったけど、今は、直接来るので、もうすぐにスケジュールにいれられるわ。

初期評価はだいたい一時間くらいかかるけど、その後の訓練は四十五分くらい。理学療法士は鍼もします。痛みに対して有効ね。これもすべて理学療法士自身の判断です」。

外来理学療法は、無料ではない。一回一〇〇クローネ（約一五〇〇円）だ。だが、九回までは有料だが、それ以降は一年間は無料となる。つまり、十回以上理学療法を受ける必要性がある場合は、本人の負担はない[*]。われわれの感覚だと、無料になるとラッキーという感じだが、それで外来に来続けたい人はいないのだろうか。

「そういう場合もなくはないけど、特に必要だという理由がなければ、九回でお終りにするわ

＊スウェーデンの医療費は、すべての人が同一額でサービスによって支払う額の限度が決まっており、それを超えると無料（税金還元）となる[4]。

よ。それ以上継続する必要がある場合は、本人の経済的負担が大変になっちゃう訳だから、あとは無料になるわけね。終了や継続の判断も含めて、私たちは医師から独立してるわね」。

診療所には作業療法士もいるが、圧倒的に理学療法士が多い（マルメ市全体で診療所所属の作業療法士は九名、理学療法士は五十六名だ）。

診療所は県の直接運営だが、マルメには五カ所の支所があり、アンネマリーのいる中央支所には二名の作業療法士、九名の理学療法士。だが、作業療法士は、まったく別の場所にいて、日常理学療法士と顔を合わすこともない。上肢の機能訓練とスプリント制作・適合が主な仕事ということだった。取材を訪問に絞りこんでいたため、診療所の作業療法士の話を聞けなかったのが今となっては、ちょっと残念だ。

(3)コミューンの仕事

マルメ市は、十のコミューンに分かれている。コミューンは市にあたるから、マルメコミューンと言えるが、実際には十に分かれたひとつひとつをコミューンとも言っている（河本氏によれば、それぞれは地区委員会という）。日本で言えば政令都市の中が区に分かれているようなものか。十地区それぞれは、独立したサービス資源をもっており、その地区の実情に合わせているという。

マルメ市の人口は、約二十七万人（周辺もいれて約五十万人）、区の人口は、だいたい三万人台だ。その単位で、訪問看護、ホームヘルプ、訪問リハ、住宅改修と福祉用具、ナーシングホーム、ショートステイ、デイケア、サービスハウス（ケア付住宅）、グループホームなどを、提供する。外来リハは、九回まで有料だが、訪問は最初から無料だ。感じとしては、区役所（行政）に所属するセラピストが、必要に応じて出かけていくといったところか。

訓覇氏の本によれば、サービス提供はニーズ査定主事という職種の人が、本人や家族の意向、病院や診療所で関わってきた多職種からの情報やケア会議で、ニーズの査定をしケアプランをたてて行われるということだ。[**] だが取材した印象では、日本の介護保険のケアプランに訪問リハをいれる、というのよりもっと気楽に、セラピストたちは訪問しているようだ。ヘルパー、看護師、そして当人自身の、「こんな問題があるから、ちょっと行って（来て）ほしい」という電話一本で。

3．スウェーデンの常識

人々の意識や習慣に基づいて制度はできていくから、一般にスウェーデンの人々がもっている感じを知っておいてもよいだろう。

・スウェーデンの項に入ったら、途端に人物の呼称がファーストネームの呼び捨てになってしまっ

＊＊河本氏によれば、ニーズ査定主事（inspector of welfare）が、作業療法士にＡＤＬの評価で訪問してほしいと依頼したりもするそうだ。

た。そう、医師もセラピストも、患者もスタッフも、ここではファーストネームで互いを呼び合う。外国から取材に訪れた私が、時間確認のために初めて電話する相手でも「もしもし、マティアス・ペタソンとお話したいんですが。ああ、あなたがマティアス？　木曜日にうかがう予定になってるのぞみです」となる。またオフィスはだいたい、一人とか二人部屋で電話は直通だから、非常にコンタクトを取りやすい。日本で、利用者のことに関して主治医と電話するときの緊張感を考えると、何とも気楽だ。アンネマリーと彼女の同僚いわく、「ここでもヒエラルキーがまったくない、という訳じゃないわよ。でも、ドイツやイギリスみたいに、ドクター○○と言ってる国よりは、平等かもね」。

・超勤は、まずしない。アンネマリーの診療所勤務は、朝八時から夕方五時までだが、自転車で一〇分位の通勤時間だから、彼女は七時四十五分頃に家を出て、五時十五分頃には帰ってきている。外来リハの利用者、一日八〜十人、昼休みもコーヒーブレイクもきっちり取る。契約社会とは、そういうことだろうが、スウェーデンからわれわれの仕事状態を見ると、労働者の権利が守られていないと映るだろう（ちなみに大企業に勤めるアンネマリーの夫も五時半には帰宅している）。

・夏休みを四週間とる国柄だから、当然夏場は医療スタッフは少なくなる。その間の代用、そのまた代用といった非常勤スタッフで乗り切るが、質量ともにサービスは低下する。その間にきちんとしたサービスが提供されなかった場合は、休暇の時期だから運が悪かったとあきらめるしかない。

・野外活動を好む人々が多く、皆実によく歩く。自転車通勤も多いようだ（自転車専用レーンがある）。したがって、訪問も徒歩や自転車が多かった。十一月末の日曜の午後、冷雨そぼ降る薄暗くなった中、私はアンネマリーと散歩した。内心「こんなときに公園なんか巡らないで早くカフェに入ろうよ」と思ったが、散歩したり犬を遊ばせたり、そんな天気でも外にいることを楽しんでいる人が少なからずいたのには、びっくりした。ここには他の国にはない法律、「自然享受権」があり、所有者に迷惑をかけたり自然を破損させないかぎり、森や公園でのさまざまな活動ができる。

・税金は、収入に応じて三〇～四〇％、消費税は二五％（食料など日常の必需品は一七％）、だが、それらの税金は教育・医療・福祉に還元されているので、国民から文句は出ない。いや、文句というのは、われわれが三〇％の所得税をとられたら、文句を言うに違いないという想定のもとに出てくる言葉だ。税金が国民の安定した安心な生活保証に、きちんと還元されるという信頼を、われわれはどうしてももてない。だが、基本的に彼らは信頼に足る政府をもっている。

訪問の実際

1．病院からの訪問

マルメ大学総合病院が、入院リハをする唯一の病院***だ。そして、医療機関からの訪問リハ（ホームリハと言っている）も、ここだけだ。セラピストは病棟所属となっている。神経科病棟（二病棟計四十七床）は二病棟それぞれに作業療法士二人、理学療法士二人、訪問専従作業療法士、理学療法士各一人がいる。医師や言語聴覚士、心理士も病棟配属されている。

病棟のスタッフルームに、訪問専従のセラピストもデスクをもっている。当然、訪問するのはその病棟の入院患者のみで、その必要性は、病棟スタッフチームの話し合いで、決まっていく。ポイントは、家庭生活が送れるかどうか。退院前の環境評価と退院に向けての環境調整、退院後のその環境でのＡＤＬ取り組みとなる。

福祉用具は、理学療法士が歩行器と杖、車椅子のことをやり、それ以外の福祉用具調整と環境調整は作業療法士の役割だ。

訪問担当の作業療法士、ハンナ・グスタフソン氏に話を聞いた。

「神経科病棟ですから、もう九〇％ＣＶＡですね。病院からの訪問とコミューンからの訪問は、少し重なる部分があります。長期間訪問してほしいという人は、やはり多いです。この手が動くように、という目標を言う人ですよね。家族の意向もあるし、それも聞きますが、やっぱり目標を具体的に立ててね。治るというんじゃなくて具体的に何をしたいか、というように文脈を変えるようにはしています。

＊＊＊マルメ市唯一の総合病院の規模は、精神科もいれて一〇〇〇床、精神科を除いて七六四床、セラピストやソシアルワーカー、心理士などの看護師以外のコメディカルスタッフの総数四一〇人、だ。

ADL評価表

下線図や色の説明
――― = ……………………
-------- = ……………………
00000 = ……………………
□ = ……………………
□ = ……………………
□ = ……………………
□ = ……………………

パーソナルナンバー……………………
患者名……………………
住所……………………
……………………
Tel……………………
OTの名前……………………
訓練開始前……… 終了後………
評価の日付……………………

コメント
……………………
……………………
……………………
……………………
……………………
……………………
……………………
……………………
……………………

★作業療法士組合推薦によるADL評価法

河本佳子『スウェーデンの作業療法士』98 頁，新評論，2000 年長期間になりそうな人は、コミューンのホームリハの方にお願いします。この病院は、マルメ市民すべてが来ますが、住んでいる区によってサービス資源が少しずつ違うので、例えばデイケアにセラピストがいる所もいない所もあるので、フェアじゃないと思いますね。

病院に言語聴覚士はいますが、訪問は作業療法士、理学療法士だけです。訪問ケースは、前は軽い人が多かったけど、今は重い人が多い。そういう波がありますよね。訪問件数は、多いときは一日四〜五人、少ないときは二人。でも、四〜五人は多いわね。

ADLは、こんな評価用紙（図）を使っています。今、どこまでできているレベルかを、色でわかるようにして、本人にもレベルがわかるようにね。AMPS（Assessment of Motor and Process Skills）は、使っている作業療法士もいますが、私は使っていません。いいコンセプトだとは思うけど」。

午後一件の訪問に同行させてもらった。一週間前に脳梗塞を発病した七十一歳の男性、R氏、まだ入院中だ。軽度の右麻痺で、感覚障害があるという。それでもボタンをはめられるようになった。歩行はちょっとふらつく感じ、支えが必要だ。

訪問はハンナと理学療法士のソルヴェイ。移動はタクシーを使う。廊下で待っていたR氏、病衣のままで何ともしょんぼりした顔をしていた。無理もない、発症一週間目だ。ソルヴェイが、腕を支えるようにしてゆっくり歩行介助し、タクシーに乗り込む。R氏は妻と二人暮らし、タクシーで十分程で妻の待つアパートに着いた。

R 氏退院前の家庭訪問（左が作業療法士ハンナ，右が理学療法士ソルヴェイ）

R氏の住まいは一階だから、入口は大丈夫だ。ドアを開けて迎えてくれた妻、R氏はたちまち、笑顔となる。入ってすぐの所にある、自分の書斎に私たちを招き入れ、スタンプのコレクションを見せてくれる。本人の話を聞きながらも、ハンナはトイレと浴室を妻に見せてもらっている。

R氏は股関節の手術を以前したということで、バスボードとトイレの手すりは持っていた。ただし、トイレの手すりは必要なくなって、とりはずしてあったし、バスボードも今は使っていないということだった。「なんだ、持ってたわけね」と、ハンナは早速、便器の前に屈みこんで、トイレ手すりをとりつけている。河本佳子氏も書いているが、スウェーデンは設備が標準規格なので、規定の物がだいたいどこでも取りつけられるという[8)]。実際、ハンナがR氏宅で取りつけていたトイレ手すりは、その後訪問したどこの家でもついているタイプだった。とは言え、便座のジョイントの所をはずして手すりをはめ込み、ビスで留めるから、ハンナは便器の下に回り込んで苦闘していた。作業療

トイレ手すりを取り付けるハンナ

法士である私も、思わず手伝う。ビスがなかなか、ピッタリおさまらなくなってしまったのだ。そのうち彼女はビスを便器の中に落としてしまった。「アッ」と声を上げたのは私の方で、彼女は悠々と便器の水の中に手をつっこんで、ビスをつまみあげた。最初から彼女は、薄手のゴム手袋をはめていたことに、私は気がついていなかった。あっぱれハンナ！

さて、ハンナが便器で格闘している間、ソルヴェイはR氏の寝室で彼がベッドに寝られるか、起き上れるかを観察していた。病室のベッドと違って、手すりのない普通の寝室のベッドだが、R氏は「問題ないさ」とばかりに、寝て見せ、起きて見せ、ついでに寝室の金魚を私たちに紹介してくれた。自分の家で動いてみて大丈夫と思えたのか、R氏は本当に嬉しそうだ。妻がコーヒーとビスケットを用意し、私たちは全員テーブルについて、R氏の不安に思っているいることに耳を傾けた。

麻痺は軽いが、複視があり物が二重に見えること、頸動脈の検査をするようにという通知をもらい、再発の不安をもっていることなど、いろいろ（もちろん、彼らはスウェーデン語で話している。ハンナが時々英語で訳してくれる分を、私が把握しただけだ）。

R氏の家に滞在していたのは、約一時間半、時間をかけてゆっくりと話を聞く。何だか、ゆったりとしている。私だって日本で仕事をしているとき、話はゆっくり聞いているつもりだ。だが、気持ちはいつだって急いでいる気がする。日本で取材し、同行訪問したどのセラピストも、訪問中はゆっくりと利用者と接している。だが、どこか決定的にゆったり感が、スウェーデンと違う。何なのだろう。単に一日の訪問件数の多い少ないではなさそうだ。

多分、一件いくら、で事業が成り立っている、日本での保険制度と、税金が必要なサービスに還元されるという公費負担制度の違いなのだと思う。病院からのセラピストの訪問は無料だ。

ともかく、R氏は家で暮らせそうという実感を得たのだろう。行きとは見違える程生き生きとし、妻にキスをすると、セラピストたちとともに病院に戻るタクシーに乗り込んだ。

この日は火曜日、その週末までには退院の予定という。麻痺が軽度だったとは言え、発症から十日で退院。環境調整もその後のフォローもあるから、見るからに安心だ（話はとぶが、脳梗塞を発症し、「在宅リハセンター成城」のクリニックに入院したら、このレベルのサービスは提供されそうだ）。

R氏は、歩行補助具は使っていない。慣れた家の中は、杖なしでも大丈夫だった。今後の実用

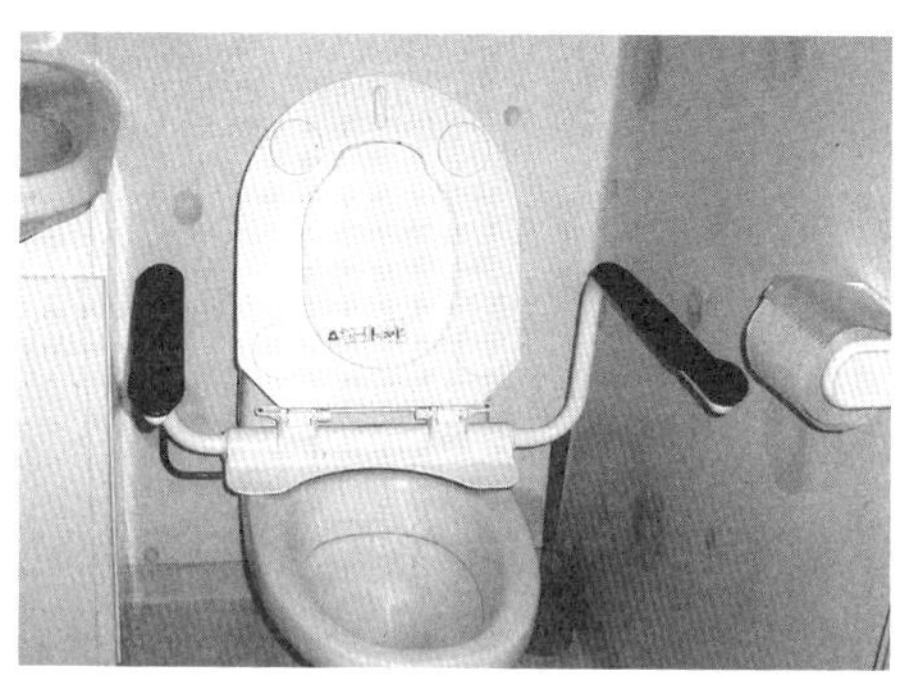

トイレ規格は同じだから、どこの家も同じタイプの手すりがつけられる。

的な外での歩行方法を見極めるべく、ソルヴェイはR氏を病室まで送って行った。

ハンナは、病棟でのカンファレンスへと去って行った。総合病院のリハは、入院と訪問が主だ（病棟ごとの外来も少しあるが、通院リハが必要となったら、診療所の通院に移る）。訪問専従のセラピストが、病棟セラピストと机を並べ、入院リハの進み工合を見ながら退院に向けての訪問、退院後の訪問をしていくのは、連携という言葉を使う必要のない理想的な展開だと思う。そこに、いちいち医師の指示の必要のないことも、いい。

ハンナの言葉もアンネマリーと一緒だった「記録は、電子カルテで一本化されているから、訪問した様子は医師もちゃんと把握できるわ」。

ここまでくると、介護保険の訪問リハで、かかりつけ医の診療情報提供書と事業所の医師の訪問リハ指示書の、二つの指示を仰ぐ日本のわれわれは、一体何なの、と言いたくなる。

気楽に訪問させないシステムに、何か利点があるだろうか。

2．コミューンからの訪問

マルメ市は、十の地区に分かれており、それぞれが独自のサービス資源をもっている。長期ケアも生活支援も、コミューンの管轄となる。コミューンから、作業療法士の訪問と理学療法士の訪問に同行した。

(1)作業療法士の訪問

マルメ市の中心、商業地区にあるセンターコミューンの作業療法士、シルケ・パゲル氏の事務室で、まず話を聞いた。

「訪問の新ケースは、毎月二十二〜三十人、います。入院期間は短いので、退院が近づいたらチームで病院に行って、どういうサービスが必要かを、セラピストとしては何ができるかを、話し合います。サービスを調整するのは、inspector of welfare（ニーズ査定主事）です。この地区の人口は三万八〇〇〇人、これに作業療法士四人、理学療法士四人よ。本当に少ないんだから。これくらいだったら作業療法士八人という所もあるのにね。あなたの住んでる所は、訪問作業療法士何人位いるの？（突然質問がふられて私はあせった。あせった余り、答を捏造してしまった。頭の中でだいたい計算して出した数字は、統合前の浜松市の人口を少な目に五十万人とし、訪問に従事している作業療法士を多目に十五人くらいと答えた)。

ええっ？　そんな数で、必要なサービスが可能なの？　(シルケは三万八〇〇〇人の人口に四人の作業療法士が少ない、ということに同調してほしかったようだが、私の反応で完全に白けた。でも、気を取り直して)　四人しか作業療法士いないけど、まあ四人とも経験が長いから、なんとかなってるのよ。

人は作業療法士も理学療法士も同じだと思ってるのよね。理学療法士の必要性はわかりやすいけど、やはり作業療法士は理解されにくいわね　(万国共通だ)。暮らしの細かい部分は、作業療法士のアプローチが大事なんだけど、見えにくいのね。住宅改修と補助具は作業療法士ということで、スウェーデンも他の所では歩行器も車椅子も作業療法士が扱うけど、マルメでは歩行器と車椅子は理学療法士になっています。でもほら、これは医師からの手紙ですが、彼のこのケースに電動車椅子が有効かどうかね、問合せてきてるんです。

住宅改修は、簡単なものは無料です。電動昇降の車椅子も、それが家事に必要とわれわれが認めれば、無料で提供されます。

住宅改修はアパートの場合、家主のＯＫが必要になります。それから、その改修が次にアパートに入る人にとって不都合なら、もとに戻さなければなりません。それに五〇〇〇クローネ以上かかる場合は、残りはコミューンが負担します。

家主は、だいたいはＯＫを出しますけど、まれに、だめなときもあるのよ。傷害で手を切られ

重いドアの開閉を自力でするための必需品。上部に電動開閉装置を取り付けたドア

ちゃった人でね、重いドアが開けられなくなっちゃったのね。それで自動ドアにする必要性を私が申請したんだけど、家主がNOと言ったのね。理由は、近所に不良や酔払いがいるので、自動ドアだと開いたときに彼らが入ってくると不用心ということなんです。

それから、電気がちゃんときてないような所に住んじゃってる女の人が、洗濯機が使えないと困るということで、盗電しちゃったのよね。これも危険ということで問題になったけど、彼女は障害があって洗濯機を使えないと困るわけよ。こういうときは、裁判にまでなり、私たちは障害をもつ側の必要性を言っていきます」。

言葉の問題もあり、私は裁判の結果、どういう解決法となったのか、把握できなかったのだが、それは盗電というところで私の思考が止まってしまったからだった。若い読者には、盗電という言葉が理解できないだろう。私だって、戦後の日本の情景としてリアルに知っている訳ではない。正規に電気が引かれていない家に、電線から勝手に自分で電気を引いてしまうことだが、私はメキシコでその鮮かな技を見ていたから、シルケの言ってることがわかったのだ。だが、福祉国家スウェーデンのイメージと盗電という言葉のギャップは、なぜか私を嬉しがらせた（制度に守られているだけでないもっと野性的なエネルギーを感じたのだ）。

脱線してしまった。シルケの訪問同行だ。

行った先は、アパートで一人暮らしをしている七十歳の女性、Sさん、多発性硬化症だ。スウェーデンのアパートのドアは重い。リモコンでの自動開閉装置はコミューンの提供する福祉用具のひとつだ。

シルケは私へのデモンストレーションを兼ねて、バッグから出した小さなリモコンスイッチでアパートのドアを開けた。

Sさん宅のドアは、手で開けられる。挨拶をしながら入って行くと、パジャマ姿のSさんはまずシルケに、充電中だった電動四輪車のバッテリーを、電動四輪車にセットするように頼んだ。多発性硬化症は、神経難病だが、進行は緩徐だ。Sさんの動きはとてもゆっくり、室内移動は歩行器を使っている。一日四回のヘルパーが、毎日の生活を支える。シャワー、食事の仕度、薬の分配、浮腫予防ソックスの着脱、掃除、ゴミ出しなど。

訓覇氏によると、スウェーデンでは自立を前提として個人的なニーズ査定をするので、ヘルパーはできないところだけを援助するということだが、Sさんの話でも確かに衣服着脱の中で、自分

電動車椅子でまたビンゴ大会に行けるように

できない浮腫予防ソックスだけが、援助対象となっている。

その日のシルケの訪問は、Sさんからの直接の電話での相談「バルコニーに出るのに、歩行器の幅が広すぎて、家具にキャスターがひっかかってしまう。もう少し幅の狭い歩行器はないか」に対してのものだった。いつもはキチンと着替えているとのことだったが、パジャマのままシルケを迎えたSさんは、外国人の私が同行したので、少しばつが悪そうだった。普段は訪ねてくる子どもたちに頼むバッテリーのセットをシルケに頼んだ後、彼女は家の中に置いてあった電動車椅子に乗って、うまくバックで玄関の外に出した。

さて、それからが本題、バルコニーへ歩行器で出ることにテーマが移る。だが、事はそうすっきり整理されているわけではなかった。

自立して一人暮らしが当たり前のスウェーデン、神経難病でも一人暮らしができる支援体制、だが、いくら制度が整っていても取り払えない、不安や孤独感はある（これは、家族と同居していても、多分取り払えない、実存に関わることだろう）。

Sさんのバルコニーへの動線は、ベッドと戸棚の間の狭い通路で、確かにそこは歩行器が通らない。そこを伝い歩きで通り抜けられても、その先のバルコニーまではつかまれる家具がない。シルケは、Sさんに、一応歩行器を探してみるが（理学療法士にあたってみるが）多分その狭さを通れるタイプはなくて、むしろ伝い歩きができるよう家具の配置を変えた方がよいと助言した（私もまったく同意見だ）。Sさんは配置を変えることには気がすすまないようだった。

バルコニーには、カモードが雨ざらしになっていた。Sさんは頑張ってトイレへ歩行器で歩いて行っている。だが、夜中に何回も行くので寝不足になっているという。

Sさんのそもそもの不調は、浴室で洗濯物を干そうとして転倒したことに始まったようだ。高いシャワーカーテンのレールにハンガーをかけようとしたのだ。その後、一時は、食事もあまりとれず、やせて動きも悪くなったという。徐々に動きが戻りつつあるということだが、足の痛み、胸郭から腹部への筋痛があるようだ。

転倒後、活動性が落ちたとき、訪問理学療法士は入らなかったのだろうか？　別に入らなかった。胸郭から腹部の筋痛は？　ほぐすと楽になると思うが。われわれだったら、リラクセーションあるいはコンディショニングという名目で、訪問してしまうが。これも、特に必要とされてなかったようだ。Sさんの要望は、歩行器でバルコニーに出るということだったが、話は痛みから不眠から動きにくさと、さまざまなことに及んだ。

だが、コミューンからの訪問はあくまで、生活機能へのアプローチだ。実際、一人暮らしで、ヘルパーの手を借りてはいるがSさんは自分の生活を自分で築きあげているので、転倒で一時的に活動性が低下しても、自力で立ち直った。さすがである。だが、それでも、どこかSさんの心細さを感じ、もう少し何らかのサポートがあった方がよいのではないか、と思う私は、日本人なのだなあと思う。シルケは、問題として出された動作上の障害をどう解決するか、というスタンスを貫いていた。

Sさんはしんどいのか、しばらくベッドで横になってしゃべっていたが、夜間のトイレ移動のことになって、トイレまでの移動を評価することになった。再び起き上って、歩行器でトイレまで歩いてみせたSさんに、シルケはつかまる場所、便器と歩行器の位置を助言する。トイレまで来たついでに、Sさんはやはり浴室で洗濯物を干したいのだと話す。カーテンレールではない所に、干せないだろうか?

自分でこれをしたい、という利用者の要望には何としても答えたい、それこそ作業療法士の仕事よと、シルケは色々考えを巡らす。私も反射的に自分の仕事のように考える。ロープは張れないか、干す物は置けないか。「のぞみ、いい考えない?」と彼女は私に聞いてきたが、私たちが同時に達した結論は、つっぱり棒だった。

シルケは、イケア（スウェーデンの家具会社）のカタログにあるはず、とSさんのイケアカタログをめくり始める。日本では高級輸入家具のイケアも、スウェーデンでは安い商品を豊富に揃える、庶民の味方のようだ。福祉用具がかなり豊富に提供されるスウェーデンだが、つっぱり棒は入っていなかった。

Sさんの台所には、作業用の座面の高いキャスター椅子がコミューンから提供されていた。以前は、それに座って調理をしていたが、今はもう調理はヘルパーがして、自分は電子レンジで暖めるだけ、という（座面の高いキャスター椅子があれば、家事ができるのに、という人は、結構いる。日本では、福祉用具レンタルには入っていなかったから私は作ったことがある。その後、車椅子の名目で扱っている業者があるが、どのくらい利用されているのだろう）。

Sさんは、転倒後、すっかり外出しなくなってしまったようだ。以前は、電動四輪車で、外来理学療法のマシーントレーニングやビンゴ大会に行っていた。ビンゴが大好きで、二年前にはビンゴ大会で賞金を獲得し、そのお金でニュージーランドに住む兄弟を訪れたという。そんな話を聞くと、私の心配は杞憂かとも思う。シルケは、Sさんはまたビンゴ大会に通い出すと見ている。あるいは、そうアプローチする方針だ。

多発性硬化症で転倒の危険のある人の一人暮らしといえば、わが国では、定期的な訪問看護、訪問リハが、ずーっと続くのではないか。だが、それが本当に必要で有効なサービスか、スウェーデンでは問われそうだ。一人暮らしに必要なのは、生活援助者のヘルパーと、福祉用具、緊急へルプの腕時計型アラーム、外出に必要な移送サービス（タクシー）、ずーっと続ける必要があるのはこれらのサービスで、看護師もセラピストも、医療職はあくまでも具体的に問題が生じたとき、要望が出たときにのみ入る。

その日、Sさんは、シルケにさまざまな不安を話し、シルケはゆっくりと話を聞き一時間三〇分の滞在だった。滞在時間は内容にもよるが普段は三十分から四十五分くらいという。

(2)理学療法士の訪問

マティアス・ペタソン氏（理学療法士）が仕事をするコミューンは、人口三万五〇〇〇人の地区、アパートの立ち並ぶ住宅地だ。コミューン事務所の入口を入るとすぐに倉庫があり、ずらっと並ぶ自転車、歩行器、車椅子、シャワーチェアー、いつでも貸し出せるようになっている。いや、自転車は貸し出しではなく訪問用だ。

マティアスは、作業療法士と共有している二人用の事務室に私を招じ入れ、マルメ市の地図をパソコンの画面に出しながら、コミューンの仕組を説明してくれた。

「脳卒中になると、まず病院の急性期病棟に入り、それから、神経科病棟でリハをやりますね。入院はトータル一〜二週間です。それから患者を中心にして、病院のセラピストとコミューンのセラピストが一緒のカンファレンスをして、退院後のサービスを決めます。神経科の入院ベッドは四十七床ですから、少し長い入所リハが必要ならショートステイ、それも二週間くらい。あとはもうどんどん自宅ですから、コミューンからのセラピストと、福祉用具と訪問介護で支援するわけです。

コミューンのセラピストは、訪問だけでなく病院とのミーティングやショートステイも業務ですが、僕たちの地区では、完全に分業になっていて、僕は訪問専従でミーティングには行きません。僕はここの前はシルケの所にいたんだけど、あそこは個人担当制で、訪問もすれば病院でのカンファレンスにも行くでしょ。僕としては、訪問だけというのはちょっと単調、ショートやカンファレンスにも本当は関わりたいですね。ただ逆にシルケの所が一人担当制だったけど、ここはチーム担当制なので、情報を共有しやすい利点はあります。

この地区の人口は三万五〇〇〇人、理学療法士、作業療法士全部で常勤で十四人、非常勤をいれるともっといます。三チームに分かれていて、どのチームも少なくとも作業療法士二人、理学療法士二人は入っています（確かに、シルケが自分の所は少ないと嘆いていたのがわかる）。ホームヘルパーは一五〇〇人います（聞いてる？　厚労省）。

コミューンが十地区になったのは、十年位前です。小さな単位になって、行政と住民がコンタクトしやすくなった利点はあります。一九九四〜九六年にシステムが変わって、急性期は病院だけと慢性期はコミューンとなったんですね（エーデル改革）。で、コミューンに所属する職種は、看護師、理学療法士、作業療法士、ホームヘルパーで、医師はいません。看護師はリハにはまったく関わりません。リハ看護？　そんなの聞いたことないなあ。

歩行器を転がして、利用者宅へ行くマティアス

なんていうか、看護師はちょっと、僕らより上から、フンッていう感じで……、ちょっと……、ね（あらあら……）。

やっぱり、こもっちゃって出かけなくなる人っていますよ。セラピストのいるデイケアってのは、ここの地区にはないなあ。日本にそういうのあるの？　それはいい考えだなあ」

ちなみに家事援助と身体介護のホームヘルパーは、看護師の指導のもとにちょっとした傷の手当やインシュリン注射もやるそうだ。看護師は服薬の管理と胃瘻や導尿、浣腸や摘便など排泄に関すること、創処置が守備範囲、シャワーや入浴援助はまったくやらない。

さて、マティアスの訪問に同行しよう。徒歩で十分位の距離だ。歩行器を試す必要があったので、彼は倉庫からわれわれにもおなじみのオパル（歩行器の名称）を出して、引きずっ

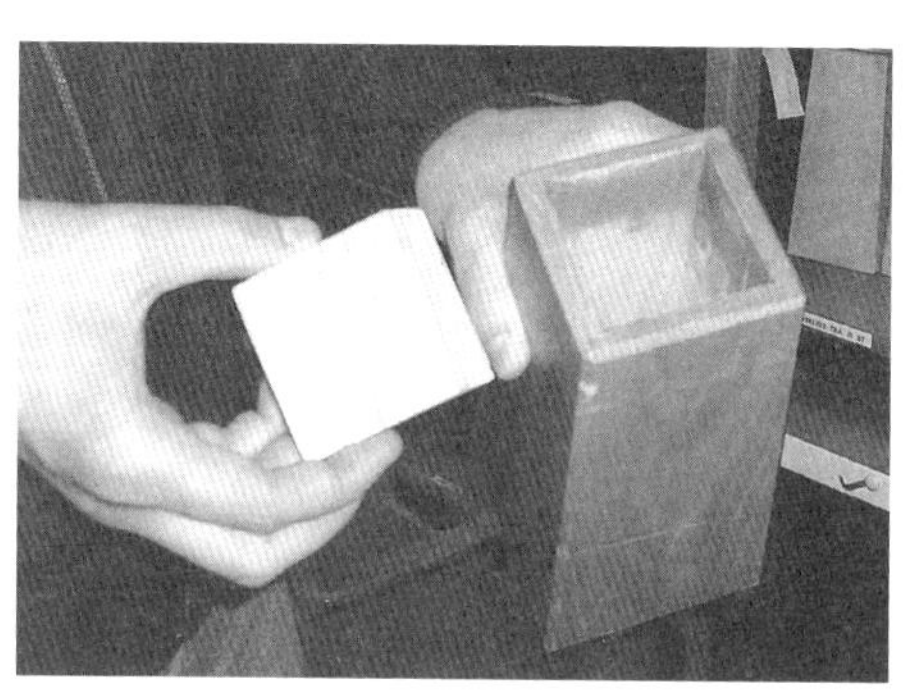

ベッドの補高に使うパーツ。ボックスに木のブロックを入れて高さを調節する

て行った。

行った先は、一人暮らしの老婦人Tさん。ポーランドからの移民で、スウェーデン語は話さない。その日は近くに住む娘が来ていて、彼女はもちろんスウェーデン語を話すが、私が同行していたため英語で応待してくれた。

Tさんは特に疾患があるということでなく、老化により足元が不安定になってきたようだった。要望は、ヘルパーと一緒に散歩するが、耐久力が落ちてきてちょっと休む所(座れる所)がほしいということだった。そこでオパルのお試しという訳だ。

マティアスは、Tさんに合わせてオパルの高さ調整をし、腰かけられることとブレーキとロックの説明をした。オパルにつくバスケットは、現在は有料だが、来年一月から無料になると説明し、私に「九月の選挙で政党が変わったのでね」と補足した。Tさんは終始ニコニコし、マティアスにも私にもしきりにソファに座ることをすすめる。というより、座らないと承知しない。きっと、ポーランドの老婦人にとっては、日本の老婦人と同じように「そんな所につっ立っていないで、まあまずはお座りになって」という所だろう。

Tさんは、低目のソファベッドに寝ている。そこからの立ち上りもしにくそうだ。浴槽の出入り、バスボードの必要性も検討された。ベッドの補高とバスボードは、他日作業療法士が持って行って評価することになった。

ちなみに、ベッドを日常使用している彼らは、立ち上りがしにくくなったときに、なるべく従来の自分のベッドを使い続けられるよう、コミューンの福祉用具の中には何種類かの補高用パーツが入っている。われわれは、ベッド補高は、ブロックなどでやることもなくはないが、きちっと固定できないためできるだけ避ける。電動ベッドをすすめることも多いが、補高だけのためならあまりに無駄だ。補高パーツですむなら、かなり安上りだ。「電動ベッドをレンタルするのは、呼吸器疾患があるとか、よくよくのことで、だいたいは自分のベッドを使っています。おむつ交替をするヘルパーは、大変かもしれないなあ」とマティアス。

彼のその日の訪問は、午前中一件、午後二件だった。昼は、自転車で帰ってきたセラピストやヘルパーで、食堂はにぎわう。

午後の一件目は、パーキンソン病の七十代の男性、U氏、やはり一人暮らしだ。彼のところは、電動ベッド、モンキーバーが入っていた。モンキーバー（上から吊るす三角のバーで、自分で身体をずらすのに使う）は、スウェーデンでもアメリカでも、大変ポピュラーな器具だ。むこうでこれだけポピュラーで日本には入ってきていない器具も、めずらしい（私はしばしば、ほしいと思うことがある）。

U氏は私たちを迎え入れると、パーキンソン病特有の歩き方で何だかそそくさとトイレへ行った。用を足しに行ったのではない。外国人の私が同行したため、タオルが散らかっていたトイレを、片づけに行ったのだ。私はあわてて「どうぞ、気にしないで」と言ったが、TさんにしろU氏にしろ、要介護であれその家の主人としての、何だか威厳のようなものを感じる。

U氏は白内障で手術をすることになっているが、もう一年半以上も順番待ちをしているという。お金を出すと早くやってくれるそうだとU氏は言い、マティアスは「そんなことあるの？」とびっくりしている。視力低下に関する不安の話は、長く続いた。

U氏の訪問は、三週間前に始まったという。転倒しやすくなってきたのに、緊急コールの腕時計型アラームをつけることを、拒否していたらしい。娘が訪問してU氏の転倒を知ったのは転倒して三日後だったという。さすがにU氏はアラームをつけることを承知し、訪問理学療法士が転倒予防と拘縮予防の運動指導に入ることになった。

マティアスは、自主トレーニングを指導している。ベッドに仰臥位で両上肢の挙上、体幹の回旋、ヒップアップ、それから起き上ってベッドに端座位、歩行器につかまって立ち上り、踵あげ……。日本で見る光景とまったく同じだ。ただし、U氏に触れることはほとんどなかった。体幹

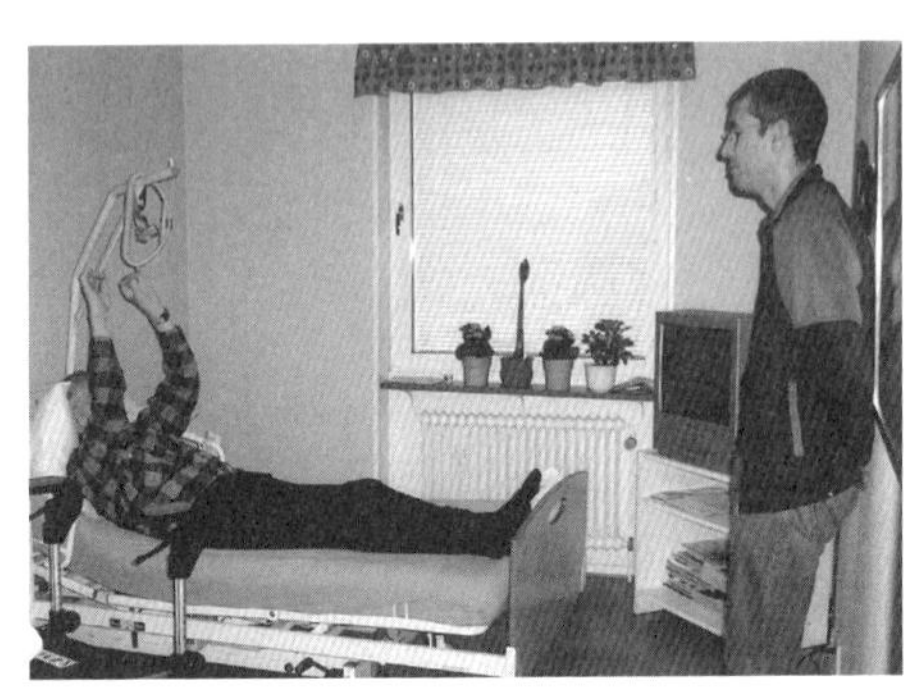

理学療法士による自主トレ指導

の回旋の指導のときのみ、あとはすべて、口頭指示だ。

「訪問は期間限定だから、徒手的なことは一切しません。セラピストに依存することになるからね。拘縮予防にセラピストがＲＯＭ（関節可動域運動）をやるとしたら、週一回じゃ拘縮予防にならないでしょう。一日三回、毎日必要な運動は、本人に身につけてもらうしかないですからね。でも、実際は、自主トレは難しいです。一人じゃなかなかできない。僕は、ヘルパーに運動をやってほしいんです。一日四回、毎日入りますから。でも、ヘルパーは、家事援助と身体介護で手一杯だって。彼女たちは、運動指導を自分たちの仕事とはとらえないし……。やろうと思えばできると思うんだけど……」。

自主トレが身につかないのは、洋の東西を問わない。「指導した」ということでセラピスト側の責任を果たしたことにし、やらないのは「本人が悪い」と言うこともできるが、実際に有効に作用しない働きかけは空しい。私は、「実際に必要な自主トレだったら、ヘルパーに期待するより、二週間くらい、もう毎日でも訪問して、Ｕ氏に身につけてもらうってのはどう？」とマティアスに言ってみた。「彼の所に毎日行く余裕はないなあ……。でも、しばらく頻度をあげて行ってみるってのも手だなあ……」と思案顔のマティアスは、「もう少ししたら、アンネマリーの所のパーキンソン病のグループに行くよう、紹介するつもり」とのことだった。

定期的に出かける先、出かける方法を提示していくのは、訪問するセラピストの大事な役割だ。そして、スウェーデンにあってわが国にないもの、わが国に決定的に欠けているものが、移送サービスだ。私は、本当にこれがほしい。移送サービスつきのデイサービスではなくて、行きたい所に行ける移送サービスだけがほしい。

スウェーデンでは、タクシーが障害者の移送サービスを行っている。無料ではないが、一定額以上は払う必要がない。すべての有料サービスにいえるが支払う上限が決まっており、それ以上必要ならば、それは支払う必要がないというシステムになっている。

午後の二件目は、一カ月半前に脳梗塞発症の七十代女性、Vさん。アパートに一人暮らし。軽度の左麻痺だが、見たところ動きに左右差はない。だが、左の感覚麻痺と半側無視があるという。入院二週間、ショートステイ二週間で在宅生活に戻ったが、ショートステイ先の理学療法士からマティアスに在宅生活の様子を見てほしいと依頼があった。

Vさんはアパートの二階に住んでいる。何とか階段昇降しているそうだが、いずれ一階のフラットに引越す予定という。衣服をきちんと着て、身だしなみを整え室内もきれいに片づいており、外面的には病前と変わらない暮らしに見える。だが、感覚障害と左方無視で、Vさんの内面世界は変ってしまっているのだろう。彼女はしゃべった、しゃべった、不安でいたたまれないかのように。マティアスが口を挟めたのは「ちょっと窓閉めていいですか？」と言うのと「左手の動きを見せて下さい」の二つくらいだった。もともと、活動的だったVさんだし、麻痺は軽度、まだ発症一カ月半、日常生活を送る中で、改善もするし適応もするだろうとマティアスは見ている。

3．同行してみて

(1)多い一人暮らし

たしかに、介護の必要な人が家族に頼らず一人で暮らしていた。そして、どこへ行ってもきれいに片づけられ、家族の写真が飾られている。そんな暮らしを支えるのは、一日四回、三六五日のホームヘルパーと豊富な福祉用具提供だ。障害がある故に必要なものは、コミューンから提供されるから、おむつや電子レンジも無料とのことだった。

マティアス曰く、「いやあ、グチャグチャになっている家もあるよ。今日の三件は、きれいだけどね。それから、自分で移動できるレベルなのにリフトをいれちゃう家とか。僕らの仕事は、あまり物に頼りすぎないで、自分の力も使うことを指導することも必要だと思う」。わが国は反対だ。リフトが必要なレベルの人を抱きかかえて移乗させる。私は自分の仕事に「全介助で抱きかかえて移乗介助することをやめさせ、適切にリフト導入をすすめること」をいれている。わが国では、腰痛になろうが転倒の危険があろうが、ヘルパーからはリフトをいれてほしいとは言いだせず、丸抱えの全介助をしている例が、多い。
一人暮らしも家族介護も、ぎりぎりの所で成り立っているわが国だ。

(2)連携しやすいシステム

資源が豊富であること、時間に余裕があること、保険点数制でないこと、セラピストの訪問に医師の指示が必要ないこと、これらはスウェーデンにありわが国にない条件だ。スウェーデンでは誰もあえて連携とは言わなかった。「こういう問題がある。ちょっと来て（行ってみて）ほしい」と、本人からでも他職種からでも直接コンタクトがとれる。訪問してきた人が、必要なサービス資源にすぐアクセスできる。これが、連携に必要な条件ではなかろうか。

スウェーデンの人口九〇〇万人、作業療法士の数九五〇〇人、理学療法士はその二倍、わが国に換算すると十万人以上の作業療法士がいることになる（現在、わが国の作業療法士は三万三〇〇〇人）。毎年五〇〇〇人ずつ作業療法士が誕生したとして、スウェーデンレベルの人数になるには、十四年かかる。年月はかかるが、待っていれば、人数だけは整う。

だが、保険制度と医師の指示（この二つは連動している）、これは、待っていても変わらない。だがここを変えたら、十四年待たなくてもサービスが有効に機能するかもしれない。

(3)多職種と分業

スウェーデンでは、セラピストと看護師の連携ということは、ついぞ聞かなかった。リハチームというときは、理学療法士と作業療法士を指しており、看護師は医師寄り、医療処置寄りという見方だ。ただ、これはセラピスト側の見方で、看護師に話を聞いてはいない。

慢性期の医療はコミューンで提供することになって、コミューンは医師のいない分、看護師の裁量範囲が広がったのかもしれない。そしてセラピストと看護師のダイナミクスも微妙に変わったのかもしれない。日本のように、訪問看護で看護師がリハに関する働きかけをする、ということは、まったくないようだ。最も、日本の取材でも訪問看護ステーションを取材したときは看護とリハというテーマが避けられなかったが、診療所や老健からの訪問リハに取材先が移ると、まったく看護との協働の話は消えている。

理学療法士と作業療法士の棲み分けということで言えば、診療所が作業療法士より理学療法士が多く、コミューン（訪問）の方により作業療法士の場がありそうだ。理学療法士が運動と移動に関する福祉用具、作業療法士が上肢機能とADL全般、それに関する福祉用具と環境調整と、ざっと分かれている。そして、彼の国でも、リハビリのイメージは理学療法士、理学療法士から見ても作業療法士はわかりにくいようだ。それでも、マティアスのように、コミューンで仕事をする理学療法士は、あえて「僕らは理学療法士と作業療法士がチームを組んでるからいいやり方」と言うし、訪問先では互いにカバーし合っている。

(4)バイタルは測らない

日本での訪問リハは、体温、脈拍、血圧測定は、必ずする。私は、訪問の仕事をし始めたころ、これが実は疑問だった。血圧でも体温でも、測定する必要がある人にのみ測定すればよい。なぜ、一律に一様に全員測定しなければならないのか。

二十年前に見学した、サンフランシスコ訪問看護協会所属の作業療法士も、ロンドンの行政所属の作業療法士も、訪問先でバイタル測定はしていなかった。訪問して話を聞き、そのときその人に必要な、評価やADL指導をしていた。そんなこともあって、訪問看護ステーションで仕事をし始めたとき、同僚の作業療法士や看護師に、毎回訪問するたびに全員バイタル測定をする必要があるか、聞いた。だが、それは当然ということで、疑問にすらならないようだった。

一度、体温を計測していたとき、何回かエラーが続き、「体調も変化ないし、体温は測らないけどいいですね」と言って、やめてしまったことがあるが、後で利用者家族から「ちゃんと体温を測ってくれなかった」と苦情がきた。そんなこともあり、私ももう習慣のように、全員にバイタル測定をしている。

ところで、スウェーデンでは、セラピストはまったくバイタルサインの測定をしない。ADLのことで訪問するのに、なぜする必要があるのかという前提があったため、私もなぜ測定しないのかという質問も思い浮かばなかった程だ。それなら、訪問看護師は測定するのか。その答は、聖路加看護大学長の井部俊子氏が書いている[7)]。

井部氏はストックホルムの訪問看護サービスで、在宅で終末期をケアする看護師の訪問に同行した。二人の訪問看護師と四件の訪問、その間、看護師は一度もバイタルサイン測定をしなかった。彼女はそのことへの、ちょっとしたとまどいとともに、ケアと生活の統合としてのオランダモデルを紹介し「訪問看護が寝室を病室に転換しないこと、やたらに血圧計をとり出さないことを学習したストックホルムの旅」と、しめくくっている。

バイタル測定についても、もうひとつ紹介しておきたい。人工呼吸器をつけて生活している、佐藤きみよ氏が書いているコラムからだが、半年程利用した訪問看護をやめた一因に、血圧を毎週計られることに疑問を感じたことを挙げている[8)]。「体調の悪いときに合わせて測ってほしい……、元気なときに必要ないと思う」と思い切って訪問看護師（保健師）に言ってみたが、「バイタルチェックは訪問したときに必ず行わなければならない」と言われてしまった。自分のニーズに合わせて希望する内容の訪問看護が提供されたら、どんなにいいだろう、と、書いている。

バイタルサインを測定する必要があるか判断するのが、医療職であろう。一人一人違うニーズに答え、その人に合ったプログラムを立てるのが、セラピストだろう。個別プログラムということが、口を酸っぱくしていわれているわが国だが、それはちょっと難かしいという気がしてきている。わが国がもつくせとして、どうしても同質化、他の人と同じに、という力が働くのだ。

バイタルサインひとつとっても一律になってしまうわが国の個別化は、どのようになされていくのだろうか。

(5) システムが解決しないこと

一週間の滞在、四人のセラピストの話、五件の訪問、これで何がわかっただろう。

一目瞭然なのは、日本は圧倒的に資源が貧弱ということだ。セラピストの数、看護師の数、ヘルパーの数、福祉用具の種類。難病でも自宅で一人暮らし（それもぐちゃぐちゃの一人暮らしではなく、きれいだ）ができるのは、それを支える資源があるからに他ならない。

そうやって、必要なものをひとつひとつ揃えていったスウェーデンだが、それでも老いていくこと、機能を失っていくこと、内面世界が変わってしまうこと、それらがもたらす不安を拭う確かなカードは、ない。

確かなカードは、生活上の不具合を解決するものだけだ（これが十分にあるとないとでは、大違いだが）。だから、セラピストも、具体的に何ができなくて困るかを聞く。そこへの解決策を提案していく。

だが、シルケが訪問したSさん（多発性硬化症）のように、生活上の不具合として出される問題が、実はもっと根源的な不安の表出（そう私は解釈した）である場合もある。確かなカードをもっているわけではないが、私としては、そこまで読みとって手札を切りたい。欲張りすぎだろうか。

いみじくも、マティアスはこう言っている。

「僕ら、西洋の人間は、非常に表面的に機能的に、人を見る。東洋は、もっと内面を大事にするんだろうと思う。僕らと同じような間違いを、くれぐれも犯さないようにね」。

ちょっと、買いかぶりすぎだと思うけど。

変わり続けるスウェーデン

理学療法士アンネマリーは、経験三十年だ。理学療法士になりたてのころ、今はもう閉鎖されているバーンヘムス病院にいた。

「あのころは、リハ入院も六カ月とか長くて、理学療法士はもっぱらストレッチや他動的ROMをしていたわ。今でも、マッサージをしてほしいと言われることもあるけど、そういうときはお金を払ってマッサージの所へ行ってやってもらってくださいと言うわね。理学療法士は、機能を改善させるためのメディカルサービスよ。その人自身が、具体的に日常生活を送れるようにするためのもの。特に拘縮を起こしそう、とか、特別のことがなければ、ROMはやりません。ストレッチしたら気持がいい、というなら、それはお金を払ってやってもらうべきよ。患者さんをpassiveにさせちゃだめ。

入院もそうだけど、具体的に目標を立てて期間限定で終了にもっていく、終了ってことは、上から強くいわれてるわね。理学療法士としては、もう少し長く関わりたい、と思うことはあるんだけどね……。

理学療法士の開業は、許可がいります。十年位前から開業する理学療法士が増えているので、今はちょっと許可がおりにくくなっているけど、整形疾患に関しては多くの開業理学療法士がいるわね。私は、開業したいとは思わないけど」。

日本でも人気のマシントレーニングは、もともと北欧が発祥の地だ。開業している理学療法士のクリニックでさまざまなマシンをおき、半分は健康な人のための有料のジムになっている所もある。

作業療法士は、治療の場としての開業はしてないようだ。スプリント製作とか自助具の店を自営している作業療法士はいるという。

施設から在宅へと方向転換し、施設をどんどんなくしていったスウェーデンだが、やはり障害が重くて在宅生活は困難になる人はいる。そこでナーシングホームの必要性も見直され、今は入所希望者が待ち状態という。コミューンのセラピストは、必要に応じてナーシングホームなどへの訪問もしている。

何らかの障害をもち介護が必要な高齢者が増えていく社会というのは、今後世界のあちこちで出現するだろう。介護者をどう確保するか、介護量をどう軽減させるかということに、もっぱら話の焦点がいく。わが国の介護保険サービスでも、最も使われているのが、訪問介護と福祉用具、そして最も使われていないのが訪問リハだ。

訪問リハは、資源がないから使われていないのか（使いたくても使えないのか）、それとも、当事者が、それ程必要と思わないからケアプランに入らないのか。

スウェーデンでも、高齢者・障害者の在宅支援は、まずはホームヘルプと福祉用具、環境調整から始まった。セラピストの訪問体制が整ったのは、それよりだいぶ後のようだ。身体がきかなくなる中で、できるだけ自立した生活を築くのは、どの国の誰にとっても、簡単なことではない。それでも電話一本でコミューンに所属しているセラピストが来てくれたら、そして身体の使い方の指導から福祉用具と環境調整、適合までしてくれたら、それは心強いだろう。それは、「身近で素速く」機能してこそ、意味がある。

スウェーデンでもセラピストの関わりは、期間限定だ。期間限定だが、必要になったときに、いつでも入れる体制になっている。日常生活を送る上で必要なことは、ホームヘルパーの仕事に移して、セラピストは手を引く。ただし、現実にはそこのところは必ずしもうまくいっているわけではないように見えた。

どこの国も、課題はある。ただ、スウェーデンを見てからわが国をみると、わが国のシステムは、現場のギリギリの頑張りを前提として作動するようになっている、と見える。

文献

（1）河本佳子『スウェーデンの作業療法士』新評論、二〇〇〇年
（2）河本佳子「スウェーデンにおける居住支援と課題」作業療法ジャーナル、三九巻七号、七六七〜

七七二頁、二〇〇五年
（3）「壮大なロマンを秘め漂う白夜の夢」エクセレントスウェーデン・ケアリング一巻、スウェーデン大使館、一九九八年
（4）訓覇法子『現地から伝えるスウェーデンの高齢者ケア―高齢者を支える民主主義の土壌』自治体研究社、一九九七年
（5）「人が生きるため国が考えること」エクセレントスウェーデン・ケアリング、一巻、スウェーデン大使館、一九九八年
（6）大熊由紀子、他『福祉が変わる、医療が変わる―日本を変えようとした70の社説プラスα』、ぶどう社、一九九六年
（7）前掲書（1）、一頁
（8）前掲書（2）、七六八～七六九頁
（9）井部俊子「看護のアジェンダ―血圧はどうなの？」週刊医学界新聞、二七〇〇号、二〇〇六年九月二五日
（10）佐藤きみよ「〔リカバリーショット〕花もようのカルテ」作業療法ジャーナル三五巻二号、一三八～一三九頁、二〇〇一年

附　インタビュー

河本佳子（こうもと　よしこ）
一九五〇年、岡山生まれ
一九七〇年、岡山県立短期大学保育科を卒業と同時にスウェーデンに移住
一九七四年、ストックホルム教育大学幼児教育科卒業。以後、マルメで障害児教育に携わる
一九九二年、ルンド大学医学部脳神経科作業療法学科卒業。その他、同大学でドラマ教育学、心理学の基本単位修得。
一九九九年、スコーネ地方自治体より二十五年間勤続功労賞を授与。現在、マルメ大学総合病院ハビリテーリングセンターで作業療法士として勤務。

スウェーデンの事情を、河本佳子氏に聞く（二〇〇六年十二月十一日、東京）

――マルメ市のコミューンと十地区の役割を説明していただけますか？

河本　マルメ市、すなわちマルメコミューンは、経済的に独立したコミューンですね。そこが十の地域に分割されていて、各地区に地区委員会があり、マルメコミューンから予算がおります。地区委員会は、それぞれが独立した行政となって運営しているのです。つまりは、地域のニーズ

に合わせて施行するのです。たとえば老人が多い地域にはサービスセンターを設置したり、移民が多い地域には、インフォメーションセンターや通訳を特別に雇用したりしていますね。その現場の事情に合わせて地区委員会がサービスの内容を合わせて充実させているわけです。学校も在宅ケアもグループホームも、地区委員会に直結しています。

プライマリケアセンターと病院は連携していて、病院や地域の診療所はランスティング（県）の管轄下、そのあたりのランスティングとコミューンの予算配分が細かく分割されているのですが、たびたび変わる制度によって実施している人ですら把握しにくいものだそうです。

マルメにある総合病院はたった一つで、それがマルメ大学総合病院です。病院内には各専門科がありますが、ほとんどの科に作業療法士がいます。脳神経内科、整形外科はもちろんですが、内科、循環器科、形成外科、たとえば火傷や癌患者への作業療法士も専門家としています。もうすべての科にいるといっても過言ではないですね。

――日本では、病院は事業体として経営的に成り立たせなければなりません。

河本　それは、全然考える必要のないことです。総合病院や診療所は公立ですし、保険点数制度もありませんから、利益を考えないでニーズ中心に考えられるのです。ただし、過剰サービスはしません。サービスしすぎると市が損をしますからね。だからスウェーデンでは、薬ひとつ、注射一本、本当にニーズがなければしませんよ。

――理学療法士・作業療法士への医師からの処方は、五年前から必要なくなったと聞きましたが。

河本　一応、公にはそうなっていますが、実際はもっと前からもう暗黙のうちに処方なしになっていましたね。医師は、そんなところまで関与する余裕もないし、彼らは投薬とか医学的治療に専念したいわけです。書かなければならない書類も山積みですし、もっと深く研究したい面もあるでしょうし、そんなこんなでストレスがたまりやすいでしょうから、医師がすべてにおいて指示を出していたら、すべてに責任を負わなければならなくなるでしょう？　それは無理だし、それではちょっと医師としても可哀想でしょう。もう少し肩の荷をおろしてあげるためにもそれぞれの専門家を信頼して無駄な処方箋をなくしているのです。医師もその分、楽になるように思えるのですけど。

われわれが患者さんに会って、われわれが責任をもっているわけですから、たとえば、われわれが患者には関節予防が必要であると判断すればスプリントを作って医師に報告するだけです。医師は、ありがとう、でおわりですね。ただし、手の手術後としてスプリントを作るのであれば、われわれの方からどういう意図のスプリントが良いか尋ねて作りますね。その他、ＡＤＬ訓練なども作業療法士の判断によるものですし、何かあれば医師はわれわれに意見を聞いてきます。縦の関係ではなく、議論も対等にできる横の関係ですね。

――コミューンの作業療法士は、日本で言えば保健所の作業療法士みたいな役割でしょうか？石川県とかだと、保健所に作業療法士がいますが。

河本　そうですね。ただ数が違いますね。家庭訪問をしている作業療法士はマルメ市内に一五〇人くらいはいると思いますよ。日本でも、保健所で働いている作業療法士がいれば、もっともっと声を大にして自分たちの存在をアピールしてもよいと思います。

――日本では、リハ計画書でも何でも点数誘導です。赤ん坊扱いされている気がします。

河本　それは、もともと制度が違うし、信頼関係が薄いのかもしれませんね。スウェーデンでは、作業療法士がすべて自分で計画を立てますから、やりやすい。その代わり、自分自身がとる責任も、大きいですよ。

たとえば、作業療法士が電動車椅子をある患者に処方しました。訓練して交通量の多い所も運転できるようにしたのはいいのですが、後日歩道の段差のところで急停止したときに電動車椅子が倒れて患者が投げ出されて怪我をした場合があります。そのときは作業療法士の責任になりました。車椅子の会社ではなくてね。ただ、それにより作業療法士が多額の罰金を課せられるということはありえません。それは国か組合が補償しますし、その後も仕事を続けられますが、社会庁から注意を受けることになります。スウェーデンは、どの組合もすべてにおいて強いですから、労働者をそういう意味では保護しているといえますね。

――社会民主党政権が長かったのですよね。二〇〇六年九月の選挙で穏健党（右派）になったそうですが。それまではちょっと社会主義みたいなところが、あるのでしょうか？

河本　面白いのですよ。スウェーデン自体は、自由主義で資本主義の国ですが、やっている行政は社会主義のようですね。医療・教育・福祉に関しては、みごとに社会主義に近い。みんな平等ということを表に出してやっています。ただ、九月に税金を減らすという公約で穏健党になったけれど、もうすでに批判が出ていますから、すぐにもとに戻るでしょう。穏健党は、アメリカ的な考え方で、すべてに私企業をいれて競争や利益を主流にする政策ですが、以前に一度、穏健党になったとき、多くの公務員が人員整理の対象になりましたがサービスの悪化で国民から批判を受けました。だから基本的なところはそう変わらないと思います。

――コミューンの作業療法士など、公務員にはなかなかなりにくいのですか?

河本 公務員は、本雇いになったら、雇用保障制度でいろいろ守られていますから、やはりそう簡単にはなれません。本雇いの人の病欠休み、産休、育児休暇などを保障するために、代理雇いもたくさん抱えているわけです。

だから代理は常に募集しますが、本雇いは、常に募集しているわけではないのです。作業療法士は全国で年間四〇〇人くらい、新卒が出ますが、市場は広いので、まずは代理雇用から始める人が多く、まだまだ働ける場はたくさんあります。

スウェーデンの大学は面白いですよ。常に市場と照らし合わせて、学生を入れているのです。以前は、理学療法士が多すぎて失業者が多く出たので入学の定員数を減らしてストップしたことがあります。大学も公立なので利益を考える必要がないから、もっと社会と密着したことができるのでしょう。私立は例えばエステティシャンの学校とかはありますけど、医療職など専門教育は私立学校はなくすべて国立大学です。

――日本では、訪問リハ、訪問看護が、長期にわたってずっと関わる、ケアするということがありますが、そういう関わりはありますか？

河本　もちろん。長期にわたってケアするのが、コミューンです。コミューンのサービスは一生涯利用できます。ただ病院からの医療職は長くはかかわらず、地域のコミューン派遣の看護師、作業療法士、理学療法士などに任せます。実際にはケアといってもコンサルタント的な考えです。

たとえば、本当に関節を動かさないと拘縮を起こしてしまうのだったら、一日に何回も毎日動かさないといけないわけですから、専門家が毎日訪問したとしても、せいぜい一時間足らずの訓練だけです。その点ヘルパーや家族は、一日何時間も一緒ですから、彼らに訓練の指導をするわけです。ですから、毎日ではなく定期的に訪問看護などしては、そのときの症状に合わせて指導する程度です。また、訓練も日常生活動作に密着したもので、たとえば、着替えのときに、腕を伸ばすとかこう関節を動かすように、とか、指導するのです。訓練期間というのは、患者とその身近にいる人が日常生活の中で必要な動作を行いながら訓練が訓練と感じないような自然な形で行えるようにいつのまにか身についていている期間だともいえます。

――日本では、看護師のリハの役割ということを考えますが、スウェーデンでは看護師にはリハの役割はないと聞きました。

河本　リハビリを一体どこから始めるかという問題になりますと、基本的には救急車で運び込まれてからすぐにリハビリが始まるとも言われますが、一般的には治療後の回復期をリハビリと

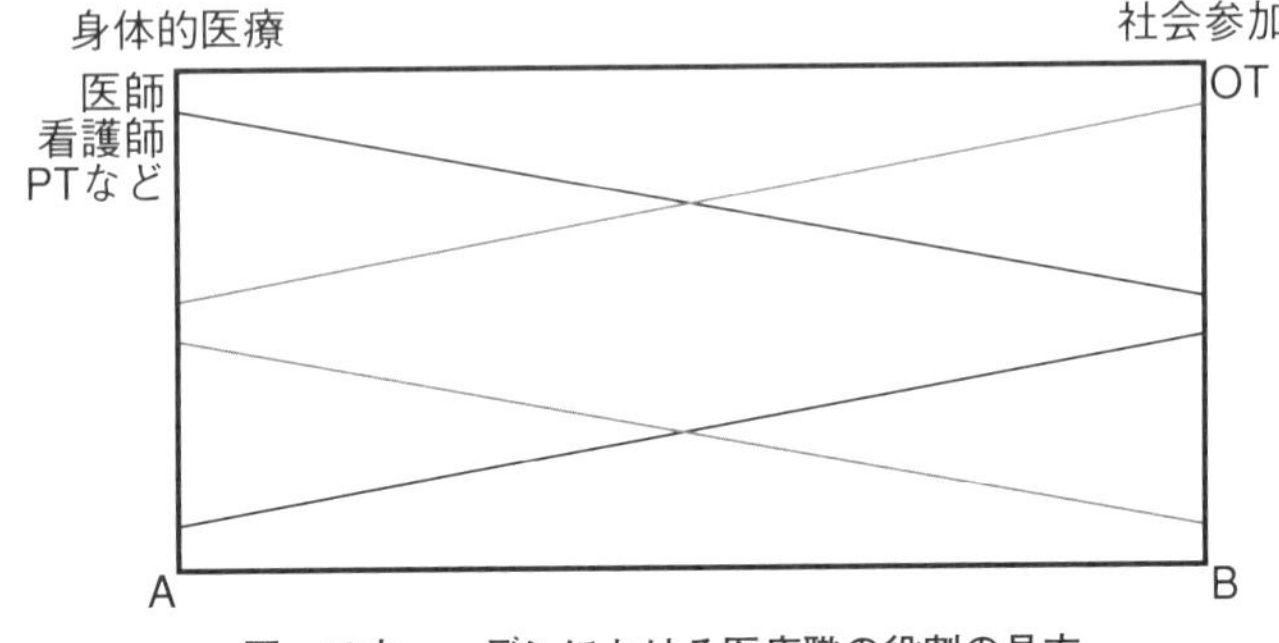

図　スウェーデンにおける医療職の役割の見方

ICF を基準に考えると各専門家の視点がどこに比重をかけているかよくわかる

言っています。

私はよく、こういう図を書いて専門家がどこに比重を置いて医療に携わっているかを説明しています。医師は、身体的治療つまり病因（A）に比重を置き、そう言う意味では看護師もここ（A）になります。また理学療法士は少しこちらの社会参加（B）への比重も最近はかけていますが、ことリハビリに関してはいまだに身体的リハビリ（A）に比重が大きくかかっていると思います。でも作業療法士は、患者のリハビリ目的が、日常生活、つまり社会参加型ですので（B）の比重が圧倒的に大きいのです。

――非常に分業ですね。これは、ある意味やりやすい。日本ではもっと重なり合っています。

河本　確かに重なってもいいのですが、そうしたら誰が何をするのかがわからないし。どういう視点で患者をみているのかわからなくなるから、非常にあやふやになりますね。それぞれの専門性が必要でなくなるし、重複するのであれば専門家は、リハビリセラピストだけでいいようになると思います。

――あやふやさが、日本っぽいのですね。そういう文化です。

河本　みんなが社会参加を目標に指導していくには無理があると思います。すべてを把握していなければならないし、そういうスーパー専門職があれば、作業療法士は必要なくなるでしょう。その危険性があるから、ここは作業療法士の持ち場であるということを自覚して他の職種にはない視野をもっていることに自信をもち、励まなければならないと思います。

ケアマネジャーという専門職が日本に導入されたとき、実は私はものすごく喜んだのですよ。これこそ作業療法士の仕事だと、うわー、日本にはいい資格ができたと嬉しくなったものです。ADLの評価ができてプランが立てられるのは作業療法士しかいないと。でも蓋をあけてみたら、薬剤師も？　マッサージ師も？　みんなとれる資格だと聞いて、エーッと思いました。なんのためのADL評価だと。

――日本は、くっきり違いを言っていくより、みんな、私もそれができます、というふうになっていく。分業ができるほどの人材が、ないからだと思います。

河本　みんながそれをやってしまうと、視点もあやふやになるし、専門職も必要でなくなりますよね。本当の意味での患者の必要性がわからなくならないですか？

あれこれに手を出すということは、非常にムダな面が多くなるように思えます。質より量のように感じますね。また、働き手にとっては、仕事の量、報告書の量の山積みであえいでいるのではないでしょうか。毎日四十分の訓練だって、本当にずーっと続ける必要性があるかどうか疑問になりますね。過重労働で燃え尽き症候群にならないためにも、もう少し働き手の労働環境も考える必要があると思います。

——住宅改修に作業療法士が必ず関わるというふうになったのは、作業療法士組合が働きかけたのですか？

河本　住宅改修はニーズから生まれたものでしょう。最初は必然的に身体障害者だけが対象でしたが、知的障害者や自閉症児の住宅改修まで広がってきています。家庭訪問をし、ＡＤＬを知り患者のニーズをよく把握している作業療法士が申請書を出すのは当然でしょう。いつからそうなったかははっきりしないけれど。建築の書類を申請してもよい職種は、一応、医師、理学療法士、作業療法士と名前がつらなっています。しかし、理学療法士も申請はできるけど、実際のところ理学療法士はＡＤＬには重点を置いていないし建築技術も知らない。まあ、そこまでやろうとも思わないみたいですね。医師も、病院から出て家庭訪問までする余裕がないし、したいとも思わないでしょう。だからもう九九％作業療法士がやるようになったといえます。そのためわれわれは大学で、障害者に対する建築設計学もある程度学ぶようになり、よけいに作業療法士がやるようになったといえます。だからやはり理学療法士はこっち（病因）に重きをおいていると思います。

——申請用紙の欄に医師、理学療法士、作業療法士が入っているということは、どれか医療職が入ればいいと行政側は考えていたわけだけど、やはり作業療法士がいいとなったのは？

河本　決定的な境い目は、やはり、先ほども言ったようにＡＤＬを評価できるのは作業療法士だと行政側が認めたことでしょうね。また、作業療法士も住宅改修のニーズを捉え、的確に記述することを心得ていますから、それも認められた理由のひとつでしょう。

——マルメに行くのに、コペンハーゲンから電車に乗ったのですが、改札口というものもないし、ホームからそのまま自転車を引いて乗る人がいる。そのカップルは、電車をおりると、もうホームの上から自転車に乗って行ってしまいました。市内のバスも、大きな乳母車のままみんな乗り込んでいた。車椅子のために特別に作るというわけではなくて、誰もが普通に使えるということの中に車椅子もあるのですね。

河本　まだ、すべてがバリアフリーというわけじゃないですよ。でも、スウェーデンでは国の政策として、二〇一〇年までには、公共の建物や交通機関にはすべて車椅子のまま差別なく自然な形で入れるようにするとして、現在いたるところで改善中です。車椅子と特定しなくても、歩行器、乳母車、自転車などすべてを含めてということです。

終章　取材を終えて

訪問リハの現場を見て回ろうと思いたってから、二年が経過した。国内で九カ所、スウェーデンで三カ所の取材をした。二〇〇六年四月の医療保険・介護保険同時改定時、われわれ訪問看護ステーションに所属するセラピストにとって大きな足枷になった「訪問看護7」の縛りは、訪問看護ステーションからセラピストがガンガン訪問するというスタイルに、歯止めをかけたことは確かだ。

二〇〇六年十一月のメディファクス5053号（MF医療情報室）によれば、訪問リハビリの増加傾向は五月ごろから顕著にみられるとし、二〇〇五年度は年間を通して二万〜二万一〇〇〇件だったのが、二〇〇六年五月、二万四〇〇〇件、六月、二万五〇〇〇件、七月、二万六〇〇〇件と発表している。ただしこれは、二〇〇六年三月の解釈通知（「訪問看護7」の縛り）により、訪問看護から訪問リハへ移行したこともその要因としている。つまり、訪問リハの利用者と資源が増加したというより、セラピストの所属が訪問看護ステーションから、訪問リハ事業所に変わっただけ、というわけだ。

この改定時にマスコミで大きく取り上げられたのは、医療保険のリハサービスが日数制限を受けるということだった。リハビリ難民ということばも生まれた。医療保険の外来を制限し、介護保険の通所リハに移行させようという厚労省のねらいははずれ、通所リハは横這い状態という。そして逆に、「外来を打ち切られるので、訪問をお願いします」というケースは、ぽつぽつある。話はまるで逆だ。家から出られない人の所にこそ「訪問」ではないか。

いや、そもそも訪問と通所と外来は、違う機能なのである。外来リハを打ち切られるから訪問リハというのも、通所リハに出られる人には訪問リハは必要ないというのも違う。リハ資源が貧弱な（セラピストが少ない）ための混乱なのか。医療費を抑制したいがための迷走なのか。

いくつかのことを整理しようと思う。そして考えるにあたって、参考になった何冊かの本を紹介しながら、より良い未来を描ければと思う。

資源はすぐには整わない

一生懸命訪問に出ているセラピストたちを取材していると、自分たちが提供する技術とか、訪問リハといわれているものと自分たちが本当にやりたいことのギャップとか（これは私自身が感じることでもあるが）に、関心がいってしまう。だが、もう一度よく世界を眺めてみよう。

訪問しているセラピストは、ほんの一握りでしかなく、訪問看護ステーションから多くの看護師がリハの目的ででかけているという圧倒的な現実がある。さらに、病院の看護体制七対一（日勤帯に入院患者七名に看護師一名）に厚い保険点数が設定されたため、看護師が病院に吸収され始め、訪問看護資源自体が、ゆらぎ始めている。そして、訪問リハビリ・マッサージなどの名目で、訪問リハを担っているあん摩マッサージ指圧師の存在がある。

亀戸大島クリニック院長の飯島治氏が書いた本『要介護3・4・5の人のための在宅リハビリ—やる気がでる簡単リハビリのすすめ』[1)]は、そんな現実を踏まえており、読者として看護師・マッサージ師・ヘルパーそして家族を想定している。

ここに書かれていることは、リハマネジメントもICF（国際生活機能分類）に基づいたリハ計画書も、関係ない。現場で即役立つノウハウが書かれており、「だらけ体操のすすめ」などは、私もパクってしまうことがある。多分、今私が書いているこの本よりも、多くの人が手に取るだろう。訪問して、一体何をすればよいのかが端的にわかるようになっている。

訪問に出るセラピストの数が少ないのであれば、「これは作業療法士にしかできないこと」など気取ってる場合ではない。技術移転をし既存の資源をどんどん転用する、いわゆる発展途上国のCBR（Community based rehabilitation）をやっていかなくてはならない。

だが、実際どうなのだろう。

多分わが国は、ものすごくバランスが悪い。遅れてスタートした先進国なのでシステムをゆっくり醸成して作りあげることなく、来てしまった。いつも焦ってバタバタと辻褄合わせをしようとしている。そこに、それぞれの職能団体の思惑と試算もからむ。恐らく、セラピスト団体は、資源としては貧弱だとしても、われわれこそは訪問リハを担うべき職種と自負しているから、この分野にマッサージ師が多く進出することは、好まないだろう。ただし、訪問マッサージは、私なども マッサージをしてほしいと言われる利用者には、どんどん紹介している。身体をほぐしてほしいという希望ならマッサージに移行して、訪問リハは終了にもっていこうと考える。だが、実際はなかなかそうならない。利用者は訪問マッサージと、訪問リハをちゃんと使い分けている。

マッサージとリハの関係、看護とリハの関係、介護とリハの関係、そして、当人の生活とリハの関係……、一体どうなっているのだ？ そして、そのリハは、一体誰が必要と言っているのか。本人か家族か、ケアマネジャーか、医師か、行政か、われわれセラピスト自身か。

われわれが出会う人に共通にあるのは、良くなりたいという願いと、少しでも今より落ちないようにという思いだ。マッサージ師は、素朴にその願いに答えようとする。そこでの「リハ」は運動器の楽な状態、良い状態のことを指している。それはそれで有効に働く部分がある。基本的に彼らは、期間限定ではない。

看護師が対象としている人々は、セラピストが対象とする人々よりずっと多様だ。そして守備範囲も広い。看護の文脈の「リハ」は、健康問題として出てくる関節拘縮や筋力低下、セルフケア不足へのアプローチ、あるいは療養上の世話、これはＡＤＬ支援だが、自立へ向けて方向づけられる。リハ資源が整わないかぎり看護師は自分たちの仕事として、これらのことを行うだろう。現実に多くの地域で、訪問看護師がリハを担っている。ただ、彼女たちは「障害」が苦手だ（そしてわれわれは「全身状態」が苦手)。ところでそれは、資源が整うまでのことなのか。セラピストが多く訪問し始めたら、スウェーデンのように、看護はリハの中にポジションを失うのか。すでに、介護の中にポジションを失いつつあるが……。訪問看護も基本的には期間限定ではない。

そして、日常の生活支援を担っている介護士、ヘルパー。利用者の毎日の生活行為が、より活動的に、より自立的になることが、リハの目指すことだ。介護とリハが密接な関係にあるのは自明の理だ。家から出られるようになり、歩行が安定してきて、訪問介護による定期的な散歩をケアプランにいれてもらって、訪問リハを終了にする、というのは、よく使おうとする手だ(ところで、買物援助はいいが散歩援助はだめ、といわれている。こんなけちな制度は、とても恥ずかしくて人に言えない)。訪問介護は、生活に添って継続していく。生活を支える支援は、もちろん期間限定ではない。

ここまで考えてくると、導き出される結論は、訪問看護ステーション、ヘルパーステーション、訪問リハステーションが、別々にあるより、すべての職種が混ざり合った訪問ケアステーションのようなもの、資源のない中では、それが有効ではないかと思える。いや、ステーションに多職種を混ぜいれただけでは、有効には機能しないな。まだ、考えねばならないことがある。

多職種チームのことと、期間限定性のこと、そして事業は生きのびねばならないこと――つまり、市場原理にさらされていることだ。

医師アタマとコメアタマ

「医師アタマ」という愉快なタイトルは、二〇〇七年三月に出版された、プライマリケア医たちによる本につけられた[2)]。この本の扉には、こう書いてある

「とりあえず、自分の正しさを疑ってみる。
とりあえず、相手を信じてみる。
21世紀の医療のヒントは、そこにある。」

自分たちの頭を、医師アタマと笑いとばして医師アタマの中にある世界を描き、どう患者とコミュニケーションをとることができるかを模索した、画期的な本だ。キーワードは、異文化コミュニケーション、これは、医師と患者間の異文化を扱っているが、多職種チームが機能するためには、正に異文化コミュニケーションが成立しなければならない。

医師アタマがあるように、コメアタマ（コメディアルアタマ）、本当は、看護師アタマ、理学療法士アタマ、作業療法士アタマ、言語聴覚士アタマもあれば、介護士アタマもある。看護師アタマは、明らかに医師アタマとは違う。理学療法士アタマはときとして医師アタマに近づこうとすることがあるように思う。作業療法士アタマは、イシのように固くなることだけは避けたいと願っているが、柔軟さを裏うちする科学というものも発展途上なため、ぶよぶよのままで出歩いてい

る。

「医師アタマ」を、編者の尾藤氏は次のように説明する。「端的にいうのであれば、『世界は、正しいことと間違ったことから成り立っている』という考え方、そして『正しいことは、すべての人にとって正しいものであり、間違っているものは、すべての人にとって間違っている』という「自然科学としての医学がもつ業のような思考とそのプロセス」。

この本を読むと、医師以外の人が医師アタマを理解することを助けると同時に、多文化コミュニケーションをとるためにはこのような作業、つまり医師が医師アタマを描いてみせたように、われわれもそれぞれのアタマを描いてみせることが大事だと気づかされる。

この本の著者の二人が引用しているのが、ドナルド・ショーンの反省的実践家という新たな専門家像だ[3)、4)]。「反省的実践家とは専門分化した自分の領域を超える課題に、患者とともに立ち向かうものである。それは専門分化しスマートに整理された状況の中での実践家ではなく、複雑に入り組み混沌とした中で泥臭く格闘する専門家である」「そこは自らの知識体系を適応できるような場ではなく、実践の中でダイナミックに新たな知識が形成されていく」「反省的実践家は、技術的熟練者がもつ専門職としての自律性（自らがなすべき仕事内容を決めること、その結果の判定を自らが下すこと、患者を支配すること）を放棄し、専門職の権威を振りかざすことを止め、患者に寄り添う」。

医師アタマを反省した上での反省的実践家は大歓迎だが、多職種チームが全員患者に寄り添ったら、ちょっとうるさいかもしれない。

信念対立

「複雑に入り組み混沌とした中で泥臭く格闘する専門家」が多種類いて、チームを組んだら、うまくいけば、熱いチームになるし、一歩間違うとなにか恐いものがある。それぞれの職種が、自分の職種の視点こそ正しいと思っていると、容易に信念対立を起こす。とりあえず、専門職はそのバックに理論とか科学を掲げており、特に医療職はエビデンス（科学的根拠）を明らかにすることが望ましいとされ、エビデンスとアウトカムのはさみ撃ちに会っているので、のびやかな発想など到底期待できそうにない。

理論と実践、医療と福祉、医師とコメディカル、リハと看護、理学療法士と作業療法士、機能・構造と活動・参加、どの切り口を見ても、信念対立の宝庫といえるところで、多職種チームを作ってコラボレートするには、原理的な基盤整備が必要だ。それを、心理学者、西條剛央氏がやりとげた[5)]。それが構造構成主義だ。

多種の専門職が、自分の関わりの正当性を説明するときには、客観的であろうとする（感情のおもむくままにとか、自分の好きなようにというのは、最も非専門的で恥ずべき態度と認識されている）。そして、客観性を科学に求める。

ところが、客観的構造化が可能なのは物理学など自然科学の一部だけで、人間を対象とした科学は「曖昧な側面」が含まれる。そこで西條氏は、構造構成主義の中核に「関心相関性」という認識装置をおく[*]。ある職種独特の視点や論理の立て方があるが、それはその職種がもつ関心相関的に、打ち出されているにすぎない。そこで、自他の関心を対象化しておくことで、不用な信念対立に陥ることが避けられるだけでなく、建設的な議論や協力体制を築くことができるのではないかと彼は提言している（医師アタマの表明は関心の対象化のすぐれた例だろう）。

かなり大雑把な紹介の仕方だが、西條氏がまとめている関心相関性の機能は、以下の点だ。

（1）自他の関心を対象化する機能
（2）研究をより妥当に評価する機能
（3）信念対立解消機能
（4）世界観の相互承認機能
（5）目的の相互了解・関心の相互構成機能
（6）「方法の自己目的化」回避機能
（7）「バカの壁」解消機能（「バカの壁」は養老孟司氏の言い方）

＊西條氏の構造構成主義は、作業療法士の京極真氏が「ＥＢＲ（evidence based rehabilitation）におけるエビデンスの科学論―構造構成主義アプローチ」（総合リハビリテーション、三四巻五号、四七三～四七八頁、二〇〇六年）を発表したことで、リハ業界にもたらされたと言っていい。

多職種がうまくチームワークをとるためには、それぞれが関心相関的に動いている、ということを意識化し、医師アタマなど、職アタマをそれぞれ自己開示する必要がある。また、取材中何回も聞いたことば、「訪問では理学療法士も作業療法士も言語聴覚士もまた、看護や介護職も重なりあって、職種間の境界を越えていく」ということが、そのまま信念対立解消になるわけではない。違うアタマで重なりあっている、ということこそ意識しておくべきだろう。

リハは期間限定か

訪問リハの取材をしていく中で、何度も聞いたのが、「目標設定が難しい」、「終了が難しい」ということばだ。私自身の実感を言えば「目標設定が難しい人が確かにいる」「終了が難しい人が確かにいる」ということになる。

具体的な目標がたち、それに向けたアプローチを二カ月なり三カ月なりやって、達成・終了という人もいて、そううまくいった場合は私だって嬉しい。だが、それはモデルにはならない、ということだ。

結論を先に言ってしまえば、私は「期間限定派」だ。だが、そう言ってしまう前に、「リハビリ」という言葉と内容を吟味する必要がある。つまり、期間限定という場合と期間限定ではないという場合で、リハビリという言葉が違う意味をもっているなら、ほとんどこの議論は意味がないからだ。

やっかいなことに期間限定派の私は「期間限定でない」と言っている人の文章に生の本質に関わる大切なことを読みとる。まずその代表格、三人の文章を紹介する。

免疫学者、多田富雄氏は二〇〇一年に脳梗塞左麻痺となり重度の構音障害がある。彼が発症二年後に書いた「鈍重なる巨人」から引用する[6)]。

「(前略) いくらつらくても、私はリハビリを楽しみにしています。週に四日間、歩行訓練と言語機能回復のために、病院に通うのが日課になった。私にも家人にも大変な負担です。そんなことをしても、目だって良くなる気配は見えません。終わりのない、不毛の努力をなぜ続けているか。(中略)

それは自分の中で生まれつつある新しい人への期待からです。元の体には戻らないが、毎日のリハビリ訓練でゆっくりと姿を現してくる何かを待つ心があります。(中略)

リハビリとは人間の尊厳の回復という意味だそうだが、私は生命力の回復、生きる実感の回復だと思っています。(後略)」

多田氏は、二〇〇六年の医療保険改定の日数制限に対し、積極的に新聞などに撤回を求める意見を書いている。ここで多田氏の言うリハビリは、具体的な生活行為ができることでも、元の身体に戻ることでもなく、もっと根元的な生命のことを言っている。生命と言っても「生命の危機」というときの生命ではなくて、自分の身体が自己のものとして、力強く作動する、ということだと思う。

医療社会学者細田美和子氏の著わした「脳卒中を生きる意味」[7)]は、脳卒中になった人々の声をていねいに聞きとり、その内部世界と絶望から立ち上っていく道筋を示している。

彼女は「病いや障害を持つ人の声はかくも小さく、医療専門職や行政当局などといった社会の中で一定の地位を持つ、健康で健常な人の大声にかき消されやすい」ことを指摘している。まさに、私が書いているのも「健康で健常な専門職」の（大きくはないが）声で、細田氏の丁寧な仕事は傾聴しないといけない。

彼女は当事者への聴き取り作業から〈生〉の位相を①生命、②コミュニケーション、③身体、④家庭生活、⑤社会生活ととらえた。脳卒中は、この各位相をバラバラにしてしまう。だがやがて時間を経てこの一度切り離された〈生〉の各位相が、統合されていく。この統合されていく過程をリハビリテーションと私は呼びたいが、細田氏の聞きとりで明らかになっていくのは、その過程はかなりのところ、当事者個人の努力・試行錯誤の繰り返しであること、複数の他者との「出会い」が不可欠なこと、医療専門職とのフォーマルな関係性だけでなく、インフォーマルな関係性が影響を与えること、などである。

われわれがいつも答えきれないでいること、つまり脳卒中になった人の「治りたい」ということの意味を細田氏は三つにまとめている。

一つ目は「身体の運動機能を取り戻す」ということだが、これは元の身体と同じ状態になるまで戻るということだけでなく、いったん悪くなった状態から良くなること、まったく動かなかった手足が動くようになることなども含む。

二つ目は、ある目的をもった行為を行うとき、元のように身体を動かせるわけではないが、異なる方法でできるようになるということ、つまり利き手変換で字が書けることなどもここに入る。この一つ目と二つ目は、われわれにとって目新しいことではない。常に目指していることだ。

注目したいのは、三つ目だ。これは「よそよそしくなった身体を取り戻す」という水準をいう。医学が支配する客体化された身体―麻痺は治らない、回復段階ではプラトーに達している、などと医療職から言われる身体―から、自らが身体に対する働きかけをし続け、何年にもわたるリハビリ訓練を続け、「治った」という感触を得ること、そういう状態に到ることを明らかにしている。

細田氏が言う、バラバラになった〈生〉の位相が再統合されること、よそよそしくなった身体を取り戻すこと、これには年単位の時間を必要とする。彼女は、この本の冒頭で「一八〇日でリハビリ訓練が打ち切られる事態は、〈生〉の危機を引き起こしかねない。脳卒中者の〈生〉の現状を診療報酬改定者が知り、この危機的な状況が再考されるよう、本書が貢献できることを強く望む」と、書いている。

もう一人、リハ業界ではおなじみのリハ医大田仁史氏は、もう至る所でリハは一生もの、終末期まで続くことを書いている。ここでは、「大田仁史のいきいき人生論4話万歳！『訓練人生』」[8)]から引用する。「維持期のリハビリは、人生をかけて継続的に続けなければならない、と私は思っている。骨折が治癒した後などは期間限定でもよいが、もとに戻らぬ障害をおった人にとって、継続・断続的なリハビリ（訓練）は慢性疾患患者の薬や腎不全者の透析のようなものなのだ。人により頻度や量は違うが止めるわけにはいかない」。

「障害者には『訓練人生』を大切に考え油断するなと言いたい。それには集団で身を守ってほしい。実はこの集団も国は医療報酬制度ではなんの根拠も示さずぶっ潰した。集団にいてこそ見える自分があるのに」。

ここで三人ともが使う「リハビリ」の意味は、「訓練」のことだ。三人ともリハビリテーションという意味のもつ本義を十分承知の上で、訓練としてのリハビリが、機能回復とは別の意味をもつことを示す。すなわち、多田氏は「生命力の回復、生きる実感の回復」、細田氏は「客体化された身体を主体として取り戻す」、この二人は、当事者（免疫学者）と医療社会学者で、ここに込められた意味は実存的な側面をもつ。大田氏は医師であり、もう少し現実的な意味「身体を良い状態に保ち続ける」ということを、終末期まで続く「リハビリ」という言葉に込める。

それぞれに込められた「リハビリ」の意味とその重要さを承知した上でそれを提供する側、セラピストとしての例えば私は、どう考えるか。

期間限定なしにセラピストが関わるとして、そこに重要な意味があることを当事者や第三者、医師が指摘したとしても、やはりセラピスト自身も意味があると思えなければ、有効な働きにはならない。

期間限定が出されてきた背景は、高齢者リハビリテーション研究会が平成十六年一月に出した答申「長期間にわたる効果のないリハビリ」が慢然と行われてきた、という指摘に基づいている。これが私自身に発せられた言葉だとすると、私は「効果のない」と「慢然と」の二つのフレーズに反応する。効果のないことを慢然と行う私は、バカみたいだ。そんなことを、厚労省から言われたくはない。

そうすると、「効果」とは何か。ひとつは「良くなること」、もうひとつは、放っておけば悪くなるかもしれないところが、悪くならないこと、すなわち「維持」だ。そこから維持期のリハというこどばが生まれる。このことばが曲者だ。「維持期」が「漫然」とならないためには、そこに積極的な意味づけが必要であり、それがなければやはり「漫然」としてしまうだろう。

私自身は「機能維持」つまり「身体を良い状態に保ち続けること」すなわち、浮腫がなく、緊張が高くなく、痛みがなく、拘縮を起こさず、良い姿勢が保持でき、身体のバランスが良く、活動性が維持できていること、ここへのセラピストの貢献は大きいと考える。そしてこれは多くの場合頻度はどうであれ終生継続する必要がある援助である。ただし、これは、「リハビリ」と称するよりは「継続ケア」と称した方が、適切だと考える。そこには、具体的な生活機能の獲得目標は必要ない。マッサージ師の役割も入る。そして、「身体を良い状態に保ち続ける」ことができなかったら、それは健康問題であり、看護の出番となる。その意味で、維持的リハビリは看護なのである。そこで行われるのは、看護師によるリハビリではなく、看護師による看護とセラピストによる看護なのだ。終末期ケアにもセラピストが貢献できると思っているが、それは終末期リハビリではなく、終末期ケアへのセラピストの参加となる。

私自身は、そう考えると非常に納得がいき、期間限定のない関わりにも積極的な意味を見出せる。

もうひとつは、長期にわたる関わりの中で良くなっていくということに関してだが、この「良くなる」意味が、当事者とセラピストで違うということが、多田氏や細田氏の指摘で明らかになった。われわれは、利用者の身体を客体化する。動きの評価をし、日常生活動作を数値で表わして（FIMやバーセルインデックス）、目に見えて動きが良くならなければ効果ありと判定できない。だが、当事者の内面は、違う様相を呈している。われわれの判定した効果をまったく実感できないこともあれば、われわれがたいして意味のある変化とは捉えないことが、「よそよそしかった身体が主体として取り戻せた」大きなきっかけであったりする。

そこで大事なことは「専門職による客観的な評価」ではなく「当事者による主観的な評価」だ。主観的評価は作業療法の分野ではCOPM（カナダ作業遂行測定）など、一般化してきている[9)]。また、理学療法では認知運動療法も、主観的（一人称の）探索と客観的（三人称の）探索を統合しようとしているようだ（経験と科学のダンスと称している）[10]。

客観的評価は、期間限定の支援ですることができる。また、主観的評価でもCOPMは具体的目標を設定するから、期間が限定できる。さて問題は、「生きる実感の回復」「主体として身体を取り戻す」ということへ、われわれが確かな技術を提供できるか、ということだ（多分ボバースアプローチは、そこに貢献している）。

そしてこれは、技術提供と同時に当事者がつかみ取っていくようなことだ。三年、五年といったスパンで、彼らはよくなっていく。客観的にあるいは主観的に。だが、そのときはわれわれは技術提供者というよりは、伴走者のような役割だろうと思う。そして、その時点のことを私は「リハビリ」と称するよりは「生涯学習」と称する方が適切に思える。「社会活動」でもいい。厚労省が評価しなかった「集団」の意味、大田氏が指摘する「集団にいてこそ見える自分」の集団、介護保険施行と同時に壊滅した、通所機能訓練事業―いわゆるリハビリ教室がもっていた優れた機能、細田氏も指摘する患者会の意味、それら「社会活動」のもつ意味は、とても大きい。

リハビリテーションは、期間限定の概念であり、維持期リハというものはない。その期間は、三カ月であったり二年であったりする。一律に期間は決められない。いずれにせよ、具体的に目標達成し障害をもっての生活がうまく軌道にのり、主客ともに良くなったと評価できるプロセス（柴田病院院長、柴田勝博氏は「慢性期リハ」を提唱している[11]）をいう。一方、継続ケア（看護ケア）も社会活動（生涯学習）もセラピストが積極的に貢献できる分野である。

このように整理すると、セラピストとしてはやるべきことが見えてくるのだが、どうだろうか。

ついでに言うと、細田氏の指摘するバラバラになった〈生〉の位相を統合していく過程は、今のところ当事者の自助努力にかかっている。私は、作業療法士なので、この部分、バラバラをつないでいくというところを、作業療法士の貢献できる分野として、ツバをつけておきたい(早い者勝ち!!)。

作業するということはつ*な*い*で*い*く*ということに他ならない。

市場原理

わが国のリハビリテーションの制度は、医療保険にせよ介護保険にせよ、保険によって支えられている。これらの保険は、法律により細かい点数が規定された公的なものであるから、直接市場原理にさらされているという訳ではない。

だが、介護保険施行時、サービス資源整備には民間事業体の参入を歓迎し、競争原理がサービスの質を上げるという風潮があったことは確かだ。訪問介護や入浴サービスは、都市部では株式会社経営のところが少なからずあるし、訪問看護ステーション、訪問介護事業所、居宅介護支援事業所、通所介護、福祉用具レンタル・販売事業所を包括的に手がける株式会社は、セラピストの起業スタイルのモデルになっている感がある。

今後、加速して増えていく高齢者への医療と介護の保障を、どう整備していくのが望ましいのかを、描く力はまったく私にないし、その役目でもない。

だが、どうしても気になることがある。私が所属する訪問看護ステーションは、運営母体が大きいため、赤字になったからと言ってすぐに倒れてしまうわけではないが、事業体としては黒字の健全な経営を、当然求められている。そしてこれも当然のことだが、それには常に利用者が途切れることなくいなければならないということだ。

私はリハを期間限定と考えはするが、利用者と共に目標を立てリハ計画書を立て、説明と同意を得て有効な働きかけをし、三カ月なり六カ月なりで次々と終了にもっていくとする。次々と新規利用者があらわれなければ、即経営は破綻する。そこへ別の事業所が「利用者の希望通り毎日でも末長く訪問しますよ」と参入し、せっかくこちらで目標達成、終了となった利用者を、もっていかれたとする（ヘンな言い方だが）。これが市場の競争原理だとすると、それは望ましいサービスの保証にはならない。

訪問リハを期間限定とすると、事業は継続ケアと組み合わせなければ、安定しない。あるいは通所サービスとの組み合わせも考えられる。訪問リハを終了するにあたって、当然同じ事業所の通所サービスにつなげたくなる。単一事業での独立した経営ははなはだ危い保険設定なので、複合的な事業体にならざるを得ない。同じ事業体のケアマネジャーが、同一事業体内のサービスで完結してしまうようなケアプラン作成は、望ましくないとされているが、複合事業体が安定して事業していくためには、同一事業体のサービスを使うのは、当然の帰結だ。

日本で取材した訪問リハの事業体は、どこも複合的にサービス資源を整えていた。経営は、包括的にやってカツカツ、仕事量はスウェーデンで垣間見たのと比べると、はるかに多い。小規模で地域に密着し、フットワーク軽く訪問するスタイルは、単体では無理なのだ。

「在宅リハセンター成城」は、地域密着でフットワーク軽いが、訪問リハ部門は赤字だ。訪問看護ステーションだと黒字になる。この点数設定の違いは、技術料の違いではなく、独立事業体を前提にしているか否かの違いだ。そうやって、訪問看護に市場への参入を促したが、結局、頭打ちになっている。

介護保険の構想がほぼ固まっていった時期一九九六年三月に、必死の思いで大急ぎで出版された本があった。里見賢治、二木立、伊藤敬元氏による「公的介護保険に異議あり―もう一つの提案」[12)]だ。もう一つの提案とは、社会保険ではなく、租税による保障のことだ。

この提案は一顧だにされなかったようだが、加算をつけたり逓減したりという姑息な誘導をふり回す保険制度では、サービスの良質な醸成は期待できない。

どこか、地方の一都市で、試しに公的保障による在宅サービスをやってみたらどうだろう。保険であっても複合的に運営しなければ、経営が成り立たないのであれば、一層のこと、病院も福祉施設も在宅サービスも自治体による複合サービスにしてしまう。民営でもいいが、お金の出所は税金からにする。

早くから行政にセラピストをいれ、独自の展開をしていた大東市あたりで、徹底したシミュレーションをしてみるというのはどうだろう。ここには下地がある。

最後に紹介する本は、アメリカの事情にくわしい、医師で医事評論家の李啓充氏の『市場原理が医療を亡ぼす』[13)]だ。政府は、わが国の医療費が膨大で、いかに抑制しなければならないかを喧伝するが、実はわが国の医療費は先進諸国のどこよりも低いのである。我慢強く（サービス利用当事者）、休日返上で働く（サービス提供者）、そんな性格をもったわが国の人々は、すでにぎりぎり抑制している。李氏は、市場原理はサービスの質を低下させること、医療費を抑制もしないことを、米国の例から検証している。

文献

（1）飯島　治『要介護3・4・5の人のための在宅リハビリ―やる気がでる簡単リハビリのすすめ』、医歯薬出版、二〇〇六年
（2）尾藤誠司〔編〕『医師アタマ―医師と患者はなぜすれ違うのか？』、医学書院、二〇〇七年
（3）尾藤誠司「今こそ医師アタマの考察と反省を」尾藤誠司〔編〕『医師アタマ―医師と患者はなぜすれ違うのか？』、医学書院、九頁、二〇〇七年
（4）宮田靖志「患者にとっての『専門家』と医師のなかでの『専門家』」尾藤誠司〔編〕『医師アタマ―医師と患者はなぜすれ違うのか？』、医学書院、一七三頁、二〇〇七年
（5）西條剛央『構造構成主義とは何か―次世代人間科学の原理』、北大路書房、二〇〇五年

（6）多田富雄「鈍重なる巨人（抄）」多田富雄・鶴見和子『邂逅』、藤原書店、三〇〜三一頁、二〇〇三年
（7）細田美和子『脳卒中を生きる意味』、青海社、二〇〇六年
（8）大田仁史「〈大田仁史のいきいき人生論〉4話―万歳！〝訓練人生〟」日本リハビリテーション病院・施設協会誌、一〇一号、三四頁、二〇〇六年
（9）Mary Law, et al〔著〕吉川ひろみ〔訳〕『COPM―カナダ作業遂行測定』、大学教育出版、二〇〇六年
（10）アルド・ピエローニ、他〔著〕小池美納、他〔訳〕『「認知を生きる」ことの意味―カランブローネからリハビリテーションの地平へ』、協同医書出版社、二〇〇三年
（11）柴田勝博「維持期リハビリテーションの今後」ロングタームケアLTC、一四巻三号、三五〜四一頁、二〇〇六年
（12）里見賢治、他『介護保険に異議あり―もう一つの提案』、ミネルヴァ書房、一九九六年
（13）李　啓充『市場原理が医療を滅ぼす―アメリカの失敗』、医学書院、二〇〇四年

あとがき

どこの業界も、そこに住む人々は悩みもし、模索もし、絶望もし、より良い明日を夢見もし、現実は日々の業務の中にささやかな喜こびを見つけることで、なんとか乗り切って暮らしているのだろう。

リハビリテーション業界が、他所に比べてひどく悩み深いという訳でもないとは思うが、それでも悩めるもととなる二つの特殊性がある。

ひとつは、最初から論理が一貫しない世界ということだ。「病気を治す」という構造だったら、簡単だった。「治る」か「治らないか」だし「治らない」生き方の提案も、シンプルにできた。リハビリテーションは、「治ろう」と思っている人に対して「はい、治りましょうね」という入口（医療の入口）を用意し、出口は、「障害はあるけど、人間としての権利は何ら失われていませんよ」（社会の出口）だから、入って出るまでに、どうしたって何かヘンだぞという感覚がつきまとうのも当然だろう。

トンネルの中で、だまされた感じだ。

「作業療法をしましょう」とか「理学療法をします」とか言うなら、まだいいのだ。それはそれで、一貫する。だが現実はそうではなくて、理学療法士あるいは作業療法士が「リハビリをする」という方向にどんどん向かっている。私は、それがよい方向だとは、決して思わない。それぞれの、のびやかな発展が、「リハビリ」というカッコではばまれているように感じる。

もうひとつは、「多職種チーム」という特殊性だ。うまくいけば大変面白い。一歩間違えば、にっちもさっちもいかない。

私は、多職種チームをいつも多民族国家に重ねてしまう。同族同士（作業療法士同士）でしゃべるときの気安さ、違う民族（理学療法士や看護師や医師など）としゃべるときの、言葉が通じない焦立ちと新たな発見、配慮と緊張。

だが、それゆえに、その特殊性と悩ましさゆえに、この業界を立ち去り難く居続けてしまっている。

二〇〇六年四月の医療保険、介護保険同時改定後、リハビリテーションの日数制限に対しては、制限撤廃を求めて四十八万人の署名が集まったという。マスコミも取りあげたし、多田富雄氏ら当事者も積極的に発言した。

それを受けて、二〇〇七年四月、診療報酬は普通は二年ごとの見直しだが、異例の一年目の見直しが行われた。その結果が、評価できるものなのかどうか、私にはわからない。つまり、算定日数上限を緩和したのだが、その代わり上限日数以前に逓減制を入れ、上限以降継続する場合の手続きをより煩雑にした。厚労省も何だかドツボにはまっているようだ。

訪問リハビリに関しては、どうなっていくのだろう。私個人は、スウェーデンみたいな訪問スタイルは、やはりうらやましい。どこがかというと、保険制度じゃない点と、医師の指示の必要ない点だ。それから必要な資源を作り出していくということが、できるといい。つまり、リハビリテーションは、入口と出口が一貫していないから、せめて入口に関わった職種が出口も整備したいのだ。

私はひとつだけ作った。「Ｔｈｅ合唱団」という市民文化活動だ。障害がある人が抵抗なく参加できるような、市民合唱団、音楽療法士の友人のコーディネートで成り立っている。

市民活動は、障害をもった人の参加により豊かになっていく。そういう農園、そういうダンスクラブ、そういうヨガ教室、そういう料理教室、活動を「リハビリ」に閉じ込めないで、「介護」に閉じ込めないで、広げていけないか。

訪問から見えてくるのは、そういう方向性だ。家の中から外を見たとき、通所サービスの送迎バスだけじゃない光景。こういう人とああいう人と分けない活動の場所、そういう景色が見えると、元気が出るような気がする。

取材の旅は、刺激的だった。だが見てきたことから考えを巡らせて書く、という行為は、考えていた以上に考えることを要した。

取材を受けいれて下さった方々には、感謝をしてもしきれない。個人のお宅というプライベートな場所を、仕事の現場としているところへ、他人の私が入り込んだのだから、サービス利用者もサービス提供者も、うるさかったに違いない。それでも、ドアを開けて下さったのは、訪問リハの資源が少しでも豊かに発展することを願ってのことだろう。

そのことの一助に本書が少しでもなるといいのだが。

訪問リハは、小さな資源だ。小さいには違いないが日本のあちこちに、奮闘しながら小さな試みをしているところがある。私も車を運転しながら、ああ、こんな風に北海道でも沖縄でも、東京でもマルメでも、仲間が出掛けてるのだなあと思うときがある。仲間がいる、と思うことは大事だ。

マルメで思い出した。スウェーデンのおまけ情報だ。スウェーデンでも、その前に所用で滞在していた北ドイツでも、T杖ではなくてロフストランド杖（それも赤や青のカラフルなもの）を使っている人を、多く見かけた。友人アンネマリーのお母さんも、軽度片麻痺だが、やはりロフストランド杖だった。なぜか聞くと、「T杖は年寄りくさいって嫌みたい。クラッチ（ロフストランド）の方が、ちょっと使ってるだけです、みたいなね」。前腕でも支えられるという機能面だけではなく、補助具には心理面の配慮も、大切だと思った（日本だと、ロフストランドの方が目立つから、嫌という人が多いかもしれない）。

本書は、作業療法士も理学療法士も言語聴覚士も看護師も、リハのために訪問する職種を満遍なく取材するつもりだったが、私自身が作業療法士ということもあって、どうしても作業療法士の話題が多くなってしまった。まあ、訪問リハの中で理学療法士の必要性は、誰もが理解しているから、いいか（理学療法士も悩めることは、承知してるよ）と、思ったりしている。

取材を受けてくださったすべての皆さん、マルメの取材をとりまとめてくれた、アンネマリーと、河本佳子さん、職場に穴をあけたがバックアップしてくれた、「訪問看護ステーション広沢」の同僚たち、同じ事業団の訪問セラピストと看護師の仲間、国内の取材の下準備と書く機会を作ってくれた、三輪書店の八幡智雄氏と社長青山智氏、何かと支援してくれた友人たちと、それからうちの夫、河本勝士にも心からありがとうを言って、鉛筆を置こう。

二〇〇七年四月

河本のぞみ